FERLAND

DE LA MÊME AUTEURE

Salut les amoureux, avec Claude Fortin, tome 2, Stanké, Montréal, 2004.
Salut les amoureux, avec Claude Fortin, Stanké, Montréal, 2003.
Les bonheurs de Sophie, Stanké, Montréal, 2003.

SOPHIE DUROCHER

FERLAND
HEY BOULE DE GOMME,
S'RAIS-TU DEV'NU UN HOMME ?

Catalogage avant publication de Bibliothèque et Archives Canada

Durocher, Sophie, 1965-
Ferland : Hey boule de gomme, s'rais-tu dev'nu un homme?
Comprend des réf. bibliogr.
ISBN 2-7648-0216-1

1. Ferland, Jean-Pierre, 1934-. 2. Chanteurs - Québec (Province) - Biographies.
3. Paroliers - Québec (Province) - Biographies. 4. Compositeurs - Québec (Province)
- Biographies. I. Titre.

ML420.F328D96 2005   782.42164'092   C2005-941808-7

Concepteur et éditeur
ANDRÉ BASTIEN

Chargé de projet
GUILLAUME BINNS

Conception graphique, mise en pages et maquette de la couverture
TOXA / MATHILDE FORTIER / OMEECH

Recherche iconographique
MARIE BUJOLD, SIMON BUJOLD-LECLERC, SOPHIE DUROCHER ET DANIELLE JASMIN

Révision
ANNICK LOUPIAS

Correction d'épreuves
JOHANNE VIEL

Remerciements
Les Éditions Libre Expression reconnaissent l'aide financière du gouvernement du Canada par l'entremise du Programme d'aide au développement de l'industrie de l'édition (PADIÉ) pour ses activités d'édition. Nous remercions le Conseil des Arts du Canada, la Société de développement des entreprises culturelles du Québec (SODEC) du soutien accordé à notre programme de publication. Gouvernement du Québec – Programme de crédit d'impôt pour l'édition de livres – gestion SODEC.

Tous droits de traduction et d'adaptation réservés ; toute reproduction d'un extrait quelconque de ce livre par quelque procédé que ce soit, et notamment par photocopie ou microfilm, est strictement interdite sans l'autorisation écrite de l'éditeur.

Tous les efforts possibles ont été déployés pour retracer les auteurs et les propriétaires des photographies, des illustrations et des articles apparaissant dans cet ouvrage mais, s'il y avait des omissions, l'éditeur apprécierait toute information à cet égard.

© 2005, Éditions Libre Expression

Les Éditions Libre Expression
7, chemin Bates
Outremont (Québec) H2V 4V7

Dépôt légal
4e trimestre 2005

ISBN 2-7648-0216-1

Traitement numérique
MULTI-MÉDIA

Photographie de la couverture
JEAN-PIERRE LECLERC

Photographie du rabat de la couverture
DANIEL AUCLAIR

Photographie de la quatrième de couverture
(Sophie Durocher et Jean-Pierre Ferland)
MATHIEU RIVARD

Photographie du rabat de la quatrième de couverture
ROBERT ETCHEVERRY

J'ai écrit ce livre pour ma cousine, ma meilleure amie, Evelyne Perras, partie le 26 mai 2005. C'était la plus grande fan de Jean-Pierre Ferland que je connaisse. Une chance que je t'ai eue.
S.D.

SOMMAIRE

LE CHAT DU CAFÉ DES ARTISTES **10**

L'ENFANCE **14**
    Un biberon pour mon ami J.-P.
    La vie au 5089, rue Chambord
    La première femme de sa vie
    Les sept doigts de la main
    Les p'tits garçons ne jouent plus dans la rue
    La peur de rien, l'envie de tout

L'ÂGE ADULTE **28**
    Jean-Pierre, le radio-canadien
    Mon amour de musique
    Les Bozos
    La fin des Bozos
    Feuille de gui

S'IL FAIT DU SOLEIL À PARIS, IL EN FAIT PARTOUT **40**
    Paris : les années difficiles
    Paris : les années de succès
    Paris c'est fini ou Jean-Pierre revient chez nous
    Je reviens chez nous
    Galerie de personnages : les chanteurs
    Galerie de personnages : les chanteuses

L'HOMME QUI AIMAIT LES FEMMES **54**
    Marie-Claire
    Les femmes, la découverte de la sexualité
    Qu'êtes-vous devenues mes femmes ?
    Les enfants que j'aurai
    Si je savais parler aux femmes
    La femme : Dyane Lessard
    T'es belle

UNE CHANCE QU'IL LES A **70**
    Les hommes de sa vie
    Les amitiés féminines
    Félix Leclerc
    Gilles Vigneault

L'HOMME TOUCHE-À-TOUT **80**
    Radio et télévision : prise 1
    Radio et télévision : prise 2
    Radio el lélévision : prise 3
    Le cinéma

« IL FAUT MOURIR SA VIE ET NON VIVRE SA MORT » **90**
- La vie des champs
- Mon royaume pour un cheval
- **Sur la route 11**
- **Si un jour je reviens au monde**
- Saint Jean-Pierre, priez pour nous !
- **La chanson Pissou et son ancêtre**
- La glace noire

SA PÉRIODE JAUNE **106**
- L'écriture de JAUNE
- **Le petit roi**
- Enregistrement de l'album JAUNE
- « La folie qu'il fallait faire »
- *Jaune ou…*
- *Jaune ou…* les critiques
- L'album SOLEIL

LES COMÉDIES MUSICALES **122**
- *Gala* : la création
- *Gala* : la production
- *Gala* : la première
- *Gala* : la blessure
- **Les journalistes**
- *Madame Simpson*

« ÇA QUAND ÇA VIENT, C'EST LE PLUS BEAU MOMENT DE TA VIE » **136**
- Bienvenue au Motel Alfred
- Si tu voyais le monde au fond là-bas
- Le Show des cinq grands
- J'époussette ma guitare : le *comeback* acoustique
- **La musique**

VIVRE DE SON ART **148**
- Y'a pas deux chansons pareilles…
- …Les plus belles sont les moins connues
- La tournée des adieux

LE QUESTIONNAIRE DE PROUST (1886) OU FERLAND VU PAR… JEAN-PIERRE **156**

REMERCIEMENTS ET SOURCES **158**

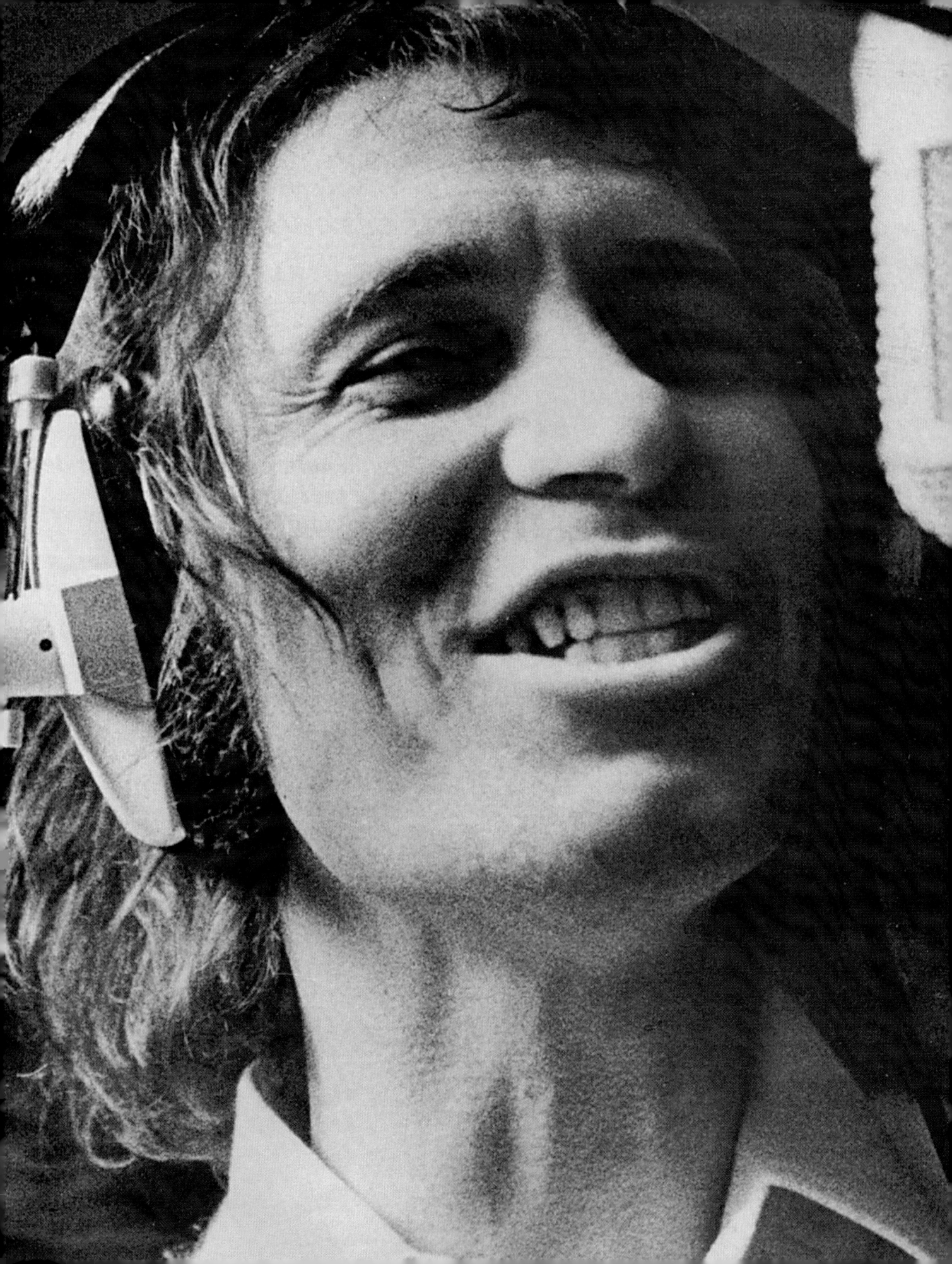

Et ça quand ça vient
C'est comme plonger dans la mer
Aller jusqu'au fond
Et r'monter prendre l'air
Texte inédit de la chanson *Le showbusiness*

LE CHAT DU CAFÉ DES ARTISTES

8 juillet 2004, Québec. Le Festival d'été bat son plein. Ce soir, on présente *Ferland, le chœur à la fête*. Jean-Pierre Ferland chante ses plus grands succès, accompagné sur scène par deux cents choristes. Il pleut à boire debout. L'eau qui n'arrête pas de me tomber sur la tête a transformé les plaines d'Abraham en un vaste champ de boue. Mais malgré la pluie et le froid, des centaines de fans transis restent sur place pour entendre leur idole. Quand il entame *Le plus beau slow*, il enjoint les couples de danser collés (très collés) sous leur parapluie, le plus mouillé des *slows*. Et ils dansent ! Les deux pieds dans la boue. Cette soirée-là m'a confirmé qu'une histoire d'amour particulière unissait les Québécois et Jean-Pierre Ferland.

Pour ma première interview avec Jean-Pierre, chez lui à Saint-Norbert, en prévision de la parution de ce livre, je suis arrivée en voiture par l'autoroute Félix-Leclerc et j'ai pris la sortie annonçant le musée Gilles-Villeneuve. Il ne manquait que Maurice Richard et René Lévesque pour que quelques-uns des plus grands noms ayant marqué l'histoire et la culture populaire du Québec soient réunis. C'était le mois de septembre, en pleine saison des coccinelles. Pendant que nous parlions, installés sur sa balançoire, des tas de petites bêtes à bon Dieu se sont posées sur son chandail. Jean-Pierre avait l'air d'un homme heureux.

Et fier de me montrer son domaine, notamment la fameuse cabane à sucre où il a enregistré son album ÉCOUTE PAS ÇA avec ses copains Bob Cohen, Alain Leblanc et Richard Bélanger. Dans le salon de sa maison, j'ai vu le piano où François Cousineau a joué pour la première fois *T'es belle* devant la femme de Ferland, Dyane Lessard, émue aux larmes, le jour de ses 40 ans. Dans la salle de bains, j'ai aperçu sur une étagère « la crème de corps, le fard à joues » de Dyane, dont il parle dans la chanson *Écoute pas ça*. J'ai entendu aboyer ses chiens, piailler ses oiseaux dans leur cage… et siffler sa machine à expressos. La fan que je suis était émue.

Avant ma visite à Saint-Norbert, je ne savais pas comment était Jean-Pierre dans l'intimité. Je l'ai découvert généreux et hospitalier, mais férocement sauvage et pudique. Quand je lui ai parlé d'écrire un livre sur sa vie, qui tiendrait plus du portrait ou de l'album de souvenirs que de la biographie, sa première question a été :

– Pourquoi tu fais ça ?

– Par curiosité, ai-je répondu, du tac au tac.

– O.K., m'a-t-il dit, j'embarque !

Ferland a toujours dit que ses chansons étaient autobiographiques. Déjà, en 1965, il confiait au quotidien *La Tribune* : « Une chanson est un *striptease*. C'est quelque chose que j'ai vécu ou que j'ai envie de vivre. » Il le réaffirmait en 1967 au correspondant de *La Presse* à Paris, Pierre Saint-Germain : « Je suis un raconteur. Un raconteur de choses qui me sont arrivées, que j'ai vécues ou que j'aurais voulu vivre. Il y a toujours, dans mes chansons, un brin de vérité, même dans les plus fantaisistes. » À l'émission *Christiane Charrette en direct,* en 1995, il expliquait : « Ma vie est plus importante que mon métier, parce que, dans mon métier, je ne raconte que ma vie. Si ma vie n'est pas riche, mes chansons sont plates. Alors c'est ma vie d'abord qui est ma source d'inspiration, et mon métier, c'est mon *hobby*. » Je me suis dit : « Si sa vie est dans ses chansons, allons-y voir. » L'œuvre explique l'homme. L'homme explique l'œuvre.

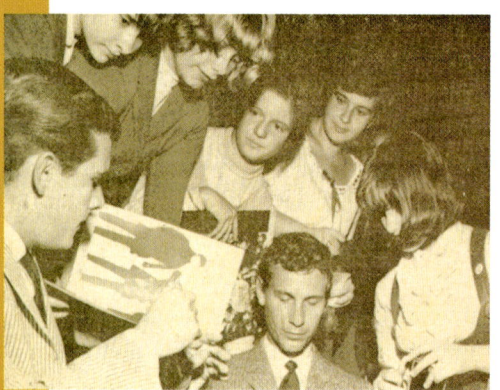
Dans les années 1960, Pierre Lalonde et Jean-Pierre Ferland signent des autographes pour de jeunes fans.

Le hasard fait que je vis depuis trois ans, sans le savoir, à quelques rues seulement de l'endroit où Jean-Pierre est né, à l'angle des rues Chambord et Laurier, en plein Plateau-Mont-Royal. L'ancien garage de son père, avenue du Mont-Royal, se trouve exactement au coin de ma rue. C'est encore une station-service Esso où je fais régulièrement le plein. C'était écrit dans le ciel : je devais raconter la vie de cet homme dont je chante les chansons depuis si longtemps.

Dès le début, entre lui et moi, les règles du jeu ont été claires. Pas question pour Jean-Pierre de « compter [s]es lauriers » ni de « raconter [s]es souvenirs à l'encre », comme il le chante dans *Avant de m'assagir*. « C'est un homme de demain », me dira son ami Gilles Vigneault. Et un homme de demain ne peut pas, ne veut pas regarder sa vie dans le rétroviseur. Un projet à peine terminé, il pense déjà au prochain.

Alors, j'ai proposé à Jean-Pierre de revisiter son passé avec mes yeux. Il est fasciné par les surréalistes, et moi je lui ai suggéré de composer un portrait impressionniste de sa vie, par petites touches. Un *patchwork* de photos, de témoignages, de documents, d'articles de journaux. D'interviewer des témoins de l'époque et de tisser, à travers tout ça, la trame de ses souvenirs, si bien enfouis que nous devrons les aider à refaire surface. Je lui ai montré une photo, vieille de quarante ans, un manuscrit, un texte inédit, un billet de spectacle, et, soudain, comme une madeleine trempée dans une tasse de thé permettait à Marcel Proust de revenir au pays de son enfance, de menus objets permettaient à Jean-Pierre d'effectuer le plus fabuleux des *flashbacks*. Les souvenirs renaissaient, Jean-Pierre était volubile, il s'emportait, s'émouvait, se souvenait. « Sésame, ouvre-toi. »

Il faut dire que j'ai été chanceuse : dans deux grandes boîtes en carton — pour moi, les plus beaux des coffres au trésor —, j'ai découvert ses manuscrits, des mots griffonnés sur le coin d'une nappe en papier ou sur une enveloppe, des versions revues et corrigées de textes aujourd'hui fredonnés par des milliers de gens. Je me sentais comme une archéologue. Avec amusement, j'ai constaté que dans la première version de *Swingez votre compagnie*, c'est « dans une discothèque que j'ai rencontré Mimi » et non « dans un poste de police » ! J'ai noté que, dans le premier jet de *T'es mon amour, t'es ma maîtresse*, les paroles étaient « de la tête au reste » et non pas « de la tête aux fesses ». Et que dans sa première ébauche, *Le pap-pi-douz* portait le titre *Un enfant de la guerre*. Ça, c'était pour les connues. Mais il y avait toutes les inconnues, les inédites, celles que j'appelle les « perles » : des dizaines de chansons jamais mises en musique, jamais chantées ni sorties du tiroir de Jean-Pierre, parce que « quand c'est fait, c'est fini », et qui voyaient la lumière pour la première fois depuis dix, vingt ou trente ans.

Pendant un an, j'ai côtoyé Jean-Pierre et découvert un bon vivant qui a trouvé le moyen de ne jamais s'ennuyer et de vivre à l'excès pour se venger de son enfance assommante à mourir ; un homme qui a voulu séduire les femmes pour se venger d'une adolescence ingrate ; un artiste qui a tout fait pour réussir sa vie afin de se venger d'être un « p'tit cul » né rue Chambord ; un auteur-compositeur qui écrira la comédie musicale *Madame Simpson* pour se venger de l'échec de *Gala*.

J'ai vu sa fille et son fils pleurer en me disant à quel point ils aimaient leur père malgré ses faiblesses, et le producteur Guy Latraverse, les larmes aux yeux, me souffler que Jean-Pierre était son meilleur ami. J'ai entendu l'un de ses amis le décrire comme un mendiant d'amour, qui cache sa dépendance affective sous une générosité excessive. La légendaire générosité de Jean-Pierre qui, lorsqu'il s'achète une Mercedes, achète aussi une auto à ses musiciens ou paie la traite à toute une tablée au restaurant. Sidérée, j'ai appris de la bouche de Francine Chaloult, qui le côtoie intimement depuis quarante ans, combien Jean-Pierre avait souvent trouvé sa vie insipide, au point d'en pleurer, combien il avait souffert de ses peines d'amour, au point de vouloir mourir. Mais j'ai aussi entendu une douzaine de personnes me dire que c'était l'homme qui les faisait le plus rire au monde.

Le jour où j'ai fini d'écrire ce livre, un 30 mai, j'ai planté dans mon jardin un rosier Jean-Pierre-Ferland. Au moment où j'écris ces lignes, il est en train de me faire une fleur jaune.

Pour moi, Jean-Pierre est un chat, le chat du Café des artistes : il a neuf vies et retombe toujours sur ses pattes. Après une première vie de chansonnier, il aurait pu passer à côté du train lancé par *L'Osstidcho*, mais il a su changer de peau avec JAUNE. Il s'est relevé de ses échecs (la déconfiture de *Gala*, des faillites, des peines d'amour), s'est renouvelé, a su durer, aller voir ailleurs s'il y était quand on ne voulait plus de lui dans le milieu de la chanson. Et tous les cinq ans, il nous a annoncé qu'il préparait l'« œuvre de sa vie ».

Jean-Pierre a réussi la quadrature du cercle professionnel : il a pu écrire des chansons à texte et des chansons qui jouaient à la radio. Avoir des idées et avoir du succès. Être un poète et un rockeur.

Il est bourré de contradictions, et c'est ce qui fait son charme. Il a pu être un peureux à 16 ans et faire de la moto à 70 ans. Être enfant de chœur et dragueur. Frondeur et « pissou ». Ses collaborateurs affirment qu'avec lui « on se sent choisi », mais aussi qu'il les « marque au fer rouge et se sert d'eux jusqu'à ce qu'il n'[en] ait plus besoin ». Il se contredit, contredit les autres, arrange la vérité souvent et tourne les coins ronds, parfois. Ça fait partie du personnage. Jean-Pierre est passé maître dans l'art de réinventer sa vie. « Que ce soit vrai ou pas, moi, j'y crois. » Il a fait sienne cette devise de Cocteau : « L'art, c'est une façon de mentir pour dire la vérité. » Comment voulez-vous raconter la vraie histoire d'un homme qui se présente lui-même comme un menteur invétéré ? On m'a même conseillé de vérifier qu'il était bel et bien né un 24 juin. Il serait bien capable d'inventer ça aussi !

Jean-Pierre se présente souvent comme un imposteur, il ne sait pas s'il a du talent et s'il a mérité sa place. Pourtant, on parle ici d'un homme assis sur un répertoire qu'il évalue à 450 chansons, dont neuf sont des classiques de la SOCAN (Société canadienne des auteurs, compositeurs et éditeurs de musique) qui ont tourné plus de 25 000 fois à la radio québécoise.

En tout premier lieu, il m'a dit qu'il a commencé à avoir confiance en lui en revenant de Bruxelles, où il avait remporté un prix prestigieux. Ensuite, que c'était en interprétant des chansons de JAUNE lors du *Show des cinq grands* en 1976. Plus tard, il me jurera qu'il a senti avoir accompli quelque chose seulement à la création de ÉCOUTE PAS ÇA. Quand m'a-t-il dit la vérité ? Soit cet homme souffre d'insécurité chronique, soit il est extrêmement sûr de lui et ne veut surtout pas en avoir l'air.

Ce livre, c'est l'histoire d'un homme qui vient d'avoir 70 ans, qui a déjà dit que « c'est à 30 ans que les femmes sont belles » et qui raconte sa vie à une femme qui en aura bientôt 40.

Le temps l'a « peut-être abîmé, un peu, on baissera tous les abat-jour… »

Sophie Durocher

Jean-Pierre et moi sur l'escalier de sa maison d'enfance, rue Chambord, à Montréal.

JEAN-PIERRE VU PAR...
JACQUES FERLAND
son (grand) frère

Il est tellement « fendant » qu'on ne pense pas qu'il est si émotif que ça. Quand il habitait sa magnifique maison à Saint-Sauveur, je suis allé le voir à cause d'un gros problème que j'avais (une femme, bien sûr). Je n'ai pas appelé pour prévenir que j'arrivais. Je me suis pointé chez lui. Je lui ai tout raconté. On est allés s'installer sur sa balançoire et je vous jure qu'on ne s'est pas dit un mot pendant au moins une demi-heure. On n'avait pas besoin. Il s'est dit plein de choses dans ce silence-là. Les ondes sont passées... Et quelque temps après, il a écrit la chanson *Mon frère*.

De temps à autre un copain
De temps en temps un ami
Dans ma vie mon frère
Qui revient quelquefois
Séjourner dans ma tête
Qui me prend par la main
Quand j'en ai besoin
Mon frère

Propos recueillis par l'auteure.

JEAN-PIERRE VU PAR...
ANNE-MARIE FERLAND
sa (petite) sœur

Je suis fière de Jean-Pierre, parce qu'il trouve les mots pour dire ce que moi je ne sais pas dire. Il est généreux et tendre, mais avec une façade. Il ne faut surtout pas que cela paraisse. Il est humain mais indépendant. Ultrasensible, à fleur de peau. Il a besoin de sa famille, mais pas tout le temps. Un jour où je traversais des moments difficiles, à cause de problèmes de santé, il m'a appelée. Je lui ai confié que j'avais peur. Très peur. Il m'a fait une réponse que je n'ai jamais oubliée, j'y pense souvent : « T'es une Ferland, on est tous des battants. On va s'en sortir. »

Propos recueillis par l'auteure.

L'ENFANCE
ON EST DU PAYS DE SON ENFANCE. JEAN-PIERRE, LUI, EST VRAIMENT, INDÉCROTTABLEMENT, UN P'TIT GARS DU PLATEAU-MONT-ROYAL.

UN BIBERON
POUR MON AMI J.-P.

Page précédente :
Derrière : Jean-Pierre et Robert. Devant : Paul-Émile, Antoine et Monique Ferland.

Anna Ferland a toujours sous la main son cahier noir. Sous la couverture rigide, au fil des ans, elle confie aux pages blanches tous les détails de ses grossesses (sept menées à terme, cinq fausses couches). En 1934, elle ouvre son cahier et y inscrit de sa plus belle écriture : « En ce vingt-quatrième jour de juin, fête de la Saint-Jean-Baptiste, à huit heures moins vingt de l'avant-midi, est né à madame Armand Ferland (Anna Roy) un fils baptisé le même jour en la paroisse du Très-Saint-Nom-de-Jésus de Maisonneuve, et auquel on donna les noms de Joseph Julien Jean-Pierre. Le poids à la naissance était 9 livres et demi[e]. Bébé ni laid ni beau, ayant l'apparence d'un lutteur. »

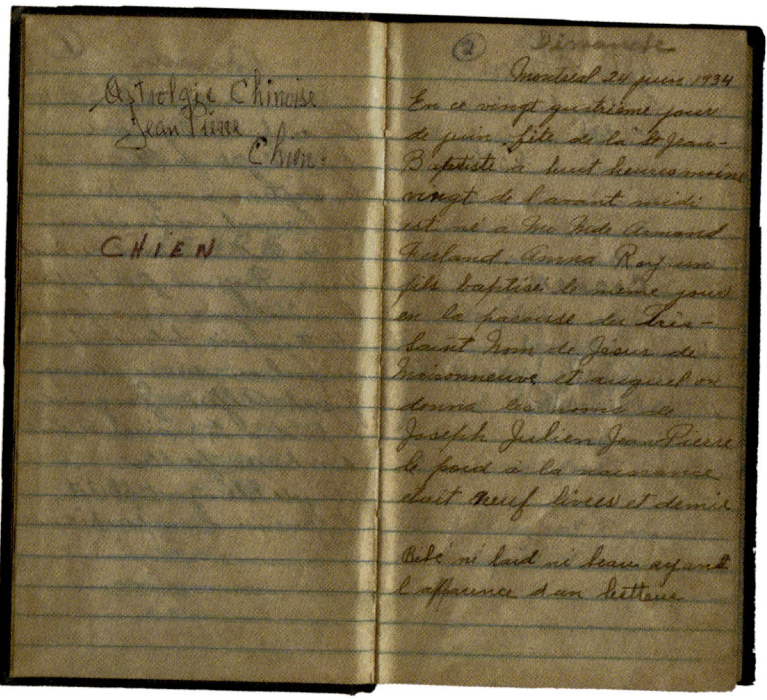

Le carnet de famille d'Anna Ferland, dans lequel elle inscrit, le 24 juin 1934, la naissance de son fils Jean-Pierre.

Tous les amis du père, Armand, le surnomment Ti-Rouge... parce qu'il arbore une belle tignasse carotte. Jean-Pierre a d'ailleurs à la naissance une multitude de taches de rousseur sur les joues et le nez, et le teint pâle typique des rouquins.

Anna et Armand se sont mariés trois ans plus tôt, en 1931, le jour de la Saint-Valentin. Après Jacques, leur aîné, et Jean-Pierre qui vient de naître, leur famille s'agrandira au cours des années de trois autres garçons et de deux filles : Robert, Monique, Antoine, Paul-Émile et Anne-Marie, qui auront tous droit à leur page dans le cahier noir d'Anna. Tout ce beau monde habitera au 5089, rue Chambord, au coin de la rue Laurier, un appartement tout en longueur, comme on en voit beaucoup sur le Plateau-Mont-Royal.

On peut dire qu'Armand a roulé sa bosse : d'abord livreur de « liqueurs » (il a sa propre *run*), puis souffleur de verre, il gère ensuite, à la naissance de Jean-Pierre, une station-service Esso, non loin de l'appartement familial, avenue du Mont-Royal, entre les rues Mentana et Boyer. On fait le plein ? Et si vous passez au garage, on changera vos pneus, ou on lavera votre auto. Un changement d'huile avec ça ? Chaque année, Armand Ferland remporte le prix du commerce le plus propre : tous les soirs, il lave son garage à grande eau et récure les planchers au savon.

Sur le Plateau, tout le monde connaît Ti-Rouge. Une station d'essence, c'est le centre névralgique d'un quartier, un arrêt obligé. Mais il y a plus : Armand est très engagé dans la vie communautaire et sera même vice-président du Plateau-Mont-Royal (association des commerçants de l'avenue du Mont-Royal) et président de la Palestre nationale. Au Club canadien, il fréquente tous les gens d'affaires du Plateau. Il se présente alors comme conseiller municipal, et tous ses enfants travaillent pour sa campagne, mais il perd ses élections.

Sur la galerie de l'appartement familial, Armand et Anna posent avec leur premier enfant, Jacques. Jean-Pierre naîtra quelques mois plus tard.

La grand-mère maternelle, Dorila Limoge. « On l'appelait la poudrée de la rue des Érables », raconte Jean-Pierre.

> « Mes parents (...) fréquentaient des dentistes, des médecins, des avocats. Mon père était même ami avec le premier ministre Paul Sauvé. »
> – Monique Ferland

Armand et Anna Ferland entourés d'amis et de notables du quartier à l'inauguration de la station-service Esso, avenue du Mont-Royal.

« Mes parents étaient très sociables, des gens agréables en société, dont la compagnie était recherchée. Ils fréquentaient des dentistes, des médecins, des avocats. Mon père était même ami avec le premier ministre Paul Sauvé », m'explique Monique Ferland.

À l'époque, le Plateau était un véritable quartier ouvrier, avant l'embourgeoisement qui a transformé les épiceries en restaurants branchés et les duplex étroits en condominium de luxe habités par des artistes et des journalistes.

Chez les Ferland, on n'est ni pauvre ni riche, mais on connaît la valeur de l'argent. Pendant une dizaine d'années, une bonne viendra aider Anna – chez qui une grossesse n'attend pas l'autre – à faire le ménage.

L'arbre généalogique de Jean-Pierre n'a rien d'ordinaire. Son grand-père paternel, Alfred, est souffleur de verre. Deux de ses oncles travaillent aux ateliers ferroviaires Angus comme polisseurs de roues d'acier. Son grand-père maternel, Julien Durand, le deuxième mari de sa grand-mère, est un ancien représentant pour une compagnie de vêtements sacerdotaux devenu... *bootlegger*! Un Français moustachu qui a fait le trafic d'alcool entre sa Bretagne natale et les îles Saint-Pierre-et-Miquelon pendant la prohibition, dans les années 1920. Son petit commerce lucratif lui a permis d'acheter deux blocs-appartements rue Chapleau, deux autres rue des Érables, deux autres boulevard Saint-Joseph et deux autres rue Chambord où habitent, d'un côté, la famille de Jean-Pierre, et de l'autre la famille de sa cousine Marie-Claire. Les enfants adorent voir Julien Durand garer sa Dodge blanche et beige (avec des stores dans les fenêtres!) devant la maison. Surtout si Julien les emmène à la pêche...

Voilà pour le portrait de famille! Mais déjà, il faut le reconnaître, les débuts ne sont pas banals: chaque année, le jour où les Québécois sortent leur fleurdelisé pour célébrer leur fête nationale, Jean-Pierre Ferland, lui, fête son anniversaire. Naître un 24 juin, le jour même où l'on honore le saint patron des Canadiens français, saint Jean-Baptiste: difficile de faire davantage pure laine, plus québécois! La symbolique est aussi forte qu'un Français qui aurait vu le jour un 14 juillet, le jour de la prise de la Bastille, ou un Américain *Born on the 4th of July*.

Sur le balcon avant du 5089, rue Chambord, pendant que la bonne tient dans ses bras le plus jeune des enfants Ferland, Paul-Émile, l'aîné, Jacques, encadre de ses bras le reste de la famille: Jean-Pierre (à gauche), Antoine, Monique et Robert.

L'ENFANCE 17

LA VIE AU 5089, RUE CHAMBORD

Si vous passez devant son ancienne adresse, vous ne verrez pas de plaque officielle indiquant : « Ici naquit et vécut un de nos plus grands auteurs-compositeurs-interprètes, le poète Jean-Pierre Ferland. » Inutile. Jean-Pierre a laissé la plus belle trace de son passage dans cette rue : un magnifique pommetier, éclatant de fleurs roses au printemps, qu'il affirme avoir planté devant la maison qui l'a vu naître.

Disons-le clairement : Jean-Pierre a très peu de choses à raconter sur son enfance pour une raison très simple : il considère qu'il n'en a pas eu. Ou du moins qu'elle a été morne et banale. Il vivait pourtant dans le même quartier que l'écrivain et dramaturge Michel Tremblay (il n'a que 10 ans de moins que Jean-Pierre), lequel y a puisé suffisamment de matière dramatique pour écrire ses fameuses *Chroniques du Plateau-Mont-Royal*. Monique et Anne-Marie Ferland fréquentent d'ailleurs l'école des Saints-Anges, la même que Thérèse et Pierrette, les héroïnes de Tremblay.

Toutefois, Jean-Pierre, lui, ne trouve dans son enfance aucune matière à roman. Aujourd'hui, il en parle à ses amis en ces termes : « On vivait une vie plate, dans un quartier plate, avec des gens plates. » « Je comprends qu'il ait trouvé ça ennuyant, m'avoue sa sœur Anne-Marie. Chez Michel Tremblay, au moins, il y avait du sport, des oncles, des tantes dans la maison, il y avait de l'action. Mais chez nous, c'était une vie de famille tranquille. On était comme la famille Plouffe. »

Comme Jean-Pierre n'a pas beaucoup de souvenirs (ou préfère ne pas en avoir), je dois me tourner vers d'autres sources. Ses frères et sœurs racontent plus volontiers leurs souvenirs de ce temps-là.

Flashback. Au 5089, rue Chambord, on vit dans la cuisine, immense. Le salon est réservé aux grandes occasions, pour la visite. D'ailleurs, les sofas sont recouverts de plastique. On y trouve un piano, mais personne n'en joue. Il n'y a que quatre disques dans la maison : la *Symphonie n° 5* de Beethoven, Charlie Kunz, Bing Crosby et un disque de Noël. L'appartement résonne des rires d'Anna et du bruit des sabots du poney du marchand de bois sur l'asphalte. Le tramway de la rue Amherst passe rue Chambord, devant la maison, mais, avec le temps, on ne l'entend plus. Le lundi midi, l'odeur du lavage se mêle à celle du rôti réchauffé. Le barbier d'en face chante les chansons du soldat Lebrun à la guitare.

Rare moment de répit pour les parents de Jean-Pierre. « Mon père ressemble à George Burns. Il ne lui manque que le cigare ! »

La vie de famille est ponctuée de rituels. Le dimanche après-midi, dans le salon, Armand distribue ce qu'il appelle les *allowances*, l'argent de poche, aux enfants qui portent, bien sûr, leurs habits du dimanche. Vingt-cinq cents pour les tout-petits, puis 50 cents pour les moins jeunes, puis un dollar pour ceux qui ont atteint l'âge respectable de 12 ans.

Les cinq garçons Ferland habitent la même chambre, avec un lit double à deux étages (Jean-Pierre et Paul-Émile au premier, Robert et Antoine au deuxième) et un autre lit pour l'aîné, Jacques. Cinq garçons dans la même chambre ! Quand un des frères Ferland ronfle, tout le monde l'entend. Impossible de fermer la porte de la garde-robe qui déborde d'équipements de hockey et de baseball. Les soirs d'orage, la cadette Anne-Marie, terrorisée, vient se blottir contre son grand frère le plus affectueux, Jean-Pierre. Quand ils sont placés en pénitence, les garçons Ferland s'échappent parfois par la seule fenêtre de la chambre : ils glissent le long du poteau qui soutient la galerie et s'en vont dans la rue faire des mauvais coups.

J'aurais voulu parler aux parents de Jean-Pierre, mais ils sont décédés, il y a un quart de siècle. Mince consolation, je trouve dans l'hebdomadaire aujourd'hui disparu *Le Petit Journal*, de la semaine du 8 août 1971, ce témoignage d'Anna Ferland : « Jeune, [Jean-Pierre] n'aimait pas la compagnie des groupes. Il aimait causer avec une personne à la fois. Il aimait les petites filles. Je me souviens que, déjà à cinq ans, il appréciait la compagnie de sa petite voisine dont il vantait la beauté.

Sur le balcon avant du 5089, rue Chambord, de gauche à droite : Jacques, Jean-Pierre, Robert et Monique dans leurs habits d'écoliers.

[...] Dans les fêtes de famille, il était le boute-en-train. Je me souviens que, lorsqu'on devait se réunir, les cousins demandaient toujours si Jean-Pierre allait être de la fête. »

Jean-Pierre a le même terrain de jeux que tous les enfants des quartiers populaires : la rue. Et déjà, à l'âge de trois ou quatre ans, il s'ennuie. Jouer au cowboy, à la police ? Une fois ou deux, ça va, mais plus, c'est lassant.

Mais de mes années d'école
Je n'ai rien gardé,
Ce n'étaient que des paroles
Pour gâcher l'été.
Mes années d'école

Même étudier n'arrivera pas à l'intéresser. En 1940, il commence à l'école Bruchési, où il fera ses études primaires. Puis, à partir de 1942, l'école supérieure Saint-Stanislas qu'il fréquentera pendant dix ans. Il n'aime rien, ne s'intéresse qu'aux filles (déjà !) et rêve simplement de grandir. Pendant plusieurs années, Armand ne possède même pas d'auto, et les enfants sont confinés rue Chambord. Quand ils quittent la ville, c'est qu'un ami de la famille leur prête son chalet à Saint-Eustache, où les cinq garçons couchent au grenier. Ou bien le vicaire de la paroisse Saint-Stanislas, l'abbé Leduc, offre de soulager Anna Ferland, épuisée par les grossesses et les problèmes de santé, et héberge les enfants pendant un mois à son camp d'Ivry.

Mais j'oubliais que pour être un vrai voyou
Il faut de l'imagination, mais c'est pas tout
J'avais pas de talent, et vous en aviez-vous ?
Moi souvent je m'ennuyais quand je faisais mes coups
Les bums de la 33ᵉ avenue

L'ennui profond qui a marqué son enfance sera pour Ferland un levier puissant pour réussir sa vie : il est hors de question que le reste de son existence soit aussi monotone, routinier et prévisible que l'a été, pour lui, la vie rue Chambord. Et il fera tout pour s'en sortir. Tout pour devenir un homme.

Le futur gentleman-farmer Jean-Pierre arbore un beau chapeau rond. Il profite avec ses frères et sœurs d'une escapade à Ivry. C'est peut-être là qu'est né son amour de la campagne.

De haut en bas, sur le toboggan du parc Laurier, les enfants Ferland en ordre d'âge décroissant : Jacques, Jean-Pierre, Robert et Monique.

De gauche à droite : Jacques, Paul-Émile, Antoine (debout), Monique, Robert et Jean-Pierre au camp d'Ivry de l'abbé Leduc, curé de la paroisse de Saint-Stanislas.

LA PREMIÈRE FEMME
DE SA VIE

Anna Ferland a beau être partie depuis 25 ans, Jean-Pierre Ferland en parle toujours avec énormément de tendresse, comme s'il l'avait quittée la veille. « Ma mère, c'est la femme de ma vie », dit-il sans la moindre hésitation. Chez elle, il admire surtout sa grande curiosité. Elle n'a peut-être qu'une septième année, mais ça ne l'empêche pas d'écouter assidûment la radio et de poser 12 000 questions à Jean-Pierre. Elle est intriguée par les mots, demande constamment : « Pourquoi dit-on cela ainsi ? » et exige de Jean-Pierre qu'il lui épelle des mots difficiles, comme Mississippi. C'est peut-être d'elle que Jean-Pierre tient son amour du dictionnaire, son souci du mot juste et de la phrase bien tournée.

Cependant, Jean-Pierre ne porte pas la même affection à son père, un homme qui, selon le portrait qu'en fait son fils, a beaucoup de difficulté à exprimer ses émotions. Sauf une fois par année, au jour de l'An, au moment de la bénédiction. « Mon père braillait ; chaque fois, ça venait le chercher. C'était un homme sensible qui ne le montrait pas », me confie Anne-Marie Ferland.

Comme bien des pères de sa génération, il est incapable de tendresse physique et ne se gêne pas pour dire tout haut que s'il se met à bercer un des sept enfants, il va devoir aussi bercer les six autres. Mais Jean-Pierre reconnaît que son père a toujours respecté ses choix, ne l'a jamais découragé de faire son métier et se montrait même fier de ses succès.

Jean-Pierre affirme qu'il a beaucoup souffert des nombreuses disputes entre ses parents. Armand Ferland a un défaut impardonnable aux yeux de son fils : il boude. Parfois pendant plus d'une semaine. Sa femme souffre le martyre. Et Jean-Pierre en veut terriblement à ce père rancunier, sévère. Dans la chambre qu'il partageait avec ses quatre frères, il me jure qu'il cachait des couteaux sous son oreiller, pour pouvoir un jour tuer son père.

Anna Ferland, la mère de Jean-Pierre, celle qu'il appelle affectueusement « la femme de ma vie ».

Le père de Jean-Pierre, Armand Ferland, que ses amis surnomment Ti-Rouge.

> « Mon père braillait ; chaque fois, ça venait le chercher. C'était un homme sensible qui ne le montrait pas. »
> – Anne-Marie Ferland

Certains enfants Ferland s'expliquent mal le jugement sévère de Jean-Pierre sur leur père. Après tout, il est le fruit d'une génération et n'est pas si différent des hommes de son âge. Ajoutez à cela le stress d'élever sept enfants et de les mener à bon port. Une chose est sûre : Armand Ferland inspirait plus de peur que de respect.

Quand Jean-Pierre demande à sa mère pourquoi elle ne quitte pas le domicile conjugal, Anna répond : « Parce que j'ai sept enfants et parce que je l'aime. » Le jeune Jean-Pierre est fasciné par cette réponse. Quand il vient manger à la maison le midi, il s'attarde longuement à la cuisine, bien après que ses frères sont repartis pour l'école, qui recommence à 13 h. Il prend le temps de « jaser d'amour » avec sa mère. « Elle essayait de m'expliquer, elle "patinait", c'était un mystère dans ce temps-là, l'amour. C'en est toujours resté un. La quête de l'explication de l'amour : toute ma vie a été ça. Quand quelqu'un me demande : "Pour vous, monsieur Ferland, qu'est-ce que l'amour ?", je réponds : "Je ne sais pas, mais j'ai essayé de le dire dans mes chansons, par contre !" »

Pour ses parents, il écrit la chanson *Les Noces d'or* (qui sera reprise par Cora Vaucaire et Félix Leclerc), dans laquelle il adopte le point de vue de son propre père disant à sa mère à quel point il l'aime. « Parce que mon père, lui, n'était pas fort sur les sentiments », explique-t-il.

Je te crois et pourtant
Je n'aurais jamais cru
Autant d'anniversaires
En si peu de saisons

Il la chantera, seul à la guitare, un genou à terre devant son père et sa mère, à leur 50ᵉ anniversaire de mariage, en 1981. C'est une des premières fois que Jean-Pierre joue devant les siens, dans un cadre familial. « Je tremblais comme une feuille ! », avoue-t-il aujourd'hui.

Superstitieuse, Anna Ferland ne veut pas que l'on célèbre cet anniversaire de mariage : « Ceux dont on souligne le 50ᵉ meurent dans l'année », croit-elle. Six mois plus tard, un accident cardiovasculaire fulgurant l'emporte. Comme dans bien des couples où celui qui reste ne peut pas se passer de l'autre, son mari Armand la suit six mois plus tard, emporté par un cancer du poumon. Jean-Pierre Ferland a 47 ans. C'était il y a 24 ans, mais il en parle encore avec tristesse. On ne perd pas impunément la femme de sa vie.

Dans le carnet noir d'Anna, celui-là même où elle consignait les détails de ses accouchements, je trouve une note écrite par Armand à l'occasion de ce 50ᵉ anniversaire : « À ma femme, mon amour de toujours, je veux dire ceci : quand on a semé dans le cœur de nos enfants l'amour et la tendresse, on récolte cette riche moisson de joie, l'amour, la tendresse et le respect. 50 fois merci. Armand »

Je ne sais pas si Jean-Pierre a lu ce texte. Peut-être le découvrira-t-il en lisant ce livre. Est-ce bien là le père de l'homme qui a écrit *Si je savais parler aux femmes* ?

Armand Ferland et Anna Roy se sont mariés le jour de la Saint-Valentin, en 1931.

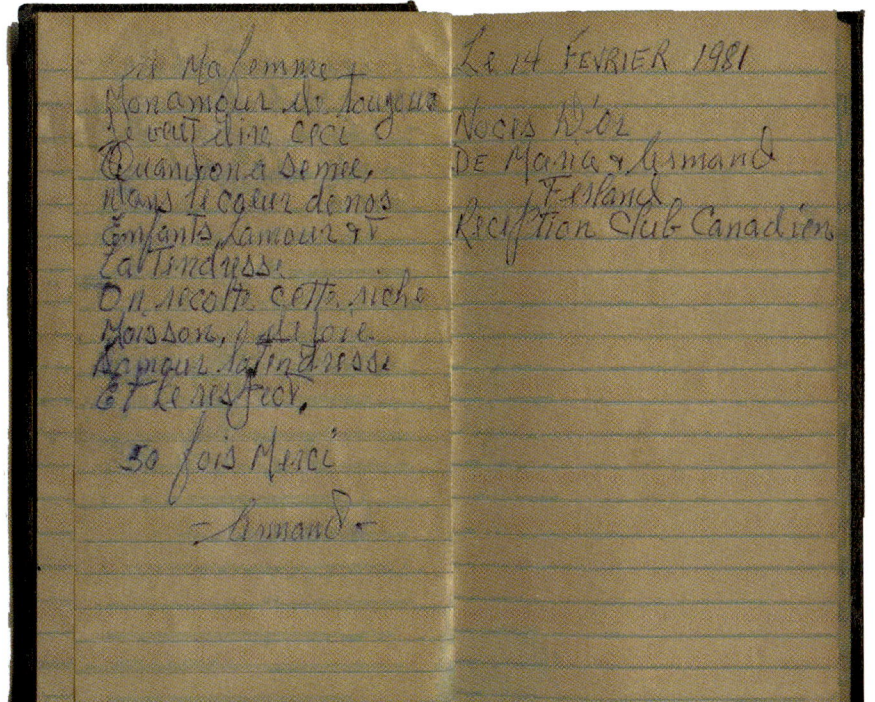

« Qu'est-ce que l'amour ? Je ne sais pas, mais j'ai essayé de le dire dans mes chansons, par contre ! »

Dans le carnet de famille des Ferland, le père Armand a inscrit ces mots d'amour pour sa femme, le jour de leur cinquantième anniversaire de mariage.

L'ENFANCE

LES SEPT
DOIGTS DE LA MAIN

Jean-Pierre ne cache pas qu'il a été un enfant choyé, gâté : « Ma mère me préférait à tous ses autres garçons. Comme j'ai été mal élevé ! Oh, crisse, que j'ai été mal élevé. » Une certitude demeure : parmi les sept enfants de la rue Chambord, il n'y a pas deux modèles identiques. En particulier chez les cinq garçons, avec leur personnalité propre sans aucune ressemblance entre eux.

En 1971, Jean-Pierre confie à l'hebdomadaire *Le Petit Journal* : « Je viens d'une famille ordinaire, de parents sévères où la mère nous donnait de bons principes, mais peut-être ma mère était-elle plus sensible qu'une autre, elle était sans doute plus sensorielle qu'une autre. En fait, si j'y pense bien, je n'étais pas différent de mes frères. Ils sont tous des personnages, des natures. J'étais peut-être plus curieux que les autres... Il me venait souvent des réflexions, des questions auxquelles je ne donnais jamais de réponses. »

On commence à avoir une petite idée de la vie de famille des Ferland quand Jean-Pierre raconte les nombreux mauvais coups de son enfance, commis en groupe. « On était des comiques, on riait tout le temps, on avait le sens de l'humour. » Ils font du patin à roulettes en s'accrochant à l'arrière du tramway qui passe devant l'appartement familial ou s'amusent à essayer de basculer le wagon arrière du tramway pour qu'il déraille.

Les cinq garçons sont prêts à tout pour protéger leurs deux sœurs, mais aussi pour leur faire passer un mauvais quart d'heure... Quand un prétendant vient voir une des deux sœurs Ferland, Monique ou Anne-Marie, il doit d'abord passer devant le comité de sélection des cinq frères qui ne se gênent pas pour le soumettre à un interrogatoire en règle. Les questions fusent : « Qu'est-ce que tu fais dans la vie ? », « À quelle heure tu reviens ? ». Si une des sœurs monte l'escalier de la rue Chambord en annonçant : « Y a un gars qui me suit », ils sont cinq à descendre l'escalier en trombe. Une vraie armée prête à défendre l'honneur sororal.

Devant le père, Armand, les enfants Ferland : Monique, Jean-Pierre et Robert et (en avant) Paul-Émile et Antoine.

Armand et Anna Ferland avec leur fils Jacques, le frère aîné de Jean-Pierre.

Les enfants Ferland sont toujours tirés à quatre épingles. Ayant déjà travaillé en manufacture, Anna est une excellente couturière, elle s'y connaît en pantalons et en chemises. Avec un manteau d'adulte, elle en confectionne trois pour enfants. Avec un habit que leur père ou leur oncle Gerry ne porte plus, elle en fait deux : un pour Jean-Pierre, un pour son frère Robert. Ainsi, une bonne partie de leur enfance, les deux garçons ont été habillés à l'identique, comme des jumeaux. Et quand ils en avaient assez de porter des *breeches*, ils se disputaient ensemble avec leur mère pour obtenir le droit de porter des pantalons d'homme !

Tous les frères et sœurs de Jean-Pierre ont été surpris de découvrir son désir de faire carrière comme auteur-compositeur-interprète. Jamais, à la maison, il ne chantait ou ne composait ou ne jouait devant le reste de la famille. « Jean-Pierre était un artiste dans l'âme, mais on n'avait pas découvert ça en lui dans sa jeunesse. Ça a été la surprise totale quand il nous a dit qu'il allait faire des chansons », relate Paul-Émile. Et même sa carrière amorcée, il a toujours refusé de jouer devant les siens. Par pudeur sûrement. « On était toujours choqués qu'il ne chante pas pour nous. Un Noël, une fois, on l'a tellement agacé qu'il a fini par accepter de jouer de la guitare. Mais il n'a pas chanté », poursuit Paul-Émile.

Que sont-ils devenus, les enfants d'Anna et Armand, les enfants de la rue Chambord ? Jacques, l'aîné, a été directeur des ventes. Jean-Pierre, on le sait, s'est transformé en chanteur populaire et en préféré de ces dames ! Robert, que Jean-Pierre appelle affectueusement son « petit grand frère », est devenu homme d'affaires, publicitaire et premier promoteur de la formule 1 au Québec. Sa sœur Monique, après avoir été institutrice, a suivi sa vocation de sœur missionnaire de Notre-Dame d'Afrique, au Malawi et en Zambie. Un Noël, Jean-Pierre a d'ailleurs eu la surprise de recevoir une cassette plutôt originale : Monique avait fait apprendre *Je reviens chez nous* aux petits enfants dont elle prenait soin : ils avaient chanté cette chanson à leur manière... avec des harmonies africaines ! Antoine sera directeur des ventes pour un importateur de fruits et légumes. Paul-Émile fera carrière dans les assurances comme la plus jeune, Anne-Marie.

Le 6 avril 1968, Monique Ferland, sœur missionnaire, revient d'Afrique après sept ans d'absence. Elle est accueillie à l'aéroport par son frère Jean-Pierre et ses parents.

Jean-Pierre avec Robert Ferland, qu'il surnomme « mon petit grand frère ».

Avoir un frère connu n'est sûrement pas toujours facile, mais les six affirment en avoir tiré des avantages. Robert raconte que lorsqu'il voulait rencontrer des gens d'affaires, il était toujours de bon ton de glisser dans la conversation qu'il était le frère de Jean-Pierre Ferland. Soudain, les secrétaires arrivaient par magie à trouver une place dans l'emploi du temps de leur patron qui, deux minutes avant, était totalement débordé. Et quand il est tombé gravement malade, il a eu la chance de croiser une femme médecin, grande fan de Ferland devant l'Éternel, qui l'a fait passer en priorité. C'est aussi cela, la médecine à deux vitesses. Quelques jours plus tard, elle recevait chez elle la discographie complète de Jean-Pierre, tous ses CD dédicacés... pour services rendus.

« On était des comiques, on riait tout le temps, on avait le sens de l'humour. »

Jean-Pierre avec Robert Ferland, qu'il surnomme « mon petit grand frère ».

Sa chanson *Fleur de macadam* décrit fidèlement son quartier d'« escaliers en tire-bouchon » et de « voisins d'en haut qui se chicanent » pendant que sa mère « veille sur son balcon ».

Sa chanson *Le pap-pi-douz* décrit bien son époque, celle « du temps que les moins de vingt ans ne peuvent pas connaître », où l'on dansait le boogie-woogie, et où l'on mangeait des cornets de « mélo-rolle » (*mellow roll*) en rêvant à la nageuse Esther Williams.

Toutefois, c'est dans ses papiers personnels que j'ai déniché le texte résumant le mieux à la fois son enfance, son quartier et son époque. Le titre est déjà tout un poème : *Les p'tits garçons ne jouent plus dans la rue*. Jean-Pierre n'a gardé aucun souvenir de ce texte inédit qu'il n'a pas vu depuis des années, et pour lequel, pourtant, Daniel Mercure a composé une musique. Très ému, il s'exclame : « Cette chanson-là, c'est absolument mon enfance à moi. C'est donc sympathique. »

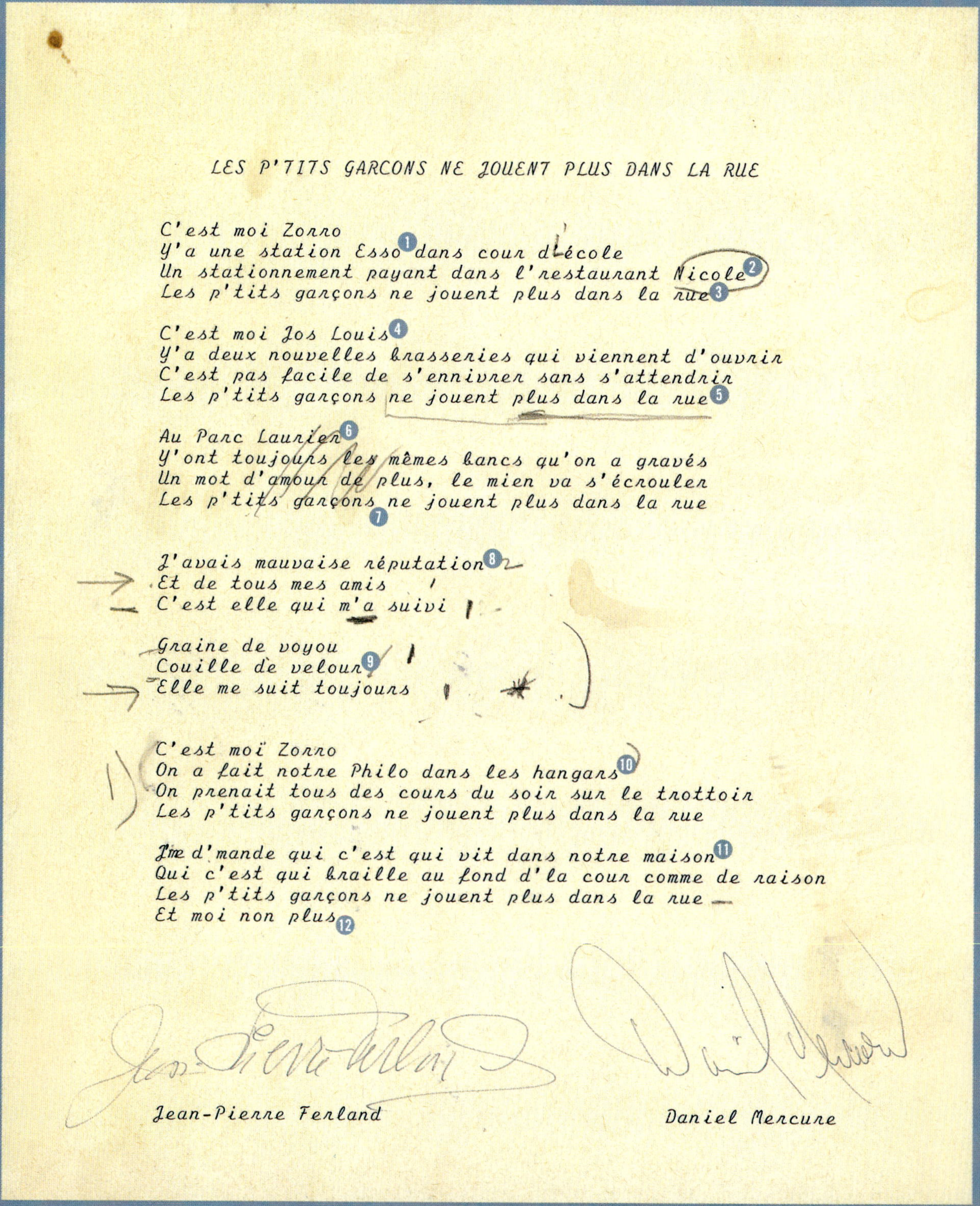

LES P'TITS GARÇONS NE JOUENT PLUS DANS LA RUE

C'est moi Zorro
Y'a une station Esso ① dans cour d'école
Un stationnement payant dans l'restaurant Nicole ②
Les p'tits garçons ne jouent plus dans la rue ③

C'est moi Jos Louis ④
Y'a deux nouvelles brasseries qui viennent d'ouvrir
C'est pas facile de s'enivrer sans s'attendrir
Les p'tits garçons ne jouent plus dans la rue ⑤

Au Parc Laurier ⑥
Y'ont toujours les mêmes bancs qu'on a gravés
Un mot d'amour de plus, le mien va s'écrouler
Les p'tits garçons ne jouent plus dans la rue ⑦

J'avais mauvaise réputation ⑧
Et de tous mes amis
C'est elle qui m'a suivi

Graine de voyou
Couille de velours ⑨
Elle me suit toujours

C'est moi Zorro
On a fait notre Philo dans les hangars ⑩
On prenait tous des cours du soir sur le trottoir
Les p'tits garçons ne jouent plus dans la rue

J'me d'mande qui c'est qui vit dans notre maison ⑪
Qui c'est qui braille au fond d'la cour comme de raison
Les p'tits garçons ne jouent plus dans la rue
Et moi non plus ⑫

Jean-Pierre Ferland   *Daniel Mercure*

Paroles : Jean-Pierre Ferland   Musique : Daniel Mercure

LES P'TITS GARÇONS NE JOUENT PLUS DANS LA RUE

Jean Turgeon, Jean-Pierre et Robert Ferland, André Turgeon. Quatre « p'tits garçons » attirés par les pots de bonbons de la pharmacie Turgeon.

1. **Station ESSO** La station de son père avenue du Mont-Royal, entre Mentana et Boyer.

2. **Restaurant Nicole** « C'était un snack-bar juste en face de chez mon père, rue Mentana. À 11 heures et demie, on allait y manger des club sandwichs qui goûtaient le gaz, parce que nos mains sentaient l'essence. » C'est là qu'un jour Jean-Pierre rencontre un homme qui mange des verres et qui lui apprend sa méthode : il faut les choisir ni trop épais ni trop minces. Les casser avec les canines, puis diriger rapidement les éclats de verre sous la langue. Le verre devient alors comme du sable. Une fois l'opération terminée, se rincer la bouche pendant une bonne vingtaine de minutes. Il paraît que Céline Dion, morte de rire, roulait en dessous de la table le jour où Jean-Pierre a mangé un verre devant elle.

3. **Dans la rue** « On jouait tout le temps dans la rue. C'est pas pour rien que j'adore la campagne aujourd'hui ! »

4. **Jos Louis** Le boxeur Jos Louis est une des deux idoles d'enfance de Jean-Pierre, avec l'homme fort Louis Cyr à qui il a consacré une chanson : « M'écouteriez-vous si je vous disais/qu'il était plus fort qu'une paire de taureaux ? »

5. **Dans la rue** En 1971, il dit à Colette Chabot, de l'hebdomadaire *Le Petit Journal*, qu'enfant, il rêvait de faire rire les gars de la rue de Lanaudière. Pourquoi eux ? « Parce que c'étaient des gars comme nous qui n'habitaient pas la rue Chambord ! » En revanche, il rêvait de battre ceux de la rue Garnier. « Quand j'avais battu un gars de la rue Garnier, je me voyais photographié en première page d'un journal. Un pied sur le vaincu. Ça impressionnait mes amis, ils savaient ainsi que j'étais le plus fort. »

6. **Parc Laurier** Jean-Pierre ira souvent graver les lettres J.-P. + R. sur les bancs du parc constitués de grosses planches de bois vertes. R. pour Rita Courchesne, qu'il épousera après sept ans de fréquentation.

7. **P'tits garçons** Dans le quartier, le « clan » Talbot « terrorise » tout le monde. Quand il revient de la station-service de son père, Jean-Pierre fait des détours et préfère rallonger sa route plutôt que de passer devant chez les Talbot, l'été, quand tout le monde est sur son balcon. Ironie du sort ou juste retour des choses, dans les années 1970, un des fils de la famille qui lui faisait si peur, Gilles Talbot, devient son gérant !

8. **Mauvaise réputation** Dans le *Télé-radiomonde* du 7 août 1965, il revient sur son enfance : « J'étais un niaiseux, alors que j'aurais voulu être un dur, un " bum ". C'est pour cela que je n'ai pas su profiter de ma rue Chambord ; c'est pour cela que je n'ai pas fait partie intégrale de mon quartier. »

9. **Couille de velours** « J'aurais aimé ça, quand j'étais jeune, que les gars m'appellent " Couille de velours ". Ça m'a toujours hanté, cette expression. Quand je suis allé chez Gilles Vigneault, il faisait des petites boules de farine et d'eau, avec les civets de lièvre, une recette de la Côte-Nord. J'avais appelé ça des couilles de velours ! »

10. **Hangar** « À 13 ans, j'avais acheté des pigeons au marché Amherst, au coin de la rue Ontario. Des pigeons de fantaisie avec des plumes aux pattes. Je les avais payés trois dollars. J'avais bricolé mon pigeonnier dans le hangar avec, dans le carreau, une ouverture d'où ils entraient et sortaient. Je les ai eus pendant longtemps. Un dimanche après-midi, on revenait de la campagne avec mon père, je suis rentré dans mon pigeonnier, les rats de la rue Chambord avaient mangé les six pigeons ! »

11. **Qui c'est qui vit dans notre maison** Une fois adulte, Jean-Pierre se décide à faire ce pèlerinage – que nous effectuons tous, un jour ou l'autre –, sur les lieux de son enfance. Il découvre alors que la rue Chambord a bien changé. Il croise des pushers de drogue (« Ma mère serait morte si elle avait vu ça. »). Et un petit garçon qui joue sur le trottoir, comme lui jouait, enfant. Il parle espagnol, mais, dans un mauvais français, il confirme à Jean-Pierre qu'il habite bien ce deuxième étage où la famille Ferland a vécu. Quand il apprend que c'est Jean-Pierre qui a planté ce magnifique pommetier qui orne le devant de la maison, le gamin lui raconte : « L'automne, les petites pommes gèlent. On se lance. On vous remercie beaucoup pour ça ! »

12. **Et moi non plus** Jean-Pierre est né rue Chambord, y a grandi et ne l'a quittée que le jour où il s'est marié.

LA PEUR DE RIEN,
L'ENVIE DE TOUT,

Jean-Pierre est né au Québec, à une époque où tout le monde se sentait né pour un p'tit pain. Alors, en toute logique, et conformément à ce qui se passe autour de lui, son ambition officielle n'est pas démesurée : faire 5 piasses par semaine pour s'acheter « un char à 2 000 piasses ». Un Ford Coupé. Pourquoi celle-là et pas une autre ? « Parce qu'en 1947, c'était la moins chère ! », me répond Jean-Pierre dans un grand éclat de rire.

Les soirs, après l'école, pendant les week-ends et les vacances d'été, tous les fils Ferland doivent mettre l'épaule à la roue et aider le paternel à faire fonctionner le garage. Jean-Pierre n'y échappe pas. Il s'y rend lui aussi et lave les autos avec son frère Jacques. Ils reçoivent 25 cents par auto lavée ou 15 cents pour laver le plancher. « Fallait en laver en maudit pour amener ta blonde au restaurant ! » Mais Jean-Pierre le rêveur y va à reculons. Un jour où il rechigne à travailler, son père lui plonge la tête dans la cuve d'eau où l'on essore les chamois. On ne s'oppose pas à Armand Ferland.

Quand Ferland commence à fréquenter celle qui deviendra sa première femme, Rita Courchesne, ils restent tous les deux sur le balcon familial de la rue Chambord parce qu'il n'a pas les moyens de l'emmener où que ce soit. Pour aller au restaurant en face du garage paternel, le samedi soir, il faut avoir amassé 3,80 dollars. Une fortune !

Quand le frère de l'école secondaire appelle Anna Ferland pour lui dire que Jean-Pierre n'aime pas les études et qu'il n'est peut-être pas nécessaire qu'il se présente au retour des classes de septembre, la mère de famille prend les choses en main. Elle s'empare du bottin et l'ouvre à la section des manufactures. Jean-Pierre aura un emploi d'été comme brasseur de la moutarde Condor à l'usine d'alimentation Boudrias, rue Notre-Dame à Montréal. Il nettoie les barils à moutarde, met du poivre dans des contenants, colle des étiquettes et... s'ennuie à mourir ! Quand il rentre chez lui, ses vêtements empestent la moutarde. À la fin de l'été, il aura tôt fait de retourner sagement à l'école.

Ses frères et sœurs se souviennent qu'à l'adolescence Jean-Pierre s'allongeait sur le sofa du salon et rêvassait. Il s'isolait et écoutait de la musique, le plus souvent le hit-parade américain, à la noirceur. Mais où et quand a commencé sa vocation de poète ? En spectacle, Jean-Pierre s'amuse à raconter ses débuts comme auteur. « J'ai composé mon premier poème à l'âge de 13 ans et il s'appelait *Les hémorroïdes*. » Mais est-ce vraiment ainsi que tout a commencé ? Monique Ferland raconte : « Chez nous, le bottin était toujours rempli des poèmes de Jean-Pierre. Ça fâchait ma mère. Dès qu'un papier traînait quelque part, il mettait la main dessus et il écrivait des poèmes. » Jacques renchérit : « Dans notre chambre, il n'y avait qu'un bureau pour les cinq gars. Et, dans le tiroir, je trouvais toujours des poèmes de Jean-Pierre. » Paul-Émile, lui, se souvient d'y avoir trouvé un harmonica (une musique à bouche) appartenant à Jean-Pierre.

En août 1971, la mère de Jean-Pierre raconte sa version des faits à l'hebdomadaire *Le Petit Journal* : « Il avait 14 ans, lorsque j'ai découvert dans son tiroir, en faisant le ménage, son recueil de poèmes. Je le lui ai dit et il a répliqué : "Tu as fouillé." Je lui expliquai que c'était par hasard, en faisant le ménage, et alors il m'a dit qu'il avait l'intention de faire éditer des poèmes un jour. Je me souviens de lui avoir conseillé d'apprendre d'abord à compter. » Aujourd'hui, c'est assez amusant de se dire que le tombeur de ces dames, l'âme sensible, le poète, est un ancien comptable. Impossible de ne pas y voir une ambition étouffée, un enfant qui voulait poétiser et à qui on a dit qu'il valait mieux apprendre à compter.

La station-service Esso telle qu'elle était quand Armand Ferland en était le gérant. Rénovée, modernisée, elle est encore aujourd'hui avenue du Mont-Royal, mais personne ne se souvient que Jean-Pierre Ferland y a déjà travaillé.

Jean-Pierre porte fièrement l'uniforme du garagiste lorsqu'il travaille à la station de son père.

Aujourd'hui, Jean-Pierre en veut à tous ceux, parents, professeurs, décideurs, qui ont maintenu les jeunes de sa génération dans la peur, la petitesse et le manque d'ambition. « Il ne fallait jamais essayer d'être quelqu'un, mais toujours être moins bon que son père : "Ton père est plus intelligent que toi, n'oublie jamais ça. Mets-toi ça dans la tête." On a toujours été rabaissés, pas méchamment, mais on nous laissait entendre : "Vous êtes des rejetons. On est plus intelligents que vous." Les jeunes étaient traités avec moins de respect que leurs parents. C'était épouvantable de n'avoir de reconnaissance de personne. Les professeurs nous envoyaient promener, les directeurs d'école voulaient nous pogner le c..., c'était dur à cette époque-là, et, en plus, on avait appris à se taire. J'avais hâte d'être un homme pour pouvoir leur dire : "NON, je décide." »

Jean-Pierre a toujours dans les tripes cette envie de s'en sortir, « être un homme, être plus vieux, aller dans les beaux restaurants pour que les gens me respectent et me donnent une bonne table ».

Plusieurs années plus tard, à Paris, Jean-Pierre ira manger au très réputé restaurant La Tour d'Argent avec l'un de ses amis et leurs deux femmes. Leur but : goûter ce fameux canard au sang, la spécialité du restaurant. Mais on leur donne la table la moins jolie, tout près des toilettes. Très fier, Jean-Pierre dit au serveur : « Non, monsieur, je veux une table pour voir Notre-Dame de Paris ! » « Très bien, monsieur ! » Après ses premiers succès en France, Jean-Pierre se présente de nouveau à La Tour d'Argent, et le maître d'hôtel, en l'apercevant, lui lance : « La vue sur Notre-Dame, monsieur ? » « Absolument », répond Ferland, qui a vraiment eu l'impression, cette journée-là, de s'être vengé de sa jeunesse et d'être devenu quelqu'un. D'être devenu un homme ?

Jean-Pierre au réputé restaurant montréalais Beaver Club de l'hôtel Reine-Élisabeth, en compagnie de sa femme, Dyane Lessard. Il y a été « intrônisé » et y a maintenant sa propre assiette.

« ... être un homme, être plus vieux, aller dans les beaux restaurants pour que les gens me respectent et me donnent une bonne table. »

Jean-Pierre sur le balcon de la rue Chambord. S'il fume et porte un costume « double-breast », c'est qu'il travaille et a des sous pour se payer ces petits luxes. Il est prêt à conquérir le monde.

L'ENFANCE

L'ÂGE ADULTE

POUR SON PREMIER VRAI EMPLOI RÉMUNÉRÉ, JEAN-PIERRE TRAVAILLE COMME COMMIS À LA COMMISSION DES TRANSPORTS DE MONTRÉAL OÙ IL CALCULE LE NOMBRE DE BILLETS ET LE MONTANT DE LA CAISSE QUE LES CHAUFFEURS LUI REMETTENT... EN PLUS DE JOUER AVEC EUX DE L'ARGENT AUX CARTES ET AUX COURSES DE CHEVAUX ! MAIS C'EST À RADIO-CANADA QU'IL RENCONTRERA CEUX QUI LUI DONNERONT UNE PREMIÈRE CHANCE.

JEAN-PIERRE, LE RADIO-CANADIEN

*Page précédente :
À Radio-Canada, Jean-Pierre ne pond pas que des horaires. Il pond aussi des chansons.*

Quand, en 1956, Jean-Pierre entre à Radio-Canada, pour le p'tit gars de la rue Chambord, qui n'a jamais côtoyé de vedettes, c'est le premier contact avec le monde artistique. Dans les couloirs, il croise des comédiens. Dans les ascenseurs, des jolies filles à la tonne.

Son titre officiel : officier d'assignation ou responsable des affectations pour les annonceurs maison. Son titre officieux : « Faiseux de cédule » ! Sa description de tâches : établir l'horaire de travail des annonceurs maison, pour la télévision et la radio, en français et en anglais. Il fait même passer des auditions avec Miville Couture et Pierre Paquette et se trouve dans le poste de contrôle le jour où Pierre Nadeau, fraîchement débarqué de Rimouski, auditionne pour un emploi à Montréal.

À la fin des années 1960, alors que sa carrière de chanteur est florissante, Jean-Pierre sera invité à l'émission-culte du matin à Radio-Canada, Chez Miville alors animée par René Caron. De gauche à droite : Jean-Pierre Ferland (au micro), Jean Mathieu, Jean Morin et René Caron.

Jean-Pierre croqué sur le vif pendant qu'il feuillette un magazine de comics Lil Tomboy.

Difficile à imaginer aujourd'hui, mais, à l'époque, les animateurs ne sont pas liés à une seule émission et naviguent d'un créneau à l'autre. D'où les horaires complexes. Jean-Pierre devient copain avec Jacques Fauteux, Pierre Paquette, Richard Garneau, Pierre Nadeau et Jean Mathieu. Et il aménage leurs horaires pour leur rendre service. « C'est grâce à Jean-Pierre, qui m'aimait bien, que j'ai pu faire une émission extraordinaire, *Image en tête*, une sorte de ciné-club le samedi après-midi », me raconte Pierre Nadeau, rajoutant qu'à l'époque, les annonceurs étaient « les rois de la radio et de la télévision ». Le « favoritisme » de Jean-Pierre va plus loin encore. Untel à un rendez-vous galant entre midi et 14 heures ? Qu'à cela ne tienne, Jean-Pierre lui donne l'horaire du soir. Et il fait mieux que ça, il va lui-même à l'hôtel, paie la chambre, prend la clé et la donne à l'un de ses amis, un peu célèbre, pour éviter à ce dernier de se présenter à la réception. « Les gars faisaient très attention à moi à cause des heures supplémentaires, relate Jean-Pierre. Si l'un d'entre eux devait payer un nouveau plancher de "tuiles", je lui disais : "Va-t'en chez vous", et quand je le rappelais, il était payé temps double, et c'est comme ça qu'il payait son plancher. »

Jean-Pierre est rieur, taquin, blagueur. On l'imagine mal dans un travail administratif.

Pierre Nadeau se souvient du contraste saisissant entre le travail administratif qu'effectuait Jean-Pierre et la fantaisie qui se dégageait de lui. « C'était un extraverti. » À Radio-Canada, Jean-Pierre ne pond pas que des horaires. Il pond aussi des chansons. Il prend son nouveau hobby de chanteur au sérieux. Il s'inscrit à des cours de guitare avec Stéphane Fentok. « Jean-Pierre était très sérieux, me confie aujourd'hui le professeur Fentok. Quand il avait un but, il était très décidé. Et là, il avait un but très précis, il était en amour avec quelqu'un et il voulait l'impressionner. » Jean-Pierre prend aussi des cours de diction où on lui montre à parler avec un crayon entre les dents pour apprendre à articuler. N'ayant pas confiance en la qualité de son français, le complexé de la rue Chambord montre ses textes à Henri Bergeron et Miville Couture pour faire corriger ses fautes.

Amoureux d'une collègue de travail, il lui dédie la première de ses chansons d'amour, mais en prenant bien soin de changer son prénom. Anne-Marie devient Marie-Ange, un prénom qu'il n'est pas allé chercher bien loin : c'est celui de sa tante !

*Marie-Ange la douce
Avait brodé son nom
Sur le revers d'un chêne
Qui cachait ma maison*

Ses premiers essais ne se comparent peut-être pas à du Verlaine, mais ils suffisent pour attirer l'attention de ses collègues. « Il est venu chez moi, c'était mon ami, et, dans mon sous-sol, il s'est mis à gratter sa guitare, raconte Pierre Paquette. Il était sous-comptable et n'avait rien à voir avec la poésie. Mais quand il a chanté *Marie-Ange la douce* et *Le chasseur de baleine*, c'était sensationnel. Je lui ai dit que c'était très bon, il n'en revenait pas. J'avais peut-être auprès de lui un certain prestige. » Le moins qu'on puisse dire, c'est que les annonceurs de

Radio-Canada de l'époque ont du flair. Quelques années plus tôt, Guy Mauffette donnait un coup de pouce à Félix Leclerc. Jean-Pierre, lui, doit ses débuts à quatre annonceurs qui ont su reconnaître son talent : Jean-Paul Nolet qui lui donne 60 $ pour acheter sa première guitare et en refuse le remboursement, Pierre Paquette qui lui prodigue ses premiers conseils, Jean Mathieu qui lui offre des encouragements et Henri Bergeron qui lui permet d'enregistrer sa première chanson, en louant le studio et en payant les tarifs syndicaux. « Après avoir écrit ma première chanson, j'ai dit à Pierre Paquette, Pierre Nadeau et Richard Garneau : "Voulez-vous l'écouter ?" Ils ont dit : "C'est bien bon ! On va l'enregistrer." Mais on n'avait pas d'argent, alors on a demandé à Henri Bergeron, qui est devenu mon premier producteur. Ils ont été mes premiers amis. Avec eux, j'ai tout appris. »

À l'émission *Au lendemain de la veille*, Raymond Charette fait entendre ce premier enregistrement sans identifier l'auteur-compositeur-interprète. Jacques Languirand, alors un des animateurs de l'émission, est impressionné par ce qu'il entend. Des auditeurs appellent pour dire que ça leur plaît. Et un représentant de la maison de disques London contacte Jean-Pierre pour lui proposer son premier contrat. Il n'a que 23 ans.

Pierre Nadeau, qui a décidé de quitter Radio-Canada pour tenter sa chance au théâtre en France, part le 9 janvier 1958 pour Paris. Dans ses valises, il emporte une dizaine d'exemplaires de ce 45 tours que Jean-Pierre vient d'enregistrer pour London avec les chansons *Marie-Ange la douce*, *L'amure est morte*, *Tristesse et guitare* et *Le chasseur de baleine*. En déambulant près des Champs-Élysées, il aperçoit l'enseigne d'un bureau d'imprésarios, celui des frères Marouani. Il leur présente avec un enthousiasme (qu'il pense contagieux) ce jeune auteur-compositeur-interprète au talent fou qu'est son ami Jean-Pierre. Quinze jours plus tard, il revient voir les Marouani, mais on lui remet ses disques avec une tape dans le dos en lui disant avec condescendance : « Vous repasserez. » « J'étais triste et humilié, raconte Nadeau, j'y croyais très fort. J'étais vraiment persuadé que ça allait marcher. »

Pierre Nadeau n'a que quelques années d'avance. Le succès en France, Jean-Pierre le connaîtra, mais presque exactement dix ans plus tard.

Jean-Pierre prend des cours de guitare avec Stéphane Fentok. Il lui demandera aussi de l'accompagner sur son premier disque.

Dès ses débuts, Jean-Pierre a un petit je ne sais quoi qui rappelle Jacques Brel. Une ressemblance qui lui portera longtemps ombrage.

MON AMOUR DE MUSIQUE

C'est Pierre Paquette, animateur de l'émission *Coquelicot* à la radio de Radio-Canada, qui fait connaître à Jean-Pierre les grands de la chanson. « J'étais le premier au Canada français à faire entendre à Radio-Canada Léo Ferré et George Brassens, rappelle Pierre Paquette. Je m'amusais à passer des choses osées, personne ne me surveillait. J'avais un *fun* vert à faire ça ! » Il rapporte de France les disques de Jacques Brel, de Jean Ferrat et surtout de Stéphane Golmann. Cet artiste, mort en 1987, a été le tout premier auteur-compositeur-interprète français à s'accompagner à la guitare, avant même Félix Leclerc. On lui doit, entre autres succès, *La Marie-Joseph* (« Encore heureux qu'il ait fait beau/Et qu'la *Marie-Joseph* soit un bon bateau »). Il est rien de moins que le grand maître de Jean-Pierre.

Pierre Nadeau et Richard Garneau, qui croisent Golmann à Paris, l'invitent à Montréal. « Je l'aimais tellement ! s'exclame Jean-Pierre. Nadeau le logeait, Garneau le véhiculait et moi, je payais le bar ! C'était ainsi dans le contrat. On est tous devenus fous, il m'a fait faire faillite. Nadeau n'en pouvait plus. » D'ailleurs, ce dernier confirme que le séjour de Golmann chez lui a failli virer au cauchemar. Le Français s'éternise. Il fait tellement partie des meubles que la petite Pascale Nadeau, future chef d'antenne à Radio-Canada, alors âgée de deux ans, émerge de sa chambre et lance à sa mère : « Maman, y a un Golmann dans le couloir ! » Grand amateur de whisky et grand fumeur de Gauloises, il met un jour le feu à son lit et se voit indiquer la porte par un Pierre Nadeau furieux.

Jean-Pierre, on le sait, est ambitieux. Il ne se voit pas finir ses jours comme « faiseux de cédule ». Il tente sa chance et passe une audition pour devenir lui-même annonceur. « Il avait une bonne voix, une bonne diction et une bonne gueule. Il voulait se sortir de son job ennuyant », explique Pierre Nadeau.

Jean-Pierre sera donc annonceur, mais il affirme que deux collègues ont déposé une plainte officielle contre lui, prétextant qu'il n'avait pas « le style radio-canadien ». Sa carrière sera de courte durée. En décembre 1958, les réalisateurs de Radio-Canada déclenchent une grève. Par solidarité avec eux, de nombreux spectacles sont organisés. C'est ainsi qu'un soir, à la Comédie canadienne, le réalisateur René Lévesque présente « un petit jeune qui commence » : Jean-Pierre Ferland, qui monte sur scène pour la première fois de sa vie. En plus de ses propres chansons, il entonne : « Qu'en dedans on se le dise/L'hiver nous est arrivé/Depuis le temps qu'en maîtrise/Vous pleurez vos vieux péchés. »

Peu de temps après, il décide de quitter la société d'État, répondant à l'appel de la musique. « Il est venu me voir au garage de papa, où je travaillais, et il m'a annoncé qu'il quittait Radio-Canada, raconte Antoine Ferland. Je trouvais que c'était risqué. Le domaine artistique était totalement inconnu pour nous. Il n'y avait aucun musicien dans la famille. Et son poste à Radio-Canada était quand même confortable. »

En haut : *Le manuscrit de la chanson* Le showbusiness, *écrite en 1975, et dans laquelle Jean-Pierre se remémore l'ivresse des débuts du succès*

En bas : « *J'avais ma guitare et la veste que ma maîtresse m'avait tricotée en plein été. Il faisait chaud, mais il fallait que tu t'habilles comme ça, c'était l'époque.* »

Les amitiés qu'il a nouées avec les mousquetaires au sein de la grande maison se transforment en des appuis solides. En 1959, Jean-Pierre sort son premier « long-jeu », et, sur la pochette, est écrit ce texte d'introduction admiratif, signé Pierre Paquette :

> *« Jean-Pierre nous offre sous ce pli une collection unique de chansons. Écouter ce long-jeu, c'est une aventure inoubliable, c'est découvrir, chanson par chanson, sa poésie, son humour, ses mélodies, son talent exceptionnel. Ce long-jeu est un des meilleurs qu'il m'ait été donné d'entendre en dix années de métier. »*

Mis à part le quatuor Fauteux-Nadeau-Garneau-Paquette et quelques autres heureux élus, Jean-Pierre ne garde pas de très bons souvenirs des employés de la société d'État. En 1966, il confie à *Échos-Vedettes* que lorsqu'il travaillait dans un bureau, « les messieurs de Radio-Canada l'étouffaient et exigeaient de lui qu'il soit parfait avec son collet blanc et son pantalon bien "pressé" ».

Mais Jean-Pierre aura sa vengeance. En 1966, au cocktail donné en l'honneur de Renée Claude, à la veille de son départ pour Sopot (Pologne), Jean-Pierre fait preuve d'une grande vulgarité devant les représentants de Radio-Canada. Il sait pertinemment qu'à l'époque où il y était employé, on l'aurait rabroué, rappelé à l'ordre. Désormais connu, personnalité publique, on l'écoute en souriant.

Dès le mois d'août 1962, Jean-Pierre est suffisamment connu pour faire la une du magazine Maclean (l'ancêtre de L'Actualité). Déjà, on l'appelle « le casse-cou de la chanson ».

Jean-Pierre quitte Radio-Canada à la fin des années 1950, mais il y retournera en 1964 pour animer le volet « Boîte à chansons » de l'émission de télévision Jeunesse oblige.

Radio-Canada n'est pas que synonyme de friction. En effet, c'est sur les ondes de la télévision nationale que, en 1959, un Jean-Pierre timide apparaît pour la première fois à l'émission de variétés *Music-Hall* animée par Michelle Tisseyre. Toute la famille Ferland est devant le poste. « On a tous applaudi. C'était une très grande fierté, un honneur pour nous », raconte Monique Ferland qui se souvient très bien d'avoir été estomaquée par la prestance de son frère. Sa sœur Anne-Marie rajoute : « On était nerveux parce qu'on le sentait, lui, nerveux. On ne comprenait pas comment ça se faisait qu'il était déjà aussi bon. Il y avait des chiens savants à l'émission, et on avait peur que ça le déconcentre et qu'il se trompe ! »

En 1971, sa mère confie au *Petit Journal* : « Rien ne nous laissait prévoir qu'il serait un jour le Jean-Pierre Ferland qu'on connaît, sauf que ses différents emplois ne le satisfaisaient pas. Quand j'ai su qu'il voulait chanter, j'ai craint pour lui. J'avais peur d'une vie que je ne connaissais pas, car, sans être bigote, je suis une femme dévote, et la réputation qui planait sur le monde des artistes n'était pas rassurante. Mais nous avions, mon mari et moi, donné le meilleur de nous-mêmes. C'était maintenant à lui de choisir ce qu'il voulait. »

Et ce qu'il veut, c'est chanter ! Il est prêt à laisser « une bonne job à 75 dollars par semaine avec caisse de retraite » à Radio-Canada pour se lancer tête baissée dans l'aventure.

> *« Il avait une bonne voix, une bonne diction et une bonne gueule. Il voulait se sortir de son job ennuyant. »*
> *– Pierre Nadeau*

L'ÂGE ADULTE 33

LES BOZOS

Leur aventure a duré moins d'un an, et pourtant elle a marqué l'imaginaire de toute une génération. Ils sont tous auteurs, compositeurs, interprètes, ou les trois à la fois, et tous un peu fous. Le 14 mai 1959, ils ouvrent la première vraie boîte à chansons du Québec, Chez Bozo, au deuxième étage du restaurant français Le Lutèce, 1208, rue Crescent à Montréal. Ils s'appellent les bozos : Jean-Pierre Ferland, Hervé Brousseau, Claude Léveillée (qui sera remplacé par Jacques Blanchet), Raymond Lévesque et Clémence DesRochers. Le pianiste André Gagnon les accompagne quelques mois, de même que Paul de Margerie.

Les Bozos décident de se produire eux-mêmes, puisque aucun cabaret, aucun club ne veut d'eux. « Les gens levaient le nez sur nous, rappelle Ferland, on n'était pas intéressants, on n'avait pas de public et on ne chantait nulle part. » Clémence se souvient : « Entre moi et Jean-Pierre, ça a cliqué tout de suite, pourtant on ne s'était jamais rencontrés auparavant. »

Dans la famille Ferland, on est surpris. Quand on apprend que Jean-Pierre chante dans une boîte, on se dit qu'à force de se tenir avec des gens de Radio-Canada, il a fini par perdre la boule.

Ils choisissent le nom les Bozos pour rendre hommage à Félix Leclerc et à son *Bozo*, « Le fils du matelot/Maître céans/De ce palais branlant ». Ils construisent une petite scène, installent des spots au plafond et achètent un piano droit.

À droite :
La première affiche officielle de la boîte à chansons Chez Bozo. À l'époque, Ferland fait carrière sous le nom de Jean Pierre. Une idée de son imprésario Jacques Labrecque.

De gauche à droite : Jacques Blanchet, Jean-Pierre Ferland et Clémence DesRochers.

Clémence et Jean-Pierre écrivent ensemble les numéros d'ouverture et de fermeture, et Clémence y met la dernière main. Ils confient ensuite les textes aux autres membres de la « troupe ». « C'était la première fois qu'on travaillait entre artistes, rappelle Clémence. On était habitués à faire chacun ses affaires. »

Ils chantent des chansons dont certaines phrases ne passeront pas à l'histoire comme : « Tarzan que t'es donc beau, tu devrais t'ouvrir un studio. » Clémence a fouillé dans sa mémoire pour retrouver le texte de la chanson d'ouverture avec laquelle ils accueillaient les clients :

Bonsoir, papa
Bonsoir, maman
Regarde donc qui c'est qui est en avant
C'est la fille à matante Bertha
Bonsoir, bonsoir, comment ça va, vous, là ?

La salle de Chez Bozo ne contient pas plus d'une centaine de places, et, comme l'endroit est fréquenté par à peu près toujours le même public, les artistes n'ont pas d'autre choix que de changer le spectacle toutes les deux semaines. Jean-Pierre se souvient de la formidable créativité qu'impliquait ce genre d'endroit. « C'était toujours le même monde qui revenait et on se disait qu'il faudrait bien changer notre show, alors je me mettais à *necker* avec Clémence, on écrivait des sketches et, après ça, on montait des petits numéros et nos chansons. C'est là que j'ai écrit des chansons comme *Ton visage*. On était obligés d'écrire, il fallait toujours du nouveau matériel. »

"Chez Bozo"
1208, rue Crescent - UN. 1-0569

La seule et unique boîte de chansonniers vous invite à venir entendre

CLEMENCE DESROCHERS
RAYMOND LEVESQUE
HERVE BROUSSEAU
CLAUDE LEVEILLE
JEAN PIERRE

les vendredis, samedis et dimanches à compter du 15 ma[i]

Tous les jeudis à compter du 21 mai
soirée de "Cool Jazz" avec Back Lacombe et son ensemb[le]

Quand Jean-Pierre parle des Bozos, il ne se cache pas d'être celui qui avait le moins de succès. « C'était dur, Claude Léveillée était très populaire avec ses chansons *Frédéric* et *Les vieux pianos*. Et puis parce qu'il jouait le clown Cloclo à la télévision de Radio-Canada. Mais moi, j'étais un gros zéro. Personne ne me connaissait. Mais les gens nous encourageaient, et, finalement, on s'est retrouvés à avoir chacun son public. Vingt personnes venaient juste pour moi, Clémence en avait pour elle, Léveillée en avait toujours plus que nous autres. » Et Ferland, lui, il chantait quoi ? *Le chasseur de baleine*, l'une de ses premières compositions.

Je suis un chasseur de baleine
J'ai vécu trente années d'eau salée
Dans une gorgée de colère
J'ai piqué vers la vallée mouillée
Campanules et jardins de quenouilles

Jean-Pierre rajoute, en s'étouffant de rire : « La baleine la plus proche que j'avais vue, c'était une baleine de corset ! Mais c'est ça une chanson : le rêve, la vie et le mensonge. »

Comme le Bozo de Leclerc qui voit arriver au château les invités poudrés, les Bozos de la rue Crescent voient défiler dans leur boîte à chansons des invités prestigieux. Le dramaturge Marcel Dubé et le chansonnier Félix Leclerc y vont régulièrement. Chez Bozo représente le passage obligé de tous les visiteurs venus d'Europe : Francis Lemarque, Édith Piaf (qui y découvrira Claude Léveillée en juin 1959 et lui donnera rendez-vous à Paris), Yves Montand, les Compagnons de la chanson, entre autres.

C'est Jean-Pierre qui décide de décorer l'un des murs de la salle de façon fort originale : « J'ai dit aux autres que ce lieu devait devenir quelque chose d'extraordinaire, et c'est devenu extraordinaire. » Tous les invités apposeront leur main préalablement trempée dans la gouache sur le mur ainsi signé par les plus illustres chansonniers de l'époque. Quand l'aventure de Chez Bozo a pris fin, on s'est bien sûr empressé d'appliquer une généreuse couche de peinture sur ce mur des célébrités ainsi disparu. Dommage. Parce qu'il y avait là des traces d'amours passées. « Yves Montand avait mis sa main peinte sur le mur. Édith Piaf est arrivée, elle est montée sur un petit tabouret et elle a mis sa main juste en haut de celle de Montand. La gouache a dégouliné jusqu'à celle de son ancien amoureux. »

Pour Jean-Pierre, les Bozos, c'est sa première confrontation avec l'ego des autres créateurs. Et je ne suis pas sûre qu'il n'ait pas été profondément blessé que la môme Piaf ait choisi de jeter son dévolu sur Léveillée plutôt que sur lui. Il aurait peut-être bien aimé être celui à qui elle avait donné rendez-vous 67 bis, boulevard Lannes, à Paris.

De gauche à droite : Jean-Pierre Ferland, Jacques Blanchet, Clémence DesRochers, Hervé Brousseau et Claude Léveillée. Ils s'appellent les Bozos en hommage à Félix Leclerc.

De gauche à droite, debout : un couple d'amis, Jacques Blanchet, Jean-Pierre Ferland, Ginette Letondal, Jean-Paul Filion, Jean Claveau et André Gagnon. De gauche à droite assis : Guy Mauffette, Thérèse Cadorette, Clémence DesRochers, Claude Léveillée et Félix Leclerc.

L'ÂGE ADULTE

LA FIN DES BOZOS

C'est pendant qu'ils s'amusent et travaillent ensemble Chez Bozo que se développe un flirt, comme on disait à l'époque, entre Jean-Pierre et Clémence. « Moi, j'étais plutôt "agace-pissette", avoue Clémence. J'ai été lente à m'éveiller aux affaires du sexe. On arrêtait la voiture à quelques rues de la maison familiale et on s'embrassait. Jean-Pierre aurait bien voulu que ça aille plus loin... J'ai couché avec lui un soir, dans mon petit lit trois quarts, mais il ne s'est rien passé, parce que Jean-Pierre avait la grippe ! » Mais si on sait calculer, et qu'on étudie de plus près la chronologie des événements, on se rend vite compte qu'à cette époque, Jean-Pierre était un homme marié ! Oui, Clémence le savait, mais « c'est lui qui prenait ses décisions, il savait ce qu'il faisait ».

Jean-Pierre et Clémence ont beau vivre leur flirt, ça ne les empêche pas de constater que tout ne tourne pas rond à la boîte Chez Bozo. Ferland trouve un des partenaires pénible, un autre désagréable, et il s'engueule régulièrement avec Raymond Lévesque dont il déteste la philosophie de vie. « Il disait : "Il faut manger de la marde dans ce métier-là pour avoir du talent". C'était son principe : "Le tas de fumier est à la hauteur du talent." »

Très rapidement, les ego des Bozos s'affrontent. « La grande question, c'était : qui allait ouvrir le show ? », me raconte Clémence. Elle n'a pas oublié les engueulades épiques entre Jean-Pierre et Raymond Lévesque qui refusait de passer en vedette américaine, avant ce jeune blanc-bec de Ferland tout nouveau dans le métier.

La séparation était inévitable. « C'était très intense, il y avait des ego très gros. Ces groupes-là, c'est comme les Beatles, ça ne dure pas jusqu'à la mort », explique Clémence.

Jean-Pierre, lui, rejette une partie du blâme sur celui qui sera souvent, au cours des années, sa tête de Turc : « Claude Léveillée était toujours à part. On lui disait qu'on allait faire une chanson ensemble, mais il refusait et ne voulait faire que ses chansons à lui. »

De gauche à droite : Pierre Calvé, Clémence DesRochers, Jean-Pierre Ferland, Jacques Blanchet, Pauline Julien et Pierre Létourneau. « Si tu remarques bien, j'ai toujours un verre à la main ! », me glisse Jean-Pierre.

Quand les Bozos cessent d'exister, Jean-Pierre et Clémence montent ensemble le spectacle *Les Résistants,* qui demeura un an à l'affiche de l'Anjou, rue Stanley. À l'occasion, ils écrivent des satires, comme une parodie d'*Hernani* de Victor Hugo, version québécoise.

« Ça s'appelait *Les Résistants,* mais on n'a pas résisté, lance Clémence, notre comique nationale, avec son sens de l'humour habituel. Je trouvais que Jean-Pierre ne travaillait pas assez fort. Je corrigeais ses textes. Je lui disais : "Ouvre tes yeux quand tu chantes." » Ils finiront par s'engueuler, arrêteront de se voir pendant un certain temps, mais resteront bons amis. « C'est un fou que j'aime beaucoup », conclut-elle.

« *C'est un fou que j'aime beaucoup.* »
– *Clémence DesRochers*

Au-delà des chicanes, reste que l'influence de la petite boîte de la rue Crescent sur le monde de la chanson sera énorme. Félix Leclerc avait été un précurseur, empoignant sa guitare à une époque où la chanson venait systématiquement d'outre-Atlantique, et les Bozos se sont engouffrés dans la porte qu'il avait ouverte. « Les Bozos ont été très importants, un coup de pied, un élan vers la création. Après, on a vu naître partout d'autres boîtes à chansons », précise Clémence.

Demandez à celle-ci quel est l'apport de Jean-Pierre à la chanson québécoise, et elle vous répondra : « Il innovait dans ses thèmes et dans sa façon de les exprimer. Il présentait un aspect différent, il parlait de la ville, des chansons très citadines et très autobiographiques. »

*De gauche à droite :
Jean-Pierre Ferland,
Clémence DesRochers,
Raymond Lévesque
et Jacques Blanchet.*

*Pendant qu'ils montent
les spectacles Chez Bozo,
Clémence et Jean-Pierre ont
une liaison de courte durée.*

« *C'était très intense, il y avait des ego très gros.
Ces groupes-là, c'est comme les Beatles, ça ne dure
pas jusqu'à la mort.* »
– *Clémence DesRochers*

L'ÂGE ADULTE

Au Concours international de la chanson de Bruxelles, deux personnes représentent chaque pays. Ferland défend Feuille de gui *et Lucille Dumont chante* Le ciel se marie avec la mer, *de Jacques Blanchet.*

Ça a changé ma vie du jour au lendemain. Moi qui voulais être un tombeur, ce soir-là quand je suis revenu dans ma chambre, il y avait deux bas noirs étendus sur mon lit.

Quand Jean-Pierre commence sa carrière, il ne sait ni écrire, ni chanter, ni jouer de la guitare. Et pourtant...

Le réalisateur de l'émission *Chanson sur mesure* à Radio-Canada, Roger de Vaudreuil, lui demande d'écrire une chanson parce qu'il manque de matériel pour le concours annuel organisé par la Communauté des radios publiques de langue française, édition de 1962. Il se met au boulot et pond *Feuille de gui* (et non pas « Feuille de Guy » comme certains l'ont écrit!). Le pianiste Pierre Brabant compose la musique, et Renée Claude l'interprète pour le concours. Jean-Pierre gagne le premier prix, ex æquo avec Jacques Blanchet qui a soumis *Le ciel se marie avec la mer*.

Sa chanson est donc choisie pour représenter le Canada et se mesurer à des compositions de Français, de Belges et de Suisses lors du Concours international de la chanson qui se tient à Bruxelles, en Belgique. Pour la première fois, il va mettre les pieds en Europe, lui qui rêvait de la tour Eiffel depuis des années. En avril 1962, il remporte alors le premier prix de ce concours, et son existence est chamboulée.

« Ça a fait boum. Ça a changé ma vie du jour au lendemain. Moi qui voulais être un tombeur, ce soir-là quand je suis revenu dans ma chambre, il y avait deux bas noirs étendus sur mon lit. (Rires coquins.) Des gens jusqu'à présent très hautains envers moi avaient soudain de la considération. Le président du jury m'a dit après coup : "On ne vous a pas donné ce prix-là parce que vous chantez bien, vous chantez très mal. Mais cette chanson-là, on ne pouvait pas passer à côté, elle était trop belle." »

Il reçoit des mots de félicitation de Félix Leclerc (qui connaît bien le pianiste Pierre Brabant, puisqu'il a travaillé avec lui à ses débuts). Jean-Pierre n'a pas oublié son trac énorme de l'époque, trac qui s'est évanoui dès son premier succès. « Moi qui voulais mourir dans l'avion à l'aller, au retour, je me disais : "J'espère qu'on ne s'écrasera pas aujourd'hui !" »

Arrivé perdant en Belgique, il repart triomphant, le chouchou des Belges... puis des Québécois.

C'est en effet à son retour d'outre-Atlantique qu'il est vraiment reconnu comme chansonnier. Il va donner son tout premier récital au Plateau, à Montréal. Mis à part *Feuille de gui*, Ferland n'a à son répertoire qu'une dizaine de chansons, toutes écrites pendant la période faste de Chez Bozo. Le public, enthousiaste, lui réserve une ovation de dix minutes.

FEUILLE DE GUI[1]

Paroles : Jean-Pierre Ferland   Musique : Pierre Brabant

Quand nous boirons au même verre
La tisane des bons copains
Et qu'aux quatre coins de la terre
Le fiel tournera raisin

Quand nous allumerons nos pipes
Aux flambeaux d'une **liberté**[2]
Payée au prix d'une salive
Et non à celui d'une épée

Ce jour, ce jour, je porterai feuille de gui
Ce jour, ce jour, je porterai feuille de gui

Mais tout autour de moi s'enchaîne
Je ne sais plus trop bien qui j'aime
Si je dois mordre ou caresser
Tresser la corde ou bien la brûler

Vienne la saison des **colombes**[3]
Et celle des feuilles de gui
Et poussent les roses sur les tombes
Et dans le **canon des fusils**[4]

Ce jour, ce jour, je porterai feuille de gui
Ce jour, ce jour, je porterai feuille de gui

Dites-moi comment, mère, écrit-on le mot **PAIX**[5] ?

1. **Feuille de gui** Le groupe yé-yé les Bel Canto fera une version électrique de *Feuille de gui* qui se taillera une bonne place au palmarès, en 1966.

2. **Liberté** Aujourd'hui, quarante ans plus tard, Jean-Pierre dit encore qu'il n'est pas particulièrement fier de cette chanson. En fait, pour être bien honnête, il ne peut « pas la souffrir » : c'est une chanson de commande, écrite pour gagner un concours, une chanson facile puisque, à l'époque, il suffisait de placer le mot "liberté" dans une chanson pour s'assurer de son succès.

3. **Colombes** En 1966, Jean-Pierre déclare à Nicole Charest du magazine *Perspectives* que *Feuille de gui* est « un succès qui ne [lui] plaît pas, peut-être parce que, de cette chanson d'amitié, on a fait une chanson de paix ».

4. **Canon des fusils** En août 1962, dans *La Revue Populaire*, à Michelle Tisseyre qui lui demande s'il a fait une chanson antimilitariste, il répond : « Pensez-vous ! Soyons francs, qu'est-ce que nous en savons, nous, Canadiens de ma génération, de la guerre ? Rien, absolument rien. *Feuille de gui*, c'est une chanson que j'ai écrite sur commande, parce qu'on voulait quelque chose de sérieux à une émission de télé entre deux sketches comiques. » Pas étonnant que Michelle Tisseyre dise ne pas reconnaître le jeune homme « timide au point d'en être malade » qui, trois ans auparavant, faisait sa première apparition télévisée à son émission de variétés *Music-Hall*, à Radio-Canada.

5. **Paix** Lors d'un spectacle en France, devant un public particulièrement houleux, à la question « Comment, mère, écrit-on le mot PAIX ? », un spectateur répond de la salle en criant : « P-E-T ! » Pauvre Jean-Pierre qui doit entamer la prochaine chanson, *Ça fait longtemps déjà*, dont les premiers mots sont : « Je sens encore… » On n'a pas de difficulté à le croire quand il affirme que ce fut l'une des pires humiliations de sa vie.

JEAN-PIERRE VU PAR... SYLVAIN CORMIER
critique musical au quotidien *Le Devoir*

Jean-Pierre Ferland, c'est une contradiction sur deux pattes. Il est doté d'une intelligence supérieure et d'un talent inouï, mais aussi d'une paresse crasse, d'un ego démesuré et d'une ingratitude cruelle. Il peut séduire totalement ou exaspérer totalement. On est à la fois jeté par terre et excédé, mais rarement mièvre. Il suscite l'excès, car il est lui-même excessif. Pourquoi ne le mentionne-t-on pas quand on fait la liste des grands (Leclerc, Vigneault, Léveillée) ? Parce qu'il y a quelque chose en lui qui sabote la légende. Il n'a pas maintenu son propre mythe, contrairement à Léveillée qui le bâtit depuis 1966. Ferland n'a jamais cessé d'exister comme homme. On a trop ses tares humaines en pleine face pour l'élever au rang de mythe. Pourtant c'est lui qui a le répertoire le plus riche de tous. En termes de diversité et de chansons qui comptent. Léveillée, ce n'est même pas comparable. Félix a des immortelles, mais les autres sont passées à l'oubli. Alors que Ferland, je redécouvre constamment ses chansons, comme *Je l'sais* ou *Monsieur Gobeil*. Ferland est plus près d'un Charles Aznavour en terme de répertoire.

Propos recueillis par l'auteure.

S'IL FAIT DU SOLEIL À PARIS, IL EN FAIT PARTOUT

EN AOÛT 1962, DANS *LA REVUE POPULAIRE*, JEAN-PIERRE AVAIT CONFIÉ À MICHELLE TISSEYRE QUE SON RÊVE LE PLUS CHER ÉTAIT DE «DÉFLORER PARIS». IL EN METTRA DU TEMPS, ET LA VILLE NE SE LAISSERA PAS PRENDRE FACILEMENT.

PARIS
LES ANNÉES DIFFICILES

Page précédente :
Jean-Pierre Ferland à Paris, sur un banc de bois d'une des innombrables petites places parisiennes qu'il aime tant.

Comme Félix Leclerc l'a fait avant lui en posant le pied pour la première fois sur le sol français en 1950, Jean-Pierre veut réussir à Paris. Il veut « s'imposer », et que « ça marche fort ». Il sait aussi que ses chansons sont parfaitement exportables, puisqu'elles sont écrites dans un français impeccable, sans canadianismes.

Au début des années 1960, Jean-Pierre fait constamment la navette entre le Canada et la France, et s'installe en Europe pour de plus ou moins longues périodes. Décembre 1962 : première incursion à Paris, il chante pendant un mois à La Tête de l'Art, un cabaret très chic de la Rive droite, près de l'Opéra, où les clients dînent pendant le spectacle.

En mars 1963, il fait Bobino avec Colette Renard. Le quotidien *France-Soir* résume la soirée : « Personne n'était venu pour Jean-Pierre Ferland, pour la bonne raison qu'ici, on ne le connaissait pas encore, ce Canadien de 28 ans, auteur et compositeur. Jean-Pierre Ferland tentait sa chance hier soir à Paris : il a été la bombe-surprise de la soirée ; il a enchanté par son répertoire d'amour tout simple, avec des coups directs au cœur. » Il enregistre son premier album en concert, JEAN-PIERRE À BOBINO, et quelques spectacles pour Eurovision.

Il est allé à Paris pour apprendre son métier. D'accord. Mais fallait-il que ce soit si dur ? Le public ne le connaît pas, et, certains soirs, en montant sur scène, Jean-Pierre a carrément l'impression d'aller à l'abattoir. Il vit seul, ne voit presque personne à part des visiteurs de Montréal, ses amis le producteur Guy Latraverse et le réalisateur Pierre Duceppe. Il confie aux *Nouvelles illustrées* le 9 novembre 1963 : « Je fais des tournées là-bas et si je ne vis pas grassement, j'arrive à boucler mon budget. Cependant, je ne m'en cache pas, j'ai connu des moments très difficiles. J'ai mangé de la "vache enragée". Souvent, je me suis demandé si cela valait la peine de continuer, si je ne devais pas tout lâcher. »

Son attachée de presse, Francine Chaloult, se souvient fort bien de cette période : « Jean-Pierre s'ennuyait tellement ! Il ne faisait que des premières parties, chantait une ou deux chansons ; c'était très humiliant. Les Français étaient tellement méprisants avec nous, les Québécois, ils riaient de notre accent : "Vous venez du Poitou ?" Quand Jean-Pierre parlait, les gens lui demandaient de répéter. » En effet, voici ce qu'on peut lire dans le journal *L'Aurore*, après le passage de Jean-Pierre à Bobino : « Révélation d'un jeune compositeur-interprète canadien. Le souffle un peu court, mais un visage expressif. Une voix aux belles sonorités, de la vigueur, de la présence, des chansons qui ont de l'accent [*sic*]. » Ironiquement, quand il reviendra à Montréal, on lui reprochera d'avoir changé son accent... « Je voulais être compris ! », plaide aujourd'hui Jean-Pierre.

Pendant ses années de déprime parisienne, alors que Ferland s'ennuie à mourir et se promène en solitaire au bord du canal Saint-Martin, il écrit *Au bord du canal*. « Bon Dieu, que les soirées sont longues/Quand on est tout seul/Bon sang que les soirées sont fraîches/Quand on est tout seul. »

Entre deux incursions à Paris, Jean-Pierre partage un repas chez Joe's steakhouse avec sa fidèle attachée de presse Francine Chaloult. Elle considère qu'il travaille mieux en France qu'à Montréal, où il est trop sollicité.

« La France a été mon école, me confie Jean-Pierre. J'ai tout appris : à m'exprimer, à réagir, à ne pas me décourager et, le plus important, à marcher sur mon orgueil. Heureusement que j'avais un peu d'alcool, sinon, je ne serais pas passé au travers. »

Francine Chaloult considère que Jean-Pierre a surtout « appris à écrire sérieusement. Il était toujours tout seul. Ici, à Montréal, il était constamment distrait et sollicité par mille et une choses. » Mais il s'accroche. Alléché par le potentiel énorme du marché français qu'il voit d'ailleurs beaucoup plus grand qu'il n'est : « De Paris, on parle à 72 millions [*sic*] de Français ; d'ici on ne parle qu'à 6 millions », déclare-t-il aux *Nouvelles illustrées* en août 1964.

Puis, en août 1966, tout s'accélère, il passe à la vitesse supérieure. Il annonce à *Photo-Vedettes* : « En septembre, je m'installerai définitivement à Paris pour y faire une carrière dans la chanson. De nombreux contacts sont déjà établis. [...] Je ne sais pas quand je reviendrai au Canada... mais je reviendrai. » Et la journaliste Marie-Claude Lauzon termine son article, confiante dans l'avenir de Ferland : « Jean-Pierre sera-t-il bientôt une vedette internationale ? Il en a le talent, avec un peu de chance, il le deviendra sûrement. »

Jean-Pierre anime le volet « Boîte à chansons » de l'émission Jeunesse oblige *à la télévision de Radio-Canada (ici avec Renée Claude, Claude Gauthier et Hervé Brousseau).*

En 1967, Jean-Pierre est prêt à tout pour séduire la France. Il y parviendra un an plus tard.

Il part le 21 septembre 1966, entre autres, pour s'éloigner de son public avant qu'on ne soit fatigué au Québec de le voir et de l'entendre. Jean-Pierre anime alors le volet « Boîte à chansons » de la série *Jeunesse oblige* à la télévision de Radio-Canada et il craint ce qu'on appellerait aujourd'hui l'*overexposure*! Il déclare à *Photo-Journal* : « Ici, je tourne en rond. Je suis toujours jugé par les mêmes. Le même public et les mêmes journalistes. [...] Et puis, aussi bien le dire, je n'ai pas une ambition raisonnable. Je suis incapable de me satisfaire d'un demi-succès [...]. J'ai envie de la première place. »

Il vend tout ce qu'il possède, ses voitures, sa ferme, ses chevaux et s'installe à Paris. À son arrivée dans la capitale, Eddie Barclay (directeur de la maison de disques qui porte son nom) lance son nouveau microsillon avec huit chansons dont *Avant de m'assagir* et *On dégringole*.

En 1966, il chante au Palais de Chaillot devant 3 500 personnes, dans le même spectacle que Johnny Hallyday. Inutile de préciser qu'on lui préfère Johnny. Jean-Pierre s'étonne de voir toutes ces jeunes filles crier quand elles aperçoivent leur idole. Légèrement méprisant, il déclare à un journaliste : « C'est beaucoup plus facile de crier que de penser. » On est en plein cœur de l'affrontement « yéyé versus chansonnier » (ce sera même le titre d'une revue musicale et humoristique montée par Mouffe et Robert Charlebois). Le yéyé, cette musique qui, dira-t-il en entrevue, « correspond à la médiocrité de mon époque ».

En mars 1967, il chante dix-sept fois au Théâtre populaire de la chanson de Jacques Douai, boulevard Raspail. C'est son premier récital, seul sur scène pendant deux heures. Il n'est plus en vedette anglaise (en première partie) ou en vedette américaine (en deuxième partie), mais en vedette tout court. Il chante 26 chansons, dont 15 nouvelles, qu'il a rodées en Belgique, aux Pays-Bas et en Suisse. Le soir de la première, Gratien Gélinas et Félix Leclerc sont dans la salle de 300 places. Jean-Pierre affirme à *La Presse* : « J'ai eu vingt-six critiques à Paris. Toutes excellentes, sauf une mauvaise (celle du journal *Le Monde*) et l'autre, mitigée. [...] Et pourtant, j'étais tellement certain que j'avais été pourri ! » *Le Figaro* est presque déçu qu'il n'ait pas l'air d'un coureur des bois : « Tout le contraire d'un trappeur. Grand, mince, presque fluet dans son costume étroit. [...] C'est un excellent interprète : belle voix chaude et de la présence. [...] C'est aussi un auteur de race, plus original parolier, cependant, que mélodiste. »

Mais sa patience et son acharnement auront porté leurs fruits. Au fil des mois, après avoir assuré bien des premières parties, après des spectacles confidentiels dans des maisons de la culture, il devient la coqueluche de Paris.

On commence à parler de lui comme du Brel québécois. *France-Soir* écrit : « Depuis Félix Leclerc, c'est ce que le Canada nous a envoyé de mieux. » Les murs de Paris sont tapissés de son visage sur de grandes affiches bordées de rouge. Ses chansons passent à la radio. Il devient aussi populaire dans la chanson que l'est sa compatriote Geneviève Bujold au cinéma.

Jean-Pierre à l'inauguration du premier supermarché Montréal en France, à Chambourcy, près de Paris.

« On ne faisait pas plus français que Jean-Pierre à cette époque-là », se souvient René Homier-Roy. « Il était terriblement français. Il voulait vraiment réussir et il essayait de faire de la très bonne chanson française. »

Il habite alors rue de la Faisanderie, où il est locataire chez madame Béchaud de la Fonta, la directrice des concerts historiques du 16e arrondissement, le quartier parisien huppé et bon chic bon genre par excellence. C'est elle qui lui inspire son texte *L'assassin mondain*. Un personnage de snobinarde hystérique portant son nom se retrouve aussi dans sa comédie musicale *Gala*. « Je suis entré en contact avec elle grâce au gouvernement canadien, les Affaires extérieures. C'était quelque chose ! Dans son appartement, le piano était signé par Maurice Ravel. C'est là que j'ai tout appris sur le style, les manières, la façon de manger un artichaut. Quand je suis arrivé là-bas, je ne connaissais rien, j'ai déjà failli manger un escargot avec la coquille, mais je me suis dit que ça n'avait pas "de bon sens", que c'était trop dur. »

Il rentre triomphant de Paris, où sa carrière démarre, et accorde en mars 1967 une longue entrevue à René Homier-Roy, alors reporter pour l'hebdomadaire *Le Petit Journal*. Ferland se considère une demi-vedette, quelque part entre les grandes vedettes et les presque inconnus, et parle abondamment du public « vrai, chaleureux, intelligent » qu'il a découvert en France. Il souligne l'appui du producteur de disques Eddie Barclay qui est venu le chercher pour lui faire faire carrière en France. Toutefois, ce dernier a été déçu que son 33-tours, dans lequel il a investi beaucoup d'argent et d'espoir, ne se soit pas vendu comme il l'espérait.

Il parle aussi de l'imprésario Jacques Canetti qui, selon lui, aurait « tout fait pour que je me casse la gueule. Il est allé jusqu'à me salir auprès des critiques ». Il faut dire que Canetti représente Félix Leclerc à Paris et qu'il n'apprécie peut-être pas que deux Canadiens soient présents dans la Ville lumière en même temps.

Bien sûr, aujourd'hui, ce type de compétition peut faire sourire, puisque Isabelle Boulay, Lynda Lemay et la troupe entière de *Don Juan* peuvent fort bien chanter un même soir, dans diverses salles à Paris, sans que personne ne s'en offusque. Mais, en 1967, Jean-Pierre Ferland veut tous les atouts dans son jeu pour gagner le cœur des Français. Il les aura, un an plus tard.

PARIS
LES ANNÉES DE SUCCÈS

Jean-Pierre entouré des Frères Jacques lors de la remise du Grand Prix du disque de l'académie Charles-Cros, en 1968.

Le 7 mars 1968, Jean-Pierre gagne le Grand Prix du disque de l'académie Charles-Cros (le prix Pierre-Brive), la consécration suprême de tous ses efforts en France. Avec son huitième album, le microsillon JEAN-PIERRE FERLAND, il obtient la récompense ultime, après cinq ans de sacrifices.

L'Académie a été créée en 1947 par un groupe de critiques et de spécialistes de l'enregistrement sonore et porte le nom de Charles Cros (1842-1888), inventeur du principe du gramophone et poète à ses heures. Le Grand Prix est la récompense la plus convoitée dans le domaine de la chanson, et Jean-Pierre l'a raflée au nez et à la barbe de milliers d'autres candidats. Il confie au quotidien *Le Devoir* que c'est comme recevoir le Nobel de littérature : « Ce prix de la chanson ouvre toutes les portes. » Maurice Chevalier et Tino Rossi assistent à la soirée de remise de prix et le félicitent. « Je suis ravi pour Jean-Pierre, car je lui avais dit de patienter », glisse Tino Rossi. Un journaliste de l'hebdomadaire

Les médias québécois s'emballent pour le nouveau succès de Jean-Pierre. Ici, une page complète dans Écho-Vedettes, *le 30 mars 1968.*

La Patrie réussit à parler à Jean-Pierre au téléphone, de Montréal, et recueille ses premières impressions : « Je n'en reviens pas encore. C'est merveilleux ce qui m'arrive. Le téléphone ne cesse de sonner. Des amis français et canadiens m'appellent pour me féliciter. Ce prix, ça dépasse tout ce que je pouvais mériter. À la radio, on dit tellement de choses gentilles à mon sujet que c'en devient gênant. » Deux semaines plus tard, à la délégation du Québec à Paris, Cora Vaucaire et Claude Dubois lui font la fête. « Vous êtes pour le Canada un meilleur ambassadeur que moi », lui lance l'ambassadeur du Canada à Paris, Jules Léger.

Les offres alléchantes pleuvent sur le jeune Jean-Pierre : trois contrats avec la télévision suisse, une tournée avec Nana Mouskouri, une autre avec Juliette Gréco et même un tour du monde avec Mireille Matthieu ! Le 10 mars 1968, la radio française diffuse une émission de deux heures sur sa carrière et ses chansons. Sur cet album qui vient de remporter les honneurs, et qui joue régulièrement à la radio française, figurent entre autres *Si je savais parler aux femmes*, *L'assassin mondain* et la chanson qui résume son voyage à Paris et son terrible ennui du Québec : *Je reviens chez nous*.

Jean-Pierre en studio avec le musicien Michel Colombier et le producteur John Damant pour l'enregistrement de son album JEAN-PIERRE FERLAND, en 1968.

44 FERLAND

À son retour à Montréal, en avril 1968, Jean-Pierre, accompagné par son pianiste Franck Dervieux, triomphe à la Comédie canadienne (aujourd'hui le Théâtre du Nouveau Monde) et commence son spectacle avec *Je reviens chez nous*. Avant même qu'il émette un son, le public l'ovationne. *Le Devoir* du 1er avril 1968 souligne « l'intelligence, la sympathie, l'humour et le charme qui se dégagent du récital. Il traite son auditoire en complice heureux, et celui-ci le lui rend bien ». Et il a rapporté de Paris un truc rigolo qu'il a vu au Crazy Horse, le célèbre cabaret parisien, et qui épate le public d'ici : un stroboscope !

En novembre 1968, de retour à Paris, il se produit à Bobino avec Anne Sylvestre et Gérard Séty. Le soir de la première, Monique Leyrac et Charles Aznavour sont dans la salle. Jean-Pierre est nerveux, sa bouche se dessèche quand il chante. Pour l'aider, la chanteuse portugaise Amália Rodrigues lui apprend un truc : croquer une pêche fait saliver. Elle lui en apporte une chaque soir de spectacle...

Au mois de septembre 1969, il fait l'Olympia pendant une semaine chantant, entre autres, *Sainte-Adèle P.Q.* et *Qu'êtes-vous devenues mes femmes ?* Il partage l'affiche avec Marie Laforêt et Michel Simon. Mais il déteste cette salle. Il dira à Ingrid Saumart du quotidien *La Presse* en janvier 1970 : « L'Olympia, c'est vieux, c'est laid, et le genre de spectacles que l'on y présente est désuet. Depuis vingt ans, il n'y a rien qui se passe dans le métier en France. »

Pendant toute cette période, Jean-Pierre fait partie de l'entourage de son producteur de disques, l'influent Eddie Barclay. Il mange chez lui régulièrement le midi (presque infailliblement un tartare est au menu) et il côtoie les autres « protégés » de celui que tous appellent « Monsieur Barclay ». On y entre comme dans un moulin, et on peut y croiser l'une ou l'autre vedette du moment, une guitare à la main, mais aussi un aéropage d'attachées de presse, qu'il ne porte pas dans son cœur.

« Je détestais tellement ce milieu-là. Monsieur Barclay m'emmenait tous les soirs dans sa limousine, et, tous les soirs, après deux ou trois verres, je lui répétais : "Comment pouvez-vous supporter des têteux, des suceux de c... comme ça ?" Il faisait semblant de ne pas comprendre. »

Il est plutôt ironique que ce soit la chanson *Je reviens chez nous* qui lui fasse gagner un prix à l'étranger. Et encore plus ironique qu'après avoir connu le succès si ardemment souhaité, il choisisse précisément ce moment pour s'en aller.

Je n'en reviens pas encore. C'est merveilleux ce qui m'arrive. Le téléphone ne cesse de sonner. À la radio, on dit tellement de choses gentilles à mon sujet que c'en devient gênant.

PARIS C'EST FINI
OU JEAN-PIERRE REVIENT CHEZ NOUS

Je suis convaincue que Jean-Pierre aurait pu s'imposer en France s'il l'avait désiré, après son début de succès et le Grand Prix du disque de l'académie Charles-Cros. « Quand Monsieur Barclay m'a dit : "Jean-Pierre, mais voyons, vous avez travaillé pendant quatre ans pour être une star, vous en êtes une et vous partez ? Après *Je reviens chez nous* ?", j'ai répondu : "Oui, c'est une chanson vraie, monsieur." »

Jean-Pierre m'assure qu'il est revenu parce qu'il en avait assez de la France. Pour tout dire, il est rentré dégoûté : il a vu les moyens dont il faut user pour réussir outre-Atlantique. Il a détesté le métier français, les attachées de presse en particulier (« Quelle gang de dégueulasses, d'hypocrites ! »), qui « vous traitent comme un moins que rien, mais qui, dès qu'un animateur de télévision vous dit que vous êtes une future star, changent leur fusil d'épaule et tout d'un coup ne vous voient plus de la même manière. Dans ce milieu de lâches, je ne pouvais plus vivre. »

En fait, pour résumer, tout en France lui pèse. Il déteste les hivers parisiens, gris et pluvieux, et ne connaît pas grand succès auprès des Parisiennes. « C'était dur de ne pas être connu, de ne pas être aimé par les femmes, de ne pas être courtisé par les femmes. Qu'un gars m'aime, c'est bien correct, mais le succès pour moi, c'est d'être aimé par les femmes. C'est ma vie, ça. »

Jean-Pierre en a eu assez de faire le va-et-vient entre les deux côtés de l'Atlantique, entre ses deux vies, la française et la canadienne. Et surtout, il a eu le sentiment d'avoir été au mauvais endroit au mauvais moment. « Mon *timing* en France était le plus mauvais au monde. D'abord, je ressemblais à Brel sans le vouloir, j'avais des intonations comme lui, et les Français pensaient que je voulais l'imiter. Et la compétition avec le yé-yé était trop forte. Je me rappelle dans un collège m'être fait huer parce que je chantais *Ton visage*. Ils m'ont jeté ! Mon chef d'orchestre qui était français s'est mis à se battre avec les gens ! »

Et ce n'est pas la seule humiliation qu'il a eu à subir au cours de son séjour en France. Les anecdotes sont nombreuses. Comme ce soir de 1969 où il assurait, avec Marie Laforêt, la première partie de Michel Simon. Lorsqu'il est monté sur scène, le public réclamait à grands cris celui qu'il était venu voir : « Michel Simon ! Michel Simon ! » Comment voulez-vous chanter après ça ? Ou encore, en 1966, au Festival du disque de Cannes, alors qu'il répétait avec cinquante musiciens, Sonny et Cher ont fait irruption et demandé à Eddie Barclay : « *Mister Barclay, can you tell that kid that we want to rehearse now ?* » (« Monsieur Barclay, pouvez-vous dire au jeune que nous voulons répéter maintenant ? ») Jean-Pierre donnera son spectacle, le soir même, sans avoir répété. Ou encore, celle-ci, assez savoureuse : un imprésario l'accoste en lui disant : « Ferland, j'ai entendu parler de vous, je serais intéressé à vous boucler. Faites-vous du twist ? » Mais quand Jean-Pierre lui répond non, il lui lance un très sec : « Alors, je n'ai pas besoin de vous. »

Je fais remarquer à Jean-Pierre qu'à cette époque, presque tous les articles de journaux soulignent son arrogance, son orgueil, son côté coq. Son ton provocateur exaspère. « C'est vrai que j'avais mauvaise presse, les gens pensaient que j'étais prétentieux parce que je ne savais rien. Et quand tu ne sais rien, tu veux avoir l'air intéressant, et tu dis n'importe quoi. J'avais peur des journalistes, j'étais sur mes gardes. Et puis, je les envoyais chier. J'arrivais dans ce métier sans aucune culture, j'avais peur, alors j'étais très agressif. »

Rajoutons qu'il n'aide pas sa cause. Lors de la visite des Beatles à Montréal, le 8 septembre 1964, il décrit ainsi les Fab Four : « Trois zigonneux de guitare et un batteur, qui se plantent sur la scène sans broncher et qui chantent, à ce qu'on m'a dit… moi, je n'ai rien entendu. » Excusez du peu ! Quelle prétention ! Il déclare à qui veut bien l'entendre : « Je suis la relève », « Il me faut être une grande vedette avant 33 ans », « Mon but dans la vie : être plus intelligent que moi » ou encore « La gloire est dans ma ligne de vie ». Sur ce dernier point, Jean-Pierre est convaincu d'avoir raison. La preuve : à Paris, il va régulièrement aux Puces se faire lire les lignes de la main par des diseuses de bonne aventure. Le Cancer ascendant Cancer (signe d'une grande émotivité) y dépense tout son argent, il en consulte cinq ou six dans la même journée. « Elles ne savaient pas qui j'étais, mais elles me disaient toutes : "Le succès est dans votre ligne de vie." Une demi-heure après, j'allais en voir une autre. Elle me disait : "Vous allez avoir un succès extraordinaire." Alors je répétais ça de bonne foi aux journalistes. »

Si les cartomanciennes le disent, c'est que ça doit être vrai ! Sa carrière n'a pourtant que quelques années. Mais il ne veut pas devenir comme le personnage interprété par Marlon Brando dans le film *On the Waterfront* (*Sur les quais*, 1954) d'Elia Kazan, et dont une phrase le hante : « *I could have been somebody.* » Jean-Pierre ne veut surtout pas avoir à dire un jour : « J'aurais pu être quelqu'un. »

Cette carte postale du château de Chambord, dans la vallée de la Loire, est un clin d'œil à son enfance, rue Chambord, à Montréal. « Tout marche très bien pour le moment », écrit-il à ses parents.

Oup !!! j'ai trois idées

Quand John Damont (tortureur artistique) vient passer trois semaines et onze chansons à Paris...

Le tout est de savoir si on se rencontrera ?

En studio c'est lui qui dirige mais à Paris c'est moi.

Deux amis regardent un photographe !!!

La pochette de son album parisien est illustrée de photos de Jean-Pierre avec son directeur artistique, John Damant.

JE REVIENS CHEZ NOUS[1]

Paroles et musique : Jean-Pierre Ferland

Il a neigé à Port-au-Prince
Il pleut encore à Chamonix
On traverse à gué la Garonne
Le ciel est plein bleu **à Paris**[2]

Ma mie l'hiver est à l'envers
Ne t'en retourne pas dehors
Le monde est **en chamaille**[3]
On gèle au Sud, on sue au Nord

Fais du feu dans la cheminée[5]
Je reviens **chez nous**[6]
S'il fait du soleil à **Paris**[7]
Il en fait partout

La Seine[8] a repris ses vingt berges
Malgré les lourdes giboulées
Si j'ai du frimas sur les lèvres
C'est que je veille à ses côtés

Ma mie j'ai le cœur à l'envers
Le temps ravive le cerfeuil
Je ne veux pas être **tout seul**[9]
Quand l'hiver tournera de l'œil

Fais du feu[10] dans la cheminée
Je reviens chez nous
S'il fait du soleil à Paris
Il en fait partout

Je rapporte avec **mes bagages**[11]
Un goût qui m'était étranger
Moitié dompté, moitié sauvage
C'est l'amour de mon potager

Fais du feu dans la cheminée
Je reviens chez nous
S'il fait du soleil à Paris
Il en fait partout
Fais du feu dans la cheminée
Je rentre **chez moi**[12]
Et si l'hiver est trop buté
On hibernera[13]

Jean-Pierre en pleine session d'enregistrement avec John Damant (qui porte un chandail) et Michel Colombier (avec une chemise blanche).

1. **Je reviens chez nous** Cette chanson, interprétée par Ginette Ravel, a remporté le 2ᵉ prix du Festival international de la chanson, à Sopot, en Pologne, en 1968.

2. **À Paris** « Je l'ai faite le jour de Noël à Paris, tout seul dans ma chambre, je m'ennuyais. Tu n'écris pas une chanson comme ça pour rien. Il faut que tu aies un élan. Il y avait une fille avec qui j'avais fait l'amour une seule fois. Je lui ai raconté toute la chanson, et elle pleurait. Elle m'a dit : "Fais-moi l'amour", mais je n'étais pas capable. Elle m'a harcelé pendant deux heures. – Fais-moi l'amour. – Je suis incapable. Tu ne comprends pas. – Mais pourquoi ? – J'ai ça, là, j'ai cette chanson, là. D'ailleurs, je ne l'ai jamais revue après. J'étais plein de la chanson. »

3. **En chamaille** « On a mis deux jours pour faire le disque. Le premier soir, j'ai un spectacle à Lausanne. Et je reviens en studio après mon spectacle, à minuit. Les membres de l'orchestre m'attendent pour faire *Je reviens chez nous*. Je suis tellement fatigué. J'ai de la misère. Je sais que je fausse. On ne faisait pas de montage à l'époque, c'était en direct. L'orchestre dit : " C'est sa dernière chance, mais nous, c'est terminé. " J'ai fait *Je reviens chez nous* et j'ai faussé ! C'est inaudible, aujourd'hui, ça me rend malade quand j'entends ça. Je l'écoute, et ça me fait mal ! »

4. **On gèle au Sud** « Hubert Balai, le directeur général des disques Barclay, m'a donné plusieurs bons coups de main. Je venais de découvrir la sangria et j'avais écrit une chanson sur la sangria, sur la musique de *Je reviens chez nous*. Quand il l'a entendue, il m'a dit : " La musique est bonne, mais ton texte n'est vraiment pas intéressant, fais-moi vibrer. " Quand je suis revenu avec le texte de *Je reviens chez nous*, il m'a tout de suite dit : " C'est un tube, ça, un tube assuré ! " »

5. **Fais du feu dans la cheminée** En 1968, l'annonceur de Radio-Canada, Pierre Paquette, doit faire un séjour à l'hôpital. Il y reçoit la visite de son ami Jean-Pierre, qui revient triomphant de Paris et qui lui lance : « Je viens de composer une chanson extraordinaire. Avec celle-là, je vais pouvoir vivre ma vie. Je n'aurai pas besoin d'autres chansons pour vivre. » Il lui a chanté *Je reviens chez nous*, et Pierre Paquette, qui en connaît un rayon en chanson, lui a confirmé, de son lit d'hôpital, qu'il avait bien raison.

6. **Chez nous** Jean-Pierre la chante pour la première fois au Québec à la Comédie canadienne, en rentrant de Paris, fin mars 1968. Francine Chaloult se souvient d'y avoir assisté : « Les gens se tenaient et pleuraient, on ressentait une grande émotion. »

7. **Paris** Jean-Pierre admet qu'il a cédé à la facilité : « Je commençais à connaître les trucs, les recettes. Tu mets le mot "Paris" dans une chanson, et ça marche ! »

8. **La Seine** Les Français sont convaincus que c'est une chanson française (comme *Quand les hommes vivront d'amour* de Raymond Lévesque, d'ailleurs) : elle sera classée parmi les 20 plus grandes chansons françaises lors d'un sondage auprès du public.

9. **Tout seul** Lors des Francofolies de Montréal en 2004, Nana Mouskouri chante à la Place-des-Arts. Quand elle amorce les premiers mots de *Je reviens chez nous*, Jean-Pierre Ferland la rejoint sur scène pour l'accompagner. La salle leur réserve une ovation.

10. **Fais du feu** *Je reviens chez nous* est, pour Jean-Pierre, la chanson *jackpot*, celle qui lui a fait gagner un million en droits d'auteur et qui lui rapporte encore, bon an mal an, 30 000 $. Une chanson, en somme, qui lui a permis d'éponger quelques dettes.

11. **Mes bagages** C'est aussi la chanson de Jean-Pierre qui a le plus voyagé. Elle sera reprise, notamment, par Nana Mouskouri (en une demi-douzaine de langues), les Compagnons de la chanson et les Disciples de Massenet, sans oublier des dizaines de chorales et de musiciens de la rue, accordéonistes et autres, un peu partout dans le monde.

12. **Chez moi** Pour René Lévesque, c'était la chanson la plus engagée faite au Québec, la chanson nationaliste par excellence. Mais, pour Jean-Pierre, « ce n'était qu'une chanson liée à l'ennui ».

13. **On hibernera** La seule fois où Jean-Pierre a su qu'il avait un *hit* entre les mains, c'est après avoir écrit les derniers mots de cette chanson.

En 1968, Jean-Pierre obtient le Grand Prix du disque de l'académie Charles-Cros avec l'album JEAN-PIERRE FERLAND (1968), sur lequel on trouve, entre autres, la chanson Je reviens chez nous.

Jean-Pierre a au moins une chose en commun avec Raymond Lévesque : les deux hommes ont écrit des chansons que les Français croient françaises : Je reviens chez nous *et* Quand les hommes vivront d'amour.

S'IL FAIT DU SOLEIL À PARIS, IL EN FAIT PARTOUT

PENDANT SES ANNÉES PARISIENNES, FERLAND CÔTOIE DE PRÈS OU DE LOIN PLUSIEURS GRANDS NOMS DE LA CHANSON. LEURS CHEMINS SE CROISERONT À PLUSIEURS REPRISES AU FIL DES ANS, DES DEUX CÔTÉS DE L'ATLANTIQUE. IL ASSOCIE À CHACUN UNE OU DEUX ANECDOTES CUEILLIES DANS SES SOUVENIRS.

GALERIE DE PERSONNAGES
LES CHANTEURS

JACQUES BREL

Leur première rencontre se passe très mal. Les deux chanteurs sont engagés pour l'ouverture d'un cabaret sur les Champs-Élysées, le Québécois en première partie du Belge. Après avoir chanté, Ferland, fébrile, attend la sortie de scène de Brel pour lui signifier toute son admiration. Quand ce dernier, en sueur, débouche en coulisses, parmi un amoncellement de caisses d'eau minérale, Jean-Pierre lui lance : « Monsieur Brel, ça fait tellement longtemps que je veux vous rencontrer » et se serait fait répondre : « P'tit con, laisse-moi respirer un peu, tu ne vois pas que je suis épuisé ? » Fâché, le jeune Ferland, qui amorce sa carrière européenne, se dit qu'un jour ou l'autre, il sera meilleur que le Grand Jacques. Quelques années plus tard, alors qu'il est invité à dîner à Paris à la table d'Eddie Barclay, il lance une horreur au sujet de Brel : « Un jour, je vais lui faire ravaler ce qu'il m'a dit. » On le regarde estomaqué : Jacques Brel est en train de mourir d'un cancer du poumon. « Je me suis dit que j'aurais dû fermer ma gueule et souffrir en silence. »

À Paris, dans les années 1960, Ferland n'a peut-être pas autant de succès qu'il le souhaite auprès des femmes, en général, mais il en a, en particulier, auprès des placières de théâtre, ce qui lui donne l'avantage non négligeable de voir gratuitement de nombreux spectacles. C'est ainsi qu'il affirme avoir assisté aux adieux de Jacques Brel, à l'Olympia, le 1er novembre 1966. Brel, comme à son habitude, n'a fait aucun rappel, mais est revenu sept fois saluer le public. « Quand il est venu saluer en robe de chambre, j'étais debout à l'arrière », raconte Jean-Pierre, très satisfait d'avoir été présent lors de ce moment historique.

Avis aux intéressés : Jean-Pierre déteste se faire comparer à Brel. René Homier-Roy l'a appris à ses dépens. En 1968, il assiste avec Jean-Pierre et Francine Chaloult à une représentation de *L'Homme de la Mancha*, comédie musicale traduite et adaptée en français par Jacques Brel, qui interprète le rôle de Don Quichotte. À la fin du spectacle, voyant Brel se traîner pour venir chercher ses applaudissements, René Homier-Roy glisse à l'oreille de Jean-Pierre : « Regarde ça, il y en a un qui est plus cabotin que toi ! » Résultat : Jean-Pierre l'a boudé pendant un an.

> « P'tit con, laisse-moi respirer un peu, tu ne vois pas que je suis épuisé ? »
> – Jacques Brel

Jean-Pierre adore Serge Lama, qu'il a connu dans les années 1960, et n'a jamais oublié le coup de pouce que ce dernier lui a donné dans les années 1980.

SERGE LAMA

En voilà un que Jean-Pierre adore. Quand Serge Lama est victime d'un très grave accident de la route (qui coûte la vie au frère d'Enrico Macias et à la pianiste Liliane Benelli) en août 1965, Ferland, qui l'a rencontré quelque temps plus tôt, lui rend régulièrement visite à l'hôpital. Mais quand Lama sera rétabli, Jean-Pierre aura déjà quitté la France. Ils se retrouveront en 1969 pour la série *Salut, Jean-Pierre*. Les deux chanteurs se vouent un grand respect. Lorsque, dans les années 1980, Jean-Pierre, boudé par le public, connaît un creux dans sa carrière et ne parvient pas à remplir ses salles, Serge Lama fait preuve à son égard d'une très grande générosité. Il chantait à Québec devant une salle pleine, et Ferland, juste en face, devant une salle à peine remplie. Pendant son spectacle, Serge Lama, le gentleman, disait à son public : « Allez voir Jean-Pierre de l'autre côté, il est fantastique. » Quelle classe ! C'était il y a une vingtaine d'années, mais ce geste, Ferland ne l'a jamais oublié.

CHARLES AZNAVOUR

« Il me consolait parce que je me suis toujours trouvé très moche. Je le regardais et je me disais : "Il est encore bien plus moche que moi, mais il a réussi encore trois fois plus que moi, alors, te décourage pas, mon gars !" »

Jean-Pierre a une opinion partagée sur les paroles des chansons d'Aznavour. Certaines le font rire (« moi, dans un coin, je ronge mon frein). Mais dans l'ensemble, dit-il, « mon Dieu que c'est bien fait, c'est génial ! » Par contre, une chose est sûre : Jean-Pierre est convaincu d'avoir inspiré une chanson au grand Charles. Voici, selon lui, comment les choses se sont déroulées. Dans sa loge à l'Olympia, Aznavour demande à Jean-Pierre sur quoi il travaille : « Quelles sont vos dernières chansons ? » Ferland lui parle alors de ce texte qu'il a commencé à écrire l'après-midi même sur le thème : « Viens sur le palier, je t'attends, viens-t'en tout de suite, le taxi est en bas qui nous attend. » Six mois plus tard, Ferland apprend que Charles Aznavour et Gilbert Bécaud se sont réconciliés après une grande dispute et qu'ils viennent d'écrire une chanson ensemble. Elle s'intitule *Viens* et semble s'inspirer de cette ébauche dont Jean-Pierre avait parlé à Aznavour. Loin de s'en offusquer, au contraire, Ferland s'en amuse et se dit, encore aujourd'hui, heureux, content et même flatté !

Jean-Pierre en conversation avec Charles Aznavour, à Bobino, en 1968.

Il est encore bien plus moche que moi, mais il a réussi encore trois fois plus que moi, alors te décourage pas, mon gars !

GALERIE DE PERSONNAGES
LES CHANTEUSES

BARBARA

Jean-Pierre garde d'elle le souvenir d'une femme très intelligente mais aux sentiments excessifs. Une mater dolorosa qui, dit-il, se « gargarisait » avec la mort de son père. « C'était une fille très difficile, mais très intelligente, elle mettait un *feeling* extra dans ses chansons. Il fallait qu'elle se plaigne, il fallait qu'elle souffre. Si tu allais au restaurant avec elle, tu n'existais plus. Il n'y avait plus qu'elle au monde. Elle faisait partie de ces artistes qui veulent trop en faire, elle pleurait sans arrêt. »

Un dimanche où Ferland se trouve dans son appartement parisien, avec sa femme Lise en visite de Montréal, le téléphone sonne. C'est la chanteuse Barbara. Elle adore Jean-Pierre. « Si tu ne viens pas tout de suite, Jean-Pierre, je me suicide. » Habitué aux mélodrames de la « longue dame brune », Ferland ne prend pas du tout son appel au secours au sérieux. Il raccroche après lui avoir lancé : « Tu me fais chier, suicide-toi. » Sous l'insistance de Lise, il rappelle quelques instants plus tard pour s'excuser. Barbara lui envoie son chauffeur et sa grande voiture noire, puisque Paris est, cette journée-là, paralysée par une énième grève des transports. Quand il arrive chez la chanteuse, il la découvre pas du tout suicidaire, pas déprimée pour un sou, en grande conversation avec son amie l'écrivaine Françoise Sagan. Pourquoi donc lui a-t-on fait traverser la ville ? Pour une partie de jambes en l'air ? Est-ce qu'on se moque de lui ? Fâché, Jean-Pierre se met à bouder. Et quand Sagan annonce qu'elle part pour une petite promenade, Ferland réplique que c'est plutôt lui qui va quitter les lieux. Bien sûr, pas de chauffeur, pas de grande voiture noire pour le ramener à Paris. Jean-Pierre est rentré chez lui à pied, ruminant de sombres pensées contre la chanteuse capricieuse et en maudissant à chaque pas les souliers neufs qu'il s'était achetés la veille !

ANNE SYLVESTRE

À Bobino en 1963, ils partagent l'affiche, mais pas la même vision du métier. Anne Sylvestre refuse de faire de la chanson commerciale. « Les chansonniers considéraient qu'il ne fallait pas chanter pour gagner sa vie, mais pour promouvoir la culture et la poésie », rappelle Jean-Pierre. Un différend qui les opposera de nouveau trente ans plus tard, lorsque, de passage à Montréal, Anne Sylvestre affirme encore, lors d'une entrevue à la radio, son refus de la chanson « à succès ». Jean-Pierre, qui a connu des succès immenses avec *Je reviens chez nous* et *Le petit roi*, sans pour autant mettre de côté la poésie, ne se gênera pas pour lui rappeler en ondes que son attitude est typique des artistes qui n'ont jamais connu de grands *hits*.

En 1963, Jean-Pierre et Anne Sylvestre partagent l'affiche à Bobino.

Jean-Pierre devant l'une de ses affiches, lors de sa tournée en première partie de Mireille Mathieu. « Je porte un habit fait par le plus grand couturier pour les hommes, Austen. Ça coûtait 1 500 $, monsieur Barclay me l'avait acheté. Quand Gilles Vigneault est arrivé à Paris, je l'ai emmené chez Austen. Il s'en est fait faire deux, ça lui a coûté 3 000 $! »

Le manuscrit de la chanson Envoye à maison, *dans laquelle Jean-Pierre fait référence à ses visites (mémorables) dans les plus beaux bordels.*

MIREILLE MATTHIEU

« De toutes les chanteuses françaises que j'ai connues, celle que j'aime le plus, la plus sincère, c'est Mireille Matthieu. » En 1968, Ferland tourne en Europe (France et Italie) avec Mireille Matthieu, conséquence directe de l'obtention du Grand Prix du disque de l'académie Charles-Cros. « La plus belle tournée de ma vie, c'est ça, affirme Jean-Pierre. Je faisais la première partie, j'avais droit à la moitié du système de son, et quand Mireille Matthieu arrivait sur scène, c'était plein son. Ma loge était dans l'infirmerie, mais c'était extraordinaire. » Il se promène sur les routes d'Europe dans une petite Volkswagen. Pendant que son contrebassiste conduit, Jean-Pierre, lui, choisit l'itinéraire en fonction des spécialités locales. À l'auberge d'Illhausern, en Alsace, il découvre les truffes farcies. Dans le sud de la France, à Castelnaudary, le village qui a vu naître le cassoulet, il veut goûter à cette spécialité constituée de haricots blancs, de couenne de porc, de confit de canard, de saucisson à l'ail, de saucisse de Toulouse et de graisse de canard. Il se délecte, en redemande plusieurs assiettes, puis reprend la route vers les arènes de Béziers où, après la corrida de fin d'après-midi, Jean-Pierre doit assurer la première partie de Mireille Matthieu. Il monte sur scène, son ventre est énorme, il est pris de ballonnements et éprouve toutes les difficultés du monde à chanter. C'est à la suite de cet incident fâcheux que Jean-Pierre a pris la décision (qu'il a maintenue depuis) de ne plus jamais manger avant de monter sur scène.

En côtoyant Mireille Matthieu, Jean-Pierre fait la connaissance de son imprésario Johnny Stark, qui lui offre de lui inventer de toutes pièces une idylle avec Mireille Matthieu pour leur assurer à tous deux la une de *Paris-Match*. « Quand je lui ai rappelé que j'étais marié, il m'a traité de petit con de merde. » Pourtant, Jean-Pierre fera des virées mémorables avec Stark. « Il m'a fait visiter les plus beaux bordels, comme à Monaco, ou à Bordeaux, un vrai bordel, avec du velours rouge, une odeur de cigarette et de cigare, les filles assises dans leur coin et, partout, des bouteilles de champagne. »

Une visite inoubliable qui ne lui a pas permis de faire la une de *Paris-Match*, mais à laquelle il fera référence dans sa chanson *Envoye à maison... (j'ai connu les plus beaux bordels de Los Angeles)* sur l'album ÉCOUTE PAS ÇA.

JEAN-PIERRE VU PAR... CÉLINE DION

Jean-Pierre était animateur à la télévision, et j'ai été invitée à son émission. René en a profité pour lui demander une chanson pour moi. (René ne manquait jamais une occasion...) Jean-Pierre m'a écrit *Ma chambre*, avec Daniel Mercure, une chanson qui a plu énormément : à ma famille, à mon entourage, aux Québécois. J'avais le sentiment que, pour la première fois, quelqu'un entrait dans mon intimité, dans mon journal intime ! Pour la première fois quelqu'un entrait chez moi et portait mes chaussures. C'est tout un cadeau qu'il m'a fait.

J'ai eu la chance de le chanter et aussi de chanter avec lui. J'ai fait beaucoup de duos dans ma carrière ; on s'abandonne toujours dans un duo. Mais, au Gala de l'ADISQ en 1998, quand j'ai chanté avec Jean-Pierre, j'ai eu l'impression que c'était la première personne qui me faisait oublier que j'appartenais à quelqu'un. Il est sexy, c'est pas le plus beau gars du monde, mais je suis devenue amoureuse de lui pendant quelques minutes. Il est tellement sûr de lui ! Je me suis laissée prendre. J'ai chanté d'autres duos où j'étais en contrôle, mais là, je me suis laissé prendre dans ses bras. Et on a triché sous les caméras !

Quand on arrive au Québec avec René, on met tout de suite le CD de Jean-Pierre dans l'auto. ÉCOUTE PAS ÇA, je « capote » sur cet album. Ça se peut pas ! Je ris, je pleure, je ne sais plus où me « garrocher » ! Jean-Pierre écrit nos racines, c'est très touchant. Ce sont les racines du Québec qui nous font voyager à travers le monde. *Une chance qu'on s'a*, toute la famille l'a chantée à René quand il a vécu des moments difficiles. Chaque fois qu'on a des hauts et des bas, je prends les mots de Jean-Pierre pour dire à René à quel point je l'aime.

Pour mon nouvel album, bien sûr que j'aimerais que Jean-Pierre m'écrive une chanson, mais ce serait plutôt René qui aurait le *guts* de lui demander !

Jean-Pierre, c'est un charmeur, ça n'a pas de bon sens. Il flirte avec les mots, il flirte avec la vie. Dites-lui de ma part que je l'aime.

Propos recueillis par l'auteure.

JEAN-PIERRE VU PAR... LISE BISSONNETTE
directrice de la Grande Bibliothèque et fan (mais pas *groupie* !) de Ferland

Jean-Pierre Ferland est un des plus grands paroliers de chansons d'amour que je connaisse. Il a gardé cette idée de courtiser les femmes que les Européens aussi ont conservée. Moi, je suis prête à me laisser courtiser, ça ne m'enlève pas mon intelligence. Je n'ai jamais été très engagée comme féministe, je suis trop individualiste pour ça. Et je ne suis pas d'accord avec les féministes (qui reprochent à Jean-Pierre d'avoir gagné sa vie sur le dos des femmes). Tant pis pour celles qui n'aiment pas ça. Ferland a le sens de l'amour au quotidien et il « pogne » avec les femmes ! Son romantisme a quelque chose de très moderne, et j'espère que ça va continuer. Il est resté romantique, n'en a fait qu'à sa tête, et c'est très bien.

J'aime chez lui cette folie de la vitesse, son côté irresponsable. J'adore ça qu'il ait des contraventions ! J'aime les délinquants comme lui, on lui pardonne tout. Il est assez individualiste, se fiche un peu de tout, et ça me le rend très sympathique.

Propos recueillis par l'auteure.

L'HOMME QUI AIMAIT LES FEMMES

AU FIL DE SES CHANSONS, JEAN-PIERRE A ÉCRIT UN LONG DIALOGUE AVEC LES FEMMES QUI ONT PARTAGÉ SA VIE. POUR ESSAYER DE LES SÉDUIRE, DE LES COMPRENDRE ET, SOUVENT, POUR LEUR EXPRIMER CE QU'IL N'ARRIVAIT PAS À FORMULER DE VIVE VOIX. DE *MARIE-CLAIRE*, LA CHANSON DE LA LUBRICITÉ, IL EST PASSÉ À *T'ES BELLE*, LA CHANSON DE LA MATURITÉ, PUIS À *ÉCOUTE PAS ÇA*, LA CHANSON DE LA LUCIDITÉ.

MARIE-CLAIRE
Paroles et musique: Jean-Pierre Ferland

Elle m'amena jusqu'à la rivière
Marie-Claire Marie Lo
Elle m'amena jusqu'à la rivière
Par le p'tit chemin du bord de l'eau
Ce n'était pas pour pêcher la truite
Marie-Claire Marie Lo
Ce n'était pas pour pêcher la truite
Qu'elle s'étendit sur mon radeau
Ce n'était pas pour troubler la brise
Marie-Claire Marie Lo
Ce n'était pas pour troubler la brise
Qu'elle soupirait comme un roseau

Elle me mit ma main sur sa poitrine
Marie-Claire Marie Lo
Elle me mit ma main sur sa poitrine
Elle était pucelle et j'étais **puceau**[1]
Elle me dit je voudrais être mère
Marie-Claire Marie Lo
Elle me dit je voudrais être **mère**[2]
Fais comme il se doit et comme il faut
Je blottis mes lèvres sur sa bouche
Marie-Claire Marie Lo
Je blottis mes lèvres sur sa **bouche**[3]
En souhaitant que ce soit comme il faut

Puis nous sommes tombés à genoux
Marie-Claire Marie Lo
Puis nous sommes tombés à genoux
Les **mains jointes**[4] et larmes aux joues
Nous l'appellerons Jean-Pierre
Marie-Claire Marie Lo
Nous l'appellerons Jean-Pierre
Le premier petit de Marie Lo
Maintenant que je connais les femmes
Marie-Claire Marie Lo
Que je connais le très bon goût des femmes
Je m'en vais saborder mon radeau

Je coupai une branche de cèdre
Marie-Claire[5] Marie Lo
Je coupai une branche de cèdre
La plantai au cœur de mon radeau
Je croyais enterrer mon enfance
Marie-Claire Marie Lo
Je croyais enterrer mon enfance
Mais c'était un coup d'épée dans l'eau
Hier j'ai rencontré Marie-Claire
Marie-Claire Marie Lo
Hier j'ai rencontré Marie-Claire
Elle attend son cinquième marmot
Et son plus vieux **s'appelle**[6]... **Jean-Pierre**[7]

Tout le monde sait à quel point Jean-Pierre est un spécialiste des femmes. Mais ne brûlons pas les étapes. Avant, il y a eu... les filles. Dans sa chanson *La grosse Berthe*, il évoque ces filles trop moches ou trop grosses que les garçons vont voir, mais dont ils ont honte :

Quand tout était fini,
Qu'on partait sans rien dire
Quand on se rhabillait sans même lui sourire
Je sais qu'elle ôtait ses lunettes
Qu'elle s'épongeait les yeux du coin
De sa jaquette

Une expérience qu'il a vécue, même si, au moment crucial, il n'a pas été capable de s'exécuter.

Le prénom le plus marquant de sa jeunesse n'est pas Berthe, mais bien Marie-Claire. Il ne s'en est jamais caché, la fameuse chanson *Marie-Claire*, il l'a écrite pour sa cousine du même nom (et voisine de la rue Chambord), qui a deux ans de moins que lui, et pour qui il avait le béguin à l'adolescence. Mais attention : la cousine est vraie. L'histoire, elle, est une fabulation de chanteur. Toute ressemblance avec une personne existant ou ayant déjà existé...

En haut, au centre, Marie-Claire entourée de sa sœur Dorila et de son cousin Jean-Pierre. Robert Ferland est en bas à droite, accompagné d'amies de la famille.

1. **Puceau** Comme la majorité des hommes de sa génération, il s'est marié vierge (ou puceau comme il dit) à 22 ans avec Rita Courchesne, sa première femme.

2. **Mère** Jean-Pierre débute sa carrière quand la chanson commence à connaître un certain succès. Sa tante l'appelle pour lui demander gentiment de ne plus chanter *Marie-Claire*. Pour calmer les esprits, il dira à sa tante qu'il a écrit la chanson pour Dorila, la sœur aînée de Marie-Claire, et qu'il a choisi ce prénom, parce que « c'est plus beau en chanson ».

3. **Bouche** « La chanson m'a fait plaisir », me confie la vraie Marie-Claire. « Un jour où je suis allée voir Jean-Pierre en spectacle, dans les coulisses, une dame m'a approchée en me demandant si j'étais "la Marie-Claire de la chanson". Je lui ai répondu : "je porte le nom de la chanson, mais ce n'est pas mon histoire." »

4. **Mainsjointes** « Mes cousines habitaient de l'autre côté de chez nous. Et elles se balançaient sur une corde placée d'un bord à l'autre sur les garde-fous de la galerie. Elles se berçaient devant moi, et le vent prenait dans leur robe... Moi, je ne savais pas que j'étais en érection. Un jour, ma mère arrive sur la galerie, me regarde et me crie : "Qu'est-ce que c'est ça ?" J'étais tellement pieux que je me suis tout de suite mis à genoux ! »

5. **Marie-Claire** Jean-Pierre s'amuse à faire référence à sa cousine (et à sa propre chanson) dans *Envoye à maison* (sur l'album ÉCOUTE PAS ÇA) en chantant « J'ai le goût de me r'faire Marie-Claire » et « Une coupe de filles de mes tantes que j'aimerais bien dépayser ».

6. **S'appelle...** Quand il chante cette chanson en spectacle, Ferland marque toujours un temps d'arrêt, et, systématiquement, le public répond... « Jean-Pierre ! ». Et chaque fois, Jean-Pierre sourit.

7. **Jean-Pierre** Gilles Vigneault m'avoue qu'il a un faible pour cette chanson. « Une pointe d'humour, une pointe d'amour et une belle histoire. Avec une très jolie chute. C'est une chanson parfaite. »

LES FEMMES
LA DÉCOUVERTE DE LA SEXUALITÉ

Vous connaissez *Voir sous les jupes des filles*, cette chanson d'Alain Souchon qui résume si bien les obsessions des hommes : « La vie tout entière/Absorbée par cette affaire/Par ce jeu de dupes/Voir sous les jupes des filles » ? Cette chanson aurait pu être écrite par Jean-Pierre, lui-même fasciné par les jambes des femmes. Et il leur dédie même une chanson « cochonne » à 46 ans :

Les jambes
De soie
Qui montent
Qui montent
Et se touchent
Les jambes

Cette fascination-obsession date peut-être de son enfance. Je l'imagine, comme bien des garçons de son âge, étendu sur le tapis du salon, avec une vue imprenable sur les jupes de sa mère, quand elle se mettait belle le soir pour sortir et qu'elle portait de longs bas noirs, comme les femmes de l'époque avaient encore la coquetterie de le faire.

Selon Jacques, son grand frère, Jean-Pierre est, à l'adolescence, un don Juan, très conscient de son image. La nuit, il n'hésite pas à porter un filet sur ses cheveux afin qu'ils soient impeccables au réveil. « Il voulait toujours avoir l'air chic. » Un Don Juan un peu voyeur qui adore regarder les filles se dorer au soleil quand la famille Ferland passe quelques jours au chalet d'un ami à Saint-Eustache.

Parmi les chansons inédites trouvées dans ses papiers, l'un des textes porte un titre qui m'intrigue, *Dans mon temps pour être un homme*. Il est, sans l'ombre d'un doute, l'ancêtre de *Les bums de la 33e avenue* :

Dans mon temps pour être un homme
C'était plus dur qu'aujourd'hui
Fallait d'abord être un bum
Et foxer l'école le jeudi.

Lili Saint-Cyr adoptant une de ses poses lascives qui font sa réputation et qui troublent le jeune Jean-Pierre.

Le manuscrit de la chanson *Swingez votre compagnie*, que Jean-Pierre écrira à l'âge adulte et qu'il qualifie de « semi cochonne ».

En quoi les jeudis après-midi pouvaient-ils être formateurs pour les jeunes hommes de son âge ? « Je "foxais" l'école le jeudi après-midi pour aller voir Lili Saint-Cyr faire son show au Gayety, me répond Jean-Pierre. Je prenais le tramway Amherst, je m'en allais jusqu'à la rue Sainte-Catherine, puis je prenais Sainte-Catherine jusque dans l'Ouest. Quand on allait aux toilettes, il fallait faire attention, parce qu'il y avait des vieux qui nous "sizaient". On n'était pas à l'aise. Je me souviens très bien de son numéro : elle était dans une baignoire, il y avait plein de bulles, elle avait une photo de son amant et elle se frottait avec. J'étais terriblement excité. Sais-tu ce qu'il y avait en plus ? C'était la première femme aux cheveux couleur platine qu'on voyait... et elle avait des seins... des seins... dont j'ai rêvé ! Moi, je ne me suis jamais masturbé, mais ma mère, tous les matins, me disait : "Pas encore !" en changeant mes draps. Je faisais des *wet dreams*. » (Rires.)

Lili Saint-Cyr en aura fait rêver plus d'un. Avec ses mensurations parfaites (36-24-35), elle était, dans les années 1950, l'effeuilleuse la plus connue d'Amérique du Nord. Adorée des hommes mais conspuée par les curés qui voyaient en elle un suppôt de Satan. Elle adorait Montréal et en parle d'ailleurs abondamment dans son autobiographie *Ma vie de strip-teaseuse*. Mais elle ne savait pas qu'elle allait inspirer de beaux souvenirs et quelques phrases de chansons à un jeune auteur-compositeur en herbe.

Jean-Pierre, qui est fasciné par les jambes des femmes, craque pour celles de l'effeuilleuse Lili Saint-Cyr.

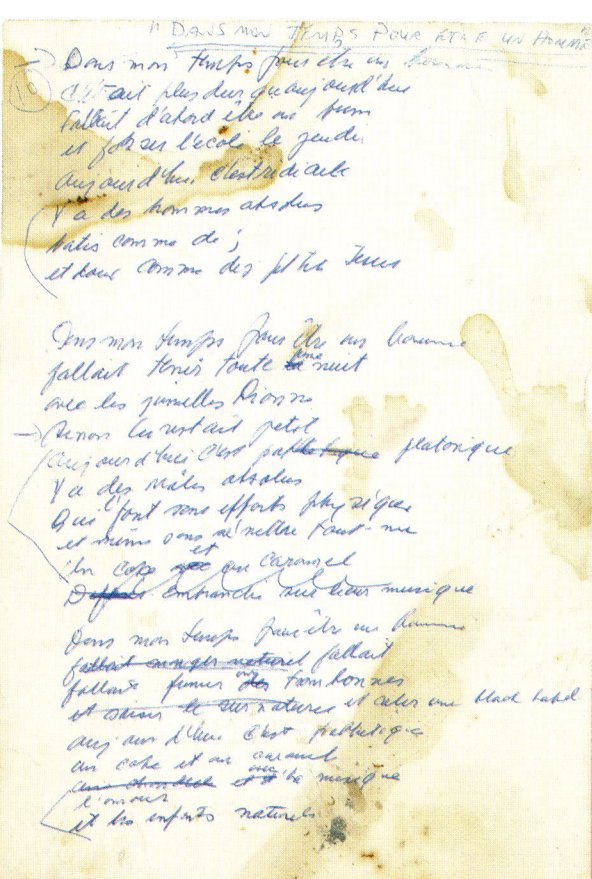

L'éducation sentimentale de Jean-Pierre se poursuivra avec une voisine, Ruby, une rousse de trente ans, une anglophone de la rue Chambord dont les rondeurs lui plaisent beaucoup et qui lui inspire la chanson *Simone*. « Simone est aux hommes/À tout le monde/À personne. »

Quand Jean-Pierre évoque l'univers érotique de sa jeunesse, j'ai l'impression de me retrouver au beau milieu d'un film de Fellini : une effeuilleuse lascive, une cousine coquine, une voisine bien roulée et une autre carrément exhibitionniste. « Y avait une femme qui devait avoir 40 à 45 ans, elle habitait une ancienne épicerie au coin de Laurier et Chambord, avec des grandes fenêtres, les anciennes vitrines, puisque c'était devenu une maison privée. Elle faisait exprès, elle lavait toujours ses vitres quand je passais dans le quartier. Ah, simonaque, je tombais sans connaissance à chaque fois. Mes frères l'ont dénoncée à ma mère, et ça s'est arrêté là. »

Le manuscrit de la chanson inédite Dans mon temps pour être un homme. *Jean-Pierre y fait référence à tous ces jeudis où il a « foxé » l'école pour aller voir Lili Saint-Cyr.*

L'HOMME QUI AIMAIT LES FEMMES

QU'ÊTES-VOUS DEVENUES
MES FEMMES?

Toutes les femmes de ma vie
N'ont pas fait que passer dans ma vie
Toutes les femmes de ma vie
M'ont fait comme je suis.

Une femme extraordinaire
Qu'êtes-vous devenues mes femmes
Vous qui m'avez tant aimé ?
Dans quel coin cachez-vous vos larmes
Depuis qu'on est séparés ?
Dites, qu'êtes-vous devenues ?

Toi [...] ma première
Et pour qui j'étais le premier
Qui me mêlait à ses prières

Jean-Pierre dit souvent qu'il a épousé la première femme qui l'a regardé. Ce fut Rita Courchesne. Rita dont il gravait le nom sur les bancs de bois du parc Laurier. Rita, sa première blonde « steady » depuis qu'il a 15 ans. Rita, à qui il a écrit tant de lettres d'amour. Rita, qui habite elle aussi rue Chambord quelques maisons plus loin. Rita dont la meilleure amie Solange épousera le grand frère de Jean-Pierre.

Peu avant son mariage, Jean-Pierre a droit à un enterrement de vie de garçon pas comme les autres, lors des mémorables *partys* du ven-

Rita Courchesne, la première femme de Jean-Pierre, avec qui il aura un fils, Bruno.

dredi soir avec certains collègues de Radio-Canada. « Les gars savaient que j'étais puceau et ils ont demandé à leur blonde de parader les seins nus devant moi. Ils n'étaient pas jaloux. Les filles ont levé leur chandail et elles se sont promenées, juste un tour, comme ça, avec de la musique. Ce n'était pas sexuel du tout, j'allais me marier. »

À la veille de se passer l'anneau au doigt (ou la corde au cou), il est pris de panique. Il se confie à son patron du service de la comptabilité de Radio-Canada qui le rassure : c'est normal, tous les hommes ont des sueurs froides avant de s'engager. Il épouse Rita en 1956, il n'a que 22 ans et il est vierge. L'annonceur de Radio-Canada Pierre Paquette, qui ne sait quoi lui offrir comme cadeau de noces, lui prête sa rutilante voiture américaine, une Ford Mercury rouge décapotable... avec des fauteuils en cuir ! Lors de la première journée de leur voyage de noces, en route vers la Gaspésie, Rita passe à deux doigts de gifler Jean-Pierre quand il veut l'embrasser : tous les interdits religieux ne sont pas tombés simplement parce qu'ils se sont unis devant Dieu !

Le drame, c'est que Rita a épousé un comptable (au moment où Jean-Pierre travaillait à Radio-Canada) et que, quelques mois plus tard, elle s'est retrouvée avec un artiste (au moment où il a gagné le concours à Bruxelles avec *Feuille de gui*). Aujourd'hui encore, Jean-Pierre se sent coupable de l'avoir quittée. « Rita a été super correcte, elle a été tellement "fine". J'y pense tous les jours, à quel point j'ai été mesquin. J'ai tellement eu peur de perdre le peu d'inspiration que j'avais, que je me suis dit que si je me mettais des menottes avec des enfants et une femme, je n'aurais plus d'inspiration. C'est dégueulasse, j'y pense encore aujourd'hui. Je ne lui ai jamais dit. »

Avec Rita, il aura un fils, Bruno Ferland, qui lui donnera deux petits-enfants, Loïc et Jean-Félix.

Jean-Pierre sur son tracteur, en compagnie de ses petits-fils Loïc et Jean-Félix.

Toi, [...] ma seconde
À qui j'ai fait tant de chagrin
Toi qui étais si seule au monde
Lorsque j'ai pris le dernier train
Toi, [...] qu'es-tu devenue ?

Après Rita est venue Lise Tremblay qu'il a épousée en octobre 1971. « Je l'ai aimée à mort, une super belle fille qui était mannequin à *La Poule aux œufs d'or* avec Roger Baulu. Je l'ai draguée tout de suite, on a vécu dix ans ensemble, puis on a eu Julie. » Sa fille Julie Ferland lui donnera un petit-fils, Édouard.

Il fera référence à sa deuxième femme dans la chanson *Le romantique*:

Je suis resté un peu voyou
J'aime l'été, j'aime la Lise
Si j'ai changé du tout au tout
Je n'veux pas qu'on me le dise.

Jean-Pierre avec sa deuxième femme, Lise Tremblay, place Furstemberg, à Paris. « La plus belle place au monde. C'est Félix qui m'a emmené là la première fois, à Saint-Germain-des-Prés, derrière l'église. Chaque fois que j'arrive à Paris, j'y vais, je m'assois et je pense à toutes les filles avec qui je suis venu ici ! »

Photo de Jean-Pierre et Julie prise en 1974 au Parc Safari par Télé Radio-Monde *qui en fait sa une et titre : « Voici l'enfant caché de Jean-Pierre Ferland ».*

« Il était inconsolable, dit Francine Chaloult, témoin de la descente aux enfers de Jean-Pierre. Il voulait mourir, il pensait qu'il ne pourrait plus jamais aimer, plus jamais être aimé. »

Et c'est pour elle qu'il écrit Lise.

Mais Lise je précise, si tu partais
Je te brise, Lisa, ma Lise, je te briserais
Par sottise, par bêtise
Je ne supporterais pas
Que ma Lise se grise
Dans d'autres bras.

Qu'êtes-vous devenues mes femmes
Vous qui m'avez tant pleuré ?
Qu'êtes-vous devenues mes femmes
Vous aurais-je si mal aimées ?
Ou vous ai-je si mal connues ?

Un jour où il se sent, plus que de coutume, porté sur les confidences, Jean-Pierre fait le bilan de ses premières relations : « J'ai raté volontairement toutes mes histoires d'amour. J'avais des remords, ça me travaillait tant que je ne pouvais pas être heureux. J'avais tellement de remords de faire de la peine à ces gens-là, mes enfants, j'imagine que je faisais tout pour que mes amours ne fonctionnent pas, pour ne pas me sentir trop coupable. Coupable de les avoir laissés, de leur avoir fait du chagrin. »

C'est pourtant lui qui se grisera dans d'autres bras : il quittera Lise pour Constance.

Toi, [...] ma troisième
Qui l'a remplacée dans ma vie
Et qui voulais donner la tienne
Le jour où je suis parti

La troisième s'appelle Constance Walsh (Connie pour les intimes), et c'est plutôt Jean-Pierre qui aurait voulu donner sa vie quand elle est partie. Connie est une anglophone de Québec avec qui il partage son grand amour pour les chevaux. Dans les années 1970, son nom apparaît à plusieurs reprises comme éclairagiste ou régisseuse dans le programme des spectacles de Jean-Pierre. « Le caractère d'une anglophone et celui d'un francophone, c'est tellement différent, qu'on ne s'est jamais entendus. Moins une femme t'aime, plus tu l'aimes. Ça a été le chagrin d'amour de ma vie. J'ai été avec elle pendant quatre ans et, quand elle est partie, j'ai été quatre ans sans écrire une chanson, à regarder le plafond, à boire du *gin and tonic* et à fumer des cigarettes. » Pour que Jean-Pierre l'oublie, pour qu'il cesse de l'aimer, elle le torture en lui parlant de sa nouvelle conquête : une vedette de la chanson anglophone (« Elle me disait : "C'est comme être avec toi, mais il parle anglais" »). « Aujourd'hui, c'est fini, mais ça m'a pris des années, des années à brailler. Quatre ans d'amour, quatre ans de désamour. »

Jean-Pierre et Constance Walsh ont en commun un grand amour de l'équitation. On les voit tous les deux (à droite) en compagnie d'Yvon Deschamps.

LES ENFANTS
QUE J'AURAI

Les plus belles étoiles me laissent indifférent
À côté des bisous de mes enfants
Pas besoin d'océan avec eux
Entre quatre murs
Ça vaut bien des natures
Ça vaut tous les chevaux
J'ai coupé un arbre

Les paroles de *J'ai coupé un arbre* sont émouvantes, et les sentiments exprimés, sûrement authentiques. Cependant, Jean-Pierre a longtemps considéré sa famille comme un obstacle. La poésie, pensait-il, cohabite difficilement avec la famille. « Je m'ennuyais de Bruno et de Julie, mais j'étais tellement lâche que je voulais que rien ne vienne en compétition avec mon peu d'imagination. Ma vie est faite de remords, de regrets de ne pas m'être occupé de mes enfants. »

Bruno, l'aîné, est le fils de Rita. Chef éclairagiste au cinéma et à la télévision (*Les Bougon* à Radio-Canada), il est le portrait tout craché de son père (« mais en plus beau », tient-il à spécifier... avec un grand sourire). Julie, qui a 12 ans de moins, est la fille de Lise. Elle s'exprime avec des mots choisis. Normal : elle est professeur de français au primaire. Une très belle femme sûre d'elle, pleine d'aplomb, très terre-à-terre et pas prétentieuse pour un sou. Toute son enfance, Julie ignorait qu'elle avait un demi-frère. Puis, en 1981, au 50ᵉ anniversaire de mariage de ses grands-parents Armand et Anna Ferland, on lui a présenté Bruno. Ce jour-là, elle a gagné un frère. Depuis, ils ont rattrapé le temps perdu et sont désormais plus proches que bien des frères et sœurs élevés sous le même toit.

Les histoires de Bruno et de Julie se ressemblent. Les deux se sont mis à pleurer doucement en évoquant les plus beaux moments passés avec leur père. Bruno a eu les larmes aux yeux quand je lui ai demandé s'il en voulait à son père de ne pas lui avoir écrit une chanson, et ses paroles ont contredit ce que me disaient ses yeux : « Ça ne me fait pas de peine, mais j'aurais aimé ça. » Toutefois, malgré les blessures, malgré les défauts de leur père, aucun des deux n'a fait preuve de la moindre amertume envers Jean-Pierre. Même Bruno, dont Jean-Pierre m'avait pourtant dit qu'il ne lui avait pas pardonné. Je pense qu'il a tort. Les deux lui ont pardonné. Avec le temps. Portrait sans retouche d'un père absent.

« Ça, c'est ma petite fille avec Félix. Elle est venue au monde avec la chanson. »

Ma vie est faite de remords, de regrets de ne pas avoir été là pour mes enfants.

Dans le cadre de l'émission de télévision Extra, Extra, *le père et sa fille d'une dizaine d'années ont effectué ensemble le dernier voyage du Petit Train du Nord. Pour la première fois, Julie apparaît publiquement avec son père, dans un contexte professionnel. Ensemble, ils sont des artistes.*

JEAN-PIERRE VU PAR... BRUNO FERLAND
né en 1958

Avec le temps, Bruno Ferland a pardonné à son père ses absences répétées. Aujourd'hui, c'est la personne qui le fait le plus rire au monde.

Mon père est parti quand j'avais trois ans. Ma mère m'a dit simplement : « Il est parti faire sa carrière. » J'ai recommencé à le voir de façon sporadique à son retour de France. Quand il dit qu'il n'a pas été un bon père, c'est vrai. Je l'ai attendu à la fenêtre des journées de temps. Il devait venir, mais il ne venait pas. Mais mes grands-parents paternels nous ont toujours protégés, ma mère et moi. J'allais rue Chambord à Noël et à Pâques chez Anna et Armand même si Jean-Pierre n'était pas là. J'aurais pu détester mon père, mais ma mère m'en parlait toujours en bien. Je ne lui en ai jamais voulu. Il m'envoyait des cartes postales des villes où il chantait avec des messages laconiques : « Ici, c'est le Manneken Pis » ou « Voilà la tour Eiffel. » J'avais cinq ans, et il m'emmenait manger au restaurant, Le 400, rue de la Montagne ; on était tout seuls tous les deux et on mangeait bien : de la sole de Douvres ! Quand ma mère écoutait des disques de chansonniers, je demandais tout le temps : « Est-ce que c'est papa ? » Elle me disait : « Non, c'est Jacques Brel » ou « C'est Léo Ferré. » Je les confondais tous avec mon père. Il faut dire que je ne suis pas un « écouteux » de musique ! Quand j'allais à l'école primaire, sur le Plateau, certains professeurs savaient qui était mon père, et j'étais leur chouchou. Je me suis fait tellement « écœurer » et « baver » par les élèves ! Quand je suis arrivé au secondaire, mon idée était faite, je ne voulais pas me faire « écœurer » et, longtemps, quand on me demandait ce que faisait mon père, je disais qu'il était mort. Je trouvais ça « plate » qu'on me parle de mon père que je ne connaissais même pas moi-même. J'ai commencé à avoir du *fun* avec lui à 18 ans, pas une relation père-fils, mais comme un « chum ». À 18 ans, je lui ai pardonné. Je suis fier quand on me dit que je lui ressemble. Maintenant, on soupe ensemble au restaurant, on rit, c'est l'être le plus drôle sur terre, la personne qui me fait le plus rire au monde. Moi, quand je vois mon père, c'est pour avoir du plaisir. Et je sais qu'il va y avoir encore plein de bons souvenirs avec lui. On a travaillé ensemble quelques fois, sur *Tapis rouge* et les pubs d'Hydro-Québec. Sur *La Bouteille*, le film d'Alain Desrochers, je faisais « ma première job » de chef éclairagiste. S'il a dit oui à ce rôle, c'est sûrement pour moi. Il y a six ou sept ans, j'ai vécu une peine d'amour et j'ai voulu en parler à mon père qui m'a répondu : « Tu ne sais pas c'est quoi une peine d'amour. Moi, j'ai vécu une vraie peine d'amour. » J'avais tellement besoin de ses mots d'amour. Mais récemment, en mars, « les genoux m'ont plié », il m'a parlé de ma vie privée. Il avait entendu dire par son chef d'orchestre Alain Leblanc (mon ami) que je n'allais pas bien. Il a fermé la porte du salon, chez lui, et on s'est parlé entre quat'z'yeux. Il a eu une écoute formidable, il a posé les bonnes questions. Quand mon ex (la mère de mes enfants) s'est mariée avec son nouveau « chum », mon père a chanté *Une chance qu'on s'a*. C'est un grand-papa gâteau avec mes deux fils, Loïc (17 ans) et Jean-Félix (15 ans). Aujourd'hui, les gens savent qui est mon père, mais je n'en parle pas beaucoup. Ça a aidé auprès des filles, c'est sûr, elles voulaient faire du « mémérage », entendre parler de mon père. Mais c'est « tannant », être le fils de l'autre, tu veux être toi-même. Ma chanson préférée ? *Le petit roi*. Cette chanson-là, c'est la plus belle du monde. Mon plus beau souvenir avec mon père ? J'ai vu son show *3 fois Ferland* au Casino, la dernière représentation. C'est la première fois que j'avais la chair de poule. Mes yeux ont roulé dans l'eau. J'ai revu passer sa vie, et j'ai revu passer ma vie. Jamais rien ne m'a touché autant. Je suis allé le voir à sa loge et j'ai trouvé les mots pour lui dire que j'étais bien fier de mon père. Je me trouvais privilégié. C'était particulier d'être fier de son père, comme si les rôles étaient inversés.

Propos recueillis par l'auteure.

« Julie a eu sa première expérience à l'écran à cinq ans, dans une publicité pour le savon à vaisselle Ivory. J'en ai toujours une copie, et ça me fait pleurer chaque fois que je la regarde. Elle a toujours voulu être comédienne, et moi, je lui disais : "Si tu veux, c'est tes affaires." »

JEAN-PIERRE VU PAR...
JULIE FERLAND
née en **1970**, l'année de la naissance de **JAUNE**

Mon père est parti quand j'avais trois ans. C'est vrai qu'il n'était pas un bon père, il a toujours fui les responsabilités paternelles. Mais j'ai eu une mère extraordinaire qui a su jouer les deux rôles, alors je n'en ai jamais souffert. Ma mère ne m'a jamais rien caché au sujet de mon père, elle m'a peint la vérité sous son vrai jour. Quand il venait, parce qu'il ne venait pas tout le temps, il m'emmenait dans des super restaurants. J'avais 8 ans, on allait manger au restaurant Le 400, et il me donnait un billet de 100 $. On se voyait à Pâques, à Noël, à ma fête. J'apprenais toutes ses chansons par cœur. Il était là même s'il n'était pas là. Quand je suis arrivée à l'école, à Saint-Sauveur, à 8 ans, des enfants dans la cour d'école savaient qui était mon père. Ils riaient de lui : « Ton père a un gros nez, ton père a des grandes dents, ton père ressemble à un cheval. » Je leur ai tous cassé la gueule pendant deux ans ! C'est la seule exception, sinon c'est toujours positif ce que les gens ont à dire sur mon père. Quand les gens apprennent que je suis la fille de Jean-Pierre Ferland, je reçois toujours de la chaleur en retour. J'ai commencé à avoir une vraie relation avec mon père vers 14 ans. J'étais au pensionnat d'Outremont et il venait me chercher le midi. On a travaillé à quelques reprises ensemble. À 18 ans, j'ai chanté *Androgyne* à *Avis de recherche*. À une émission de Michel Jasmin, j'ai chanté *Le petit roi*. Depuis la naissance de mon fils Édouard, il y a trois ans, je vais à Saint-Norbert toutes les deux semaines. Ma mère me dit que ça la console que Jean-Pierre soit proche de son petit-fils. Je suis extrêmement fière de mon père, je l'ai toujours dit. Aujourd'hui, on est très proches, mais j'ai travaillé fort pour ça, c'est moi qui ai travaillé la relation. Un jour, je lui ai dit : « Je ne veux pas de "bébelles", je veux t'avoir toi. » Il ne savait pas c'était quoi, être un père. Il l'apprend parce que je lui montre. On s'aime beaucoup, même s'il est arrivé plein de choses. Je n'ai pas de rancune. On fait tous des erreurs. C'est pour ma mère que j'ai eu de la peine. Ma chanson préférée ? *Une chance qu'on s'a*. À cause des paroles : « Quand tu m'appelles "mon p'tit loup" avec ta petite voix. » Je sais qu'il me parle... Quand il l'a chantée à mon mariage, il a fait semblant d'avoir un chat dans la gorge et m'a fait signe d'aller le rejoindre pour la chanter avec lui. Ses plus grandes qualités ? Généreux, charismatique, sensible, drôle (tellement drôle). Son plus grand défaut ? L'impatience. Mon plus beau souvenir ? J'avais 18 ans, on était en vacances à Montserrat, c'est la première fois qu'il m'a dit « je t'aime », la première fois que j'ai dansé un slow avec lui.

Propos recueillis par l'auteure.

SI JE SAVAIS
PARLER AUX FEMMES

Séducteur, oui. Coureur de jupons, peut-être. Mais, macho, non. Jean-Pierre Ferland a toujours dit qu'il chantait pour rencontrer des femmes. On peut dire que, sur ce plan, sa carrière a été une réussite! Jean-Pierre parle des femmes, chante les femmes, pense aux femmes. Mais jamais je ne l'ai entendu en parler vulgairement. Pour lui, la femme est un idéal qu'on courtise, pas un objet qu'on méprise.

En 1965 – il ne fait carrière que depuis sept ans –, il confie déjà au journal *L'Information*: « Mon principal sujet d'inspiration est sans contredit ce qui a le plus d'importance pour moi: la femme. »

Mais la relation de Jean-Pierre avec les femmes n'a pas toujours été au beau fixe. Dans les années 1970, il s'est fait accuser par les féministes de gagner sa vie sur le dos des femmes. Imaginez: les Québécoises voulaient s'affirmer sur le marché du travail, et lui s'obstinait à leur parler d'amour. S'agit-il bien du même Jean-Pierre Ferland dont Félix Leclerc disait: « Il a sorti les femmes de leur cuisine en leur offrant ses paroles de chanson »? Plusieurs années plus tard, Ferland se défendra à sa manière en déclarant tout simplement au magazine *L'Actualité*, en 1981: « Je n'ai pas l'impression de les empêcher de travailler en leur parlant d'amour! »

Jusqu'à 30 ans, il n'a eu que très peu de succès auprès des femmes. Après, on dirait qu'il a voulu se venger d'avoir été si longtemps méprisé. Et sa relation avec les femmes dans les chansons est indissociable de celle avec les femmes qui ont partagé sa vie.

Après sa rupture et sa violente peine d'amour avec Constance Walsh, Jean-Pierre fait la rencontre de Sylvie Bourque, comédienne (elle prendra plus tard les traits de la journaliste Linda Hébert dans la télésérie *Lance et compte*) qui sera aussi choriste et même soliste à ses côtés. Un amour de transition qui durera trois ans.

Le manuscrit de la chanson Une peine d'amour, *écrite pour Constance Walsh.*

Jean-Pierre et Sylvie Bourque posant pour un magazine... en plein hiver à la campagne...

...et ensemble sur scène.

En 1983, alors qu'il vit avec Sylvie Bourque, la rumeur (encore les journalistes!) lui prête une liaison avec Nanette Workman. Jean-Pierre convoque la presse et rétablit les faits très clairement: « Nanette est une très bonne amie, sans plus. »

On ne peut pas parler des femmes dans la vie de Jean-Pierre sans évoquer aussi les nombreux flirts, incartades, baisers volés, divers degrés d'infidélité. Quelques noms avec qui il a effeuillé la marguerite. UN PEU: Francine Chaloult, son attachée de presse, qu'il embrasse dans une auto pendant qu'à l'avant le pianiste Franck Dervieux conduit sans se douter de ce qui se passe sur le banc arrière. BEAUCOUP: Danielle Ouimet, celle que Jean-Pierre considère comme « notre Brigitte Bardot ». En 1966, elle travaille comme hôtesse à l'émission de télévision *La Poule aux œufs d'or*. Elle a 18 ans, il en a 14 de plus. Elle se démaquille, il vient tout juste de chanter. Il l'aperçoit dans les loges, l'enroule dans de grands rideaux et l'embrasse langoureusement. S'il en garde un bon souvenir, il est particulièrement heureux de savoir que, dans son autobiographie, Danielle Ouimet décrit ce baiser comme l'un des plus beaux *french kiss* de sa vie. Il faut dire que ce n'est pas sa première rencontre avec Danielle Ouimet. Un an plus tôt, alors que Jean-Pierre est immobilisé à l'hôpital pour une cheville cassée lors d'une chute de cheval, la jeune Danielle, à peine âgée de 17 ans, se cache dans le corridor avec sa copine. Dès le départ de tous les visiteurs, elle va le voir dans sa chambre... jusqu'au moment où Lise, la femme de Jean-Pierre, la sort de là! PASSIONNÉMENT: Renée Claude avec qui il a une liaison alors qu'il est encore marié. Ça durera le temps d'un été, à Eastman, où Jean-Pierre a ouvert, au début des années 1960, la boîte à chansons Feuille de gui. Et il est comment en *Québec lover*, Jean-Pierre? Énigmatique, Renée Claude m'avoue avoir gardé un très bon souvenir de son « charme sensuel ».

Jean-Pierre assiste à une fête en compagnie de celle qu'il considère comme la Brigitte Bardot du Québec: Danielle Ouimet.

LA FEMME
DYANE LESSARD

On peut suivre l'évolution des relations de Jean-Pierre avec les femmes en écoutant ses chansons d'amour, l'une après l'autre. « Mes chansons sont pleines de déchirures. Puis, à un moment donné, l'ambiance commence à être heureuse avec *T'es belle*, avec l'arrivée de Dyane. Si je n'avais pas trouvé Dyane, j'aurais eu bien de la misère. Quand je l'ai rencontrée, je me suis dit que ça ne pourrait pas marcher entre nous : elle était beaucoup trop belle. Pendant un an ou deux, j'ai fait des folies. Notre couple ne se détruisait pas. J'ai finalement compris qu'elle m'aimait plus que je ne pensais. Je suis aimé, elle m'aime. C'est indestructible. Alors, j'ai arrêté d'être jaloux, je me suis en quelque sorte abandonné. »

Jean-Pierre et sa femme Dyane sur le tracteur, à Saint-Norbert.

Et toi, mon âme, ma dernière
S'il fallait que je parte un jour
Choisirais-tu un autre amour
Ou bien le fond de la rivière ?
Qu'êtes-vous devenues mes femmes ?

Ça ne doit pas être facile tous les jours d'être la compagne de « l'homme qui aimait les femmes », et qui traîne derrière lui une longue liste de conquêtes. Mais Dyane Lessard peut se consoler en se répétant cette phrase pleine d'esprit : « En amour, l'important n'est pas d'être la première, mais d'être la dernière. » Jean-Pierre veut être avec elle jusqu'au bout et m'avoue : « J'ai eu beaucoup d'échecs, beaucoup de femmes. Là, ça ne me tente plus de changer. »

Jean-Pierre et Dyane Lessard se sont mariés à l'hôtel Sacacomie le 19 août 2000.

Le plus étrange dans l'histoire de Dyane et Jean-Pierre, c'est qu'ils se sont croisés à quelques reprises au fil des ans, comme des bateaux qui se frôlent dans la nuit. Au Patriote, où Dyane va parfois l'écouter, il envoie un jour un technicien lui parler après le spectacle parce qu'il l'a remarquée parmi le public, mais, trop tard, elle est déjà partie. Aux Deux Pierrots, sur le plateau de *Station Soleil*, ils se croisent sans se parler. Au restaurant Le Paris, rue Sainte-Catherine, ils sont plusieurs fois assis à des tables voisines, lui avec Sylvie Bourque, elle avec son amoureux de l'époque. À chacune de ces rencontres manquées, Jean-Pierre se dit : « Dieu qu'elle est belle ! » Et Dyane : « Ça doit être "un paquet de troubles", ça doit être un macho. Et en plus, on a 17 ans de différence ! »

Ils se rencontrent véritablement en 1984. Un soir où il est particulièrement démoralisé, Jean-Pierre s'en va faire un tour du côté de Chez Swann, un bar branché de la rue Prince-Arthur. Il a envie d'amour ! Une femme est assise au bar, une femme dont il n'aperçoit que la splendide crinière de cheveux noirs. Il pense : « Si elle se retourne et qu'elle est aussi belle d'en avant que d'en arrière... » Elle se retourne. En fait, son visage est encore plus beau que sa chevelure. Et leur premier échange ressemble à peu près à ceci :

Lui : Si vous vouliez être ma femme, je vous épouserais demain. Je suis très sérieux.
Elle : Ça tombe très mal, en ce moment, je déteste les hommes.
Lui : Ça tombe bien, moi aussi. (Il la joue un peu cucul, avec des phrases qu'il pense avoir inventées, mais qu'il a sans doute lues quelque part.)
Elle : Je suis obligée d'aller aux États-Unis pour trois semaines.
Lui : Je vous ai attendue toute ma vie, je peux encore vous attendre trois semaines.

Tu m'attends depuis si longtemps
Longtemps, et je t'attends toujours
Qu'êtes-vous devenues mes femmes ?

Je suis aimé, elle m'aime. C'est indestructible. Alors j'ai arrêté d'être jaloux. Je me suis en quelque sorte abandonné.

Près de l'étang de leur résidence de Saint-Norbert, Jean-Pierre et Dyane posent en amoureux.

La conquête de Dyane prendra plusieurs mois. Pour déjouer ses avances, elle porte constamment des cols roulés et des jupes longues pour ne rien laisser paraître de sa féminité. Elle lui lance : « J'espère que tu as des maîtresses. » Il s'accroche, lui dit : « Je suis comme ton amie de fille. » Lui, d'habitude si impatient, est prêt à l'attendre. Mais le jour où enfin elle cède à ses avances, dans son enthousiasme, il lui brise une dent !

Quatre ans après leur rencontre, en 1988, à l'émission de la Saint-Valentin de *L'Autobus du showbusiness* qu'il anime à Radio-Canada, il la présente publiquement. On n'a aucune difficulté à la croire quand elle confie aux journalistes : « Avec lui, on ne s'ennuie pas un instant. » Heureusement, d'ailleurs, parce que leur vie et leur métier sont intimement liés. Dès le début, Dyane, recherchiste à la télévision, travaille avec Jean-Pierre sur son spectacle *Du gramophone au laser*, puis à l'émission *Station Soleil*, ensuite elle coscénarise *Tapis rouge*, est recherchiste pour *L'Autobus du showbusiness*. C'est elle qui assure la recherche et la coordination de *Gala*.

J'aimerais ça qu'on se marie
J'te demande en mariage
Les mains dans l'visage
Les anges à l'église
J'aimerais ça qu'on se marie
Écoute pas ce que je te dis
J'aimerais ça que tu dises oui
Écoute pas ça

À l'automne 1999, il décide de s'engager légalement avec Dyane. *Écho-vedettes* lui demande en février 2000 : « Pourquoi se marier ? » Il répond : « Pour se faire plaisir, parce qu'on s'aime et qu'on ne veut pas se lâcher. » Le samedi 19 août 2000, à l'âge où d'autres prennent leur retraite, il se marie au palais de justice de Joliette avec Dyane, sa compagne depuis 17 ans. Le lendemain, une réception intime est offerte à une centaine d'amis (dont Gilles Vigneault, Guy Latraverse et Francine Chaloult) à l'hôtel Sacacomie de Saint-Alexis-des-Monts, à l'endroit même où il a eu son accident de motoneige quelques années plus tôt. Peut-être cherche-t-il à conjurer le sort ? Dyane attend toujours la fameuse lune de miel qu'il lui a promise, à Venise, en Italie.

« Quand lui ne va pas, je suis forte pour lui. Quand moi, je ne vais pas, il est fort pour moi. » Dyane, qui a perdu son père dans un accident d'auto à 12 ans, n'aurait jamais imaginé que sa relation avec Jean-Pierre durerait si longtemps. Par superstition. « J'avais toujours peur de perdre de nouveau quelqu'un d'important. » Pour cette très jolie femme, aux jambes superbes (un critère essentiel !), qui a 17 ans de moins que lui, Jean-Pierre a écrit trois de ses plus belles chansons : *Écoute pas ça*, *Une chance qu'on s'a* et *T'es belle*.

Dyane Lessard possède de magnifiques (et grandes) jambes, un outil essentiel pour séduire Jean-Pierre Ferland !

L'HOMME QUI AIMAIT LES FEMMES

T'ES BELLE

Paroles : Jean-Pierre Ferland
Musique : François Cousineau et Jean-Pierre Ferland

T'es belle, en femme ou en enfant, les cheveux longs ou courts
T'es belle pour longtemps, t'es belle pour toujours
Il n'y a pas d'année qui touche à ta beauté
T'es belle pour longtemps, t'es belle pour toujours
Naturelle, à mon goût, sans lunettes de soleil et **sans bijoux**

(solo piano)

T'es belle, quand je sors avec toi, je lave mon auto, je me rase deux fois
Tes beaux yeux m'amadouent, il neige sur tes dents,
Quarante ans mon amour
Je t'aime en ce moment, je t'adore en plein jour
Naturelle, décoiffée, sans fourrure, sans Chanel et pas bronzée

Mon beau trésor, **mes amis** t'aiment et moi je t'adore
Les années filent, c'est l'an deux mille, je t'aime aussi fort

Dyane Lessard : cette jeune fille en fleurs a su séduire l'homme qui a si souvent et si bien chanté la beauté des femmes.

T'es belle,
(solo piano)
T'es mon idole,
(solo piano)

Depuis l'école
Tu es la femme dont j'ai rêvé, flamboyante, renfermée,
Ultra-chatonne, super-sexée
Je t'aime
Tu ne peux pas savoir, tu marches avec tes gants, tu descends l'escalier
On dirait comme le vent, tellement t'es raffinée

Naturelle, à mon goût, sans lunettes de soleil et sans bijoux

Viens-tu danser ?

Dans La chanson des vieux amants, *Jacques Brel chantait : « Vingt ans d'amour, c'est l'amour fol » ; Jean-Pierre et Dyane, eux, s'aiment depuis vingt et un ans.*

À chaque anniversaire, Jean-Pierre couvre Dyane de cadeaux. En 1991, il lui a offert une chanson : T'es belle.

1. **T'es belle** Quand Ferland la chante en spectacle, il se trouve toujours quelqu'un (une femme...) pour lui lancer : « T'es beau, Jean-Pierre. »

2. **Sans bijoux** En 1991, Jean-Pierre et Dyane sont ensemble depuis six ans, et Dyane va fêter ses 40 ans le 20 juillet. Sauf que Ferland a un gros problème d'argent, comme il en a parfois. Donc pas question d'offrir un bijou. Il veut un vrai cadeau qui dise tout haut : « Je t'aime plus que tout. » La solution ? Une chanson. Il commence à écrire la musique, seul, à la guitare la veille de son propre anniversaire le 23 juin, mais, rapidement, il se heurte à un mur. Blocage. Il ne parvient pas plus loin que les huit premières lignes. François Cousineau l'invite pour son anniversaire à sa maison de campagne, à Magog. « Jean-Pierre est arrivé avec sa guitare et avec l'idée de finir la chanson, raconte le compositeur. Il est allé se coucher tôt. Cette soirée-là, pour moi, un ange est passé. J'ai continué à composer dans le style de Jean-Pierre. Le lendemain matin, avec son jus d'orange, il avait une cassette de la musique de *T'es belle* sur sa table de chevet. »

3. **Solo piano** Le compositeur François Cousineau se souvient d'avoir retravaillé pendant deux mois, avec Jean-Pierre, le premier jet de la musique de *T'es belle*. « Les passages où il n'y a que de la musique, explique-t-il, c'est qu'il n'y avait pas de texte à mettre là-dessus. Le fait de ne pas avoir de paroles bout à bout, ça donne de l'espace. Quand tu dis à une femme qu'elle est belle, laisse-lui le temps de réaliser qu'elle est belle. »

4. **Quarante ans** Le 20 juillet, dans le salon de la maison de Saint-Norbert, une vingtaine d'amis proches sont réunis pour célébrer l'anniversaire de Dyane. François Cousineau a pris place au piano. Dyane descend l'escalier. Et Jean-Pierre chante pour la première fois *T'es belle*. Tout le monde est en pleurs. Dyane a eu tout un cadeau d'anniversaire.

5. **Je t'aime** « Tu ne peux pas écrire *T'es belle* si tu n'es pas très, très amoureux. »

6. **Mes amis** « Pierre Bertrand et Francine Raymond qui étaient là m'ont tout de suite dit, après avoir entendu la chanson : "C'est un hit." Pour moi, c'était juste vrai, c'était juste un cadeau que je faisais à ma femme. »

7. **Tu es la femme dont j'ai rêvé** Jean-Pierre et Dyane sont des âmes sœurs : il est né le 24 juin, elle, le 20 juillet. Ils sont tous les deux Cancer ascendant Cancer. Et les deux sont nés exactement, précisément à 5 h 55. Dyane y voit un signe du destin : « Il me dit parfois que, quand il était petit, il m'avait déjà dans ses pensées. »

8. **Je t'aime** « Quand j'ai entendu la chanson la première fois, je me suis dit : "C'est trop grand, trop gros, trop beau", raconte Dyane Lessard. Aujourd'hui, je la partage avec toutes les femmes qui voudraient se faire dire qu'elles sont belles. »

9. **Naturelle à mon goût** Quand Dyane a du foin dans les poches et du crottin sur les bottes et qu'elle va faire des courses à l'épicerie de Saint-Norbert, ça la fait bien rigoler que les gens l'interpellent en lui disant : « C'est vous, *T'es belle* ? »

10. **Viens-tu danser ?** « On a été chanceux, avec cette chanson-là, me confie François Cousineau. Les autres chansons de BLEU BLANC BLUES sont belles, mais celle-là est magique. »

Pour le spectacle *La fête à... Jean-Pierre Ferland* des Francofolies de 1995, Pierre Légaré a composé un hommage à Ferland que Judi Richards, son ancienne choriste, lui a chanté : *T'es beau*.

T'es beau
Enfant de 60 ans
Ta cour est devant toi
T'es beau depuis longtemps
Toujours le petit roi
Nul ne peut t'égaler
À part Claude Léveillée
T'as même pas 60 ans
T'as juste 20 ans 3 fois
Beau Brummel, andalou
Même dans ton écurie
y a des jaloux
T'es beau
Quand t'es dans ma télé
Je mets le blender à stop
J'arrête d'épousseter
Je danse avec maman
Ta bouche est pleine de dents
Quand tu chantes l'amour
Je conseille à Deschamps
D'aller suivre des cours
Éternel
Enflammé
Tu m'allumes
T'es le feu dans ma cheminée
Mon beau Jean-Pierre
Les autres t'aiment
Et moi j't'à terre
Les années figent
Les heures s'arrêtent
C'est pour ta fête
T'es beau
T'es mon Julio
Mon Roméo
T'es le gars qu'on rêve d'avoir
Quand on vient de Toronto
Super mielleux
Ultra têteux
On t'aime
Tu le savais déjà
Ta voix c'est de l'encens
T'es le ciel
Bleu, blanc, blues
J'voudrais qu'en cet instant
Tu sois Tom Cruise

JEAN-PIERRE VU PAR...
GUY LATRAVERSE

(qu'il a déjà surnommé Guy-la-facture
ou Guy-dix-pour-cent)

La première fois que j'ai rencontré Jean-Pierre, j'avais 18 ans, j'étais président du collège Saint-Laurent. C'était en 1957, et je devais organiser un spectacle, le premier de ma vie, en vue de ramasser des fonds pour le Prêt d'honneur. J'ai invité Jean-Pierre avec Paul de Margerie le pianiste et d'autres artistes. Je l'ai découvert ce soir-là. Je ne pensais pas du tout faire ce métier un jour! Puis vers 1964-1965, quand j'ai eu mon bureau, ma secrétaire Michèle Pilon [NDA: qui allait plus tard épouser le pianiste Franck Dervieux] a insisté pour qu'on représente Ferland. Je l'ai invité au Café des artistes et je lui ai offert de faire une tournée avec lui. On a tourné dans tout le Québec et les Maritimes. On a fini à la Place-des-Arts en mars 1966, deux ou trois semaines à la salle Maisonneuve, et ça a marché très fort. J'ai commencé à m'occuper de lui et je l'ai aidé quand il était en France. J'ai été son banquier, son financier. J'allais à Paris très souvent pour suivre ses activités françaises. J'habitais chez lui, avenue George V. C'est d'ailleurs là que j'ai fumé du « pot » la première fois. Jean-Pierre et Michel Robidoux ont mis trois heures à me « stoner », parce que mon corps résistait! De 1964 jusqu'à ma faillite en 1971, j'ai tout vécu avec lui. On se retrouvait toutes les nuits dans un café, rue Crescent, après 3 heures du matin, parce que, avant, on avait notre vie de resto et de disco! On jetait un 25 cents dans la fenêtre, comme ça les propriétaires du café savaient que ce n'était pas la police, ils nous ouvraient, et on fumait du « pot » jusqu'à 5 ou 6 heures du matin. Ensemble, on a fait le spectacle de JAUNE à la Place-des-Arts, le show de la montagne avec Ginette Reno en 1975, *1 fois 5* en 1976, et ses spectacles aux Francofolies. En 2003, Jean Charest nous a tous les deux nommés Chevaliers de l'Ordre national du Québec, le même jour! Jean-Pierre, c'est un fabuleux troubadour, doué comme une cigale, (il n'a vraiment rien de la fourmi) la cigale la plus exceptionnelle que j'ai vue dans ma vie. On rit tout le temps. Je ne suis pas loin de dire que c'est mon meilleur ami, je l'aime beaucoup. (Pleurs.)

Propos recueillis par l'auteure.

Tous mes amis sont venus ce soir
Pour boire a ma sante.
Tous mes amis etaient là , mon vieux
Je n'en crois pas mes yeux
Que feraient-ils s'il ne m'avaient pas
Qui oseraient-ils prendre dans leurs bras?

Appuyé contre le mur
La bouche hilare et les yeux mous
J'attends que quelqu'un m'embrasse dans le cou.

UNE CHANCE QU'IL LES A

JEAN-PIERRE A TOUJOURS SU BIEN S'ENTOURER. DE MUSICIENS, D'ABORD : PAUL DE MARGERIE (*TON VISAGE*), FRANCK DERVIEUX, MICHEL ROBIDOUX (**JAUNE**), PAUL BAILLARGEON (**SOLEIL**, *GALA*), DANIEL MERCURE (*Y'A PAS DEUX CHANSONS PAREILLES, LE DOUX BILLET DOUX, MA CHAMBRE*), JEAN-PIERRE LAUZON (**LES VIERGES DU QUÉBEC**), FRANÇOIS COUSINEAU (**BLEU BLANC BLUES**), ALAIN LEBLANC ET BOB COHEN (**ÉCOUTE PAS ÇA** ET **L'AMOUR, C'EST DE L'OUVRAGE**), TOUS DES COLLABORATEURS QUI SE SONT ADAPTÉS À SON UNIVERS. IL A SU AUSSI CRÉER AUTOUR DE LUI UN CERCLE D'AMIS. QUI SONT LÀ, POUR LUI, DEPUIS VINGT, TRENTE OU QUARANTE ANS.

LES HOMMES
DE SA VIE

Pages précédentes :
Photo de Jean-Pierre Ferland et Guy Latraverse et un manuscrit d'une chanson inédite.

Au fil des ans, Jean-Pierre écrit des tonnes et des tonnes de chansons d'amour, mais seulement deux chansons d'amitié. Et pour cause : en amitié, il est, plus qu'en amour, d'une grande fidélité. Mais, dans sa vie, le mot « ami » a aussi été synonyme de trahison, de blessures. Il est capable de tourner le dos à un ami de longue date, simplement parce que celui-ci a engagé son ennemi juré, le critique qui vient de démolir sa comédie musicale *Gala*. Cet inconditionnel ne connaît pas la demi-mesure.

> *Quand mon ami s'est fait mal, moi j'ai eu mal aussi*
> *Quand mon ami a eu peur, moi j'ai eu peur pour lui*
> *Quand il a demandé mon fusil je lui ai donné*
> *S'il avait voulu, s'il avait tiré, nous aurions tiré ensemble*
> *Mon ami*

Jean-Pierre écrit cette chanson en 1969 pour Franck Dervieux, qui vient de subir une intervention chirurgicale. C'est le plus grand ami de sa vie, celui qu'il considère « l'être le plus intelligent du monde ». Brillant pianiste de formation classique, il a signé les arrangements du sixième album de Jean-Pierre, qui lui a valu le prix du meilleur auteur-compositeur-interprète au Festival du disque de 1965. Français d'origine bretonne, il est le fils du chef de chapelle de l'orgue de Saint-Eustache. « Il jouait du piano comme ça n'avait pas de bon sens, raconte Jean-Pierre. Des fois, il jouait *Un peu plus haut, un peu plus loin* avec moi en spectacle, et c'était lui que le public applaudissait, tellement il était talentueux. »

Michel Robidoux qualifie Dervieux de « Chopin aux claviers, un génie d'une inspiration exceptionnelle, un cerveau supérieur qui pouvait écrire des arrangements sans instruments, directement sur un papier ». Il considère que c'est le musicien qui a le plus marqué Ferland. Tous se souviennent que Dervieux était fort exigeant avec Jean-Pierre, qu'il trouvait parfois paresseux, et qu'il l'aidait à repousser ses limites.

Jean-Pierre et le plus grand ami de sa vie, le brillant pianiste Franck Dervieux.

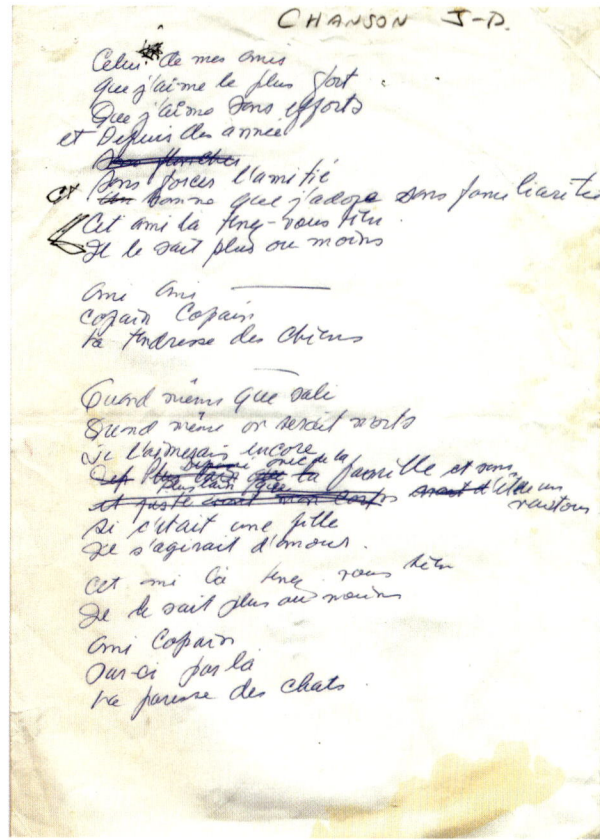

Le manuscrit d'une chanson inédite de Jean-Pierre, sans titre, écrite pour son ami le réalisateur et producteur Jean Bissonnette.

Alors que Franck Dervieux est atteint d'un cancer, Jean-Pierre se rend à l'hôpital de Sherbrooke donner un spectacle à la demande de son pianiste qui vient de se faire enlever une tumeur dans le dos.

Lors de l'une de ses visites, découragé de voir son ami se faire charcuter sans arrêt, Jean-Pierre lui tend son revolver et lui dit : « Si tu veux, tu te tues. Si tu ne veux pas, moi, je vais te tuer. Je t'aime assez pour ça. » Mais Dervieux refuse, il veut vivre. « Pourquoi ? » lui demande Ferland. « Parce que je t'aime et que j'aime ma femme. » Ferland a repris son revolver et ne sait toujours pas aujourd'hui ce qu'il a bien pu en faire. L'arme a tout simplement disparu.

Ferland est sur scène quand il apprend la mort de son ami. Prémonition ? Il vient de se tromper dans les paroles de *Un peu plus haut, un peu plus loin* qu'il chante en rappel. Dans les coulisses, son attachée de presse Francine Chaloult l'attend pour lui annoncer la nouvelle. Jean-Pierre s'écroule dans ses bras, en pleurant comme un enfant. Un enfant qui vient de perdre son meilleur ami, mort à 44 ans.

> *Que les femmes me pardonnent*
> *Si aujourd'hui j'aime un homme*
> *Si j'ai un homme dans ma vie*
> *J'aime un homme*

Il faut avouer que c'est plutôt culotté et assez « ratoureux » de la part de Jean-Pierre, qui a fait carrière en chantant son amour des femmes, d'avoir écrit une chanson intitulée *J'aime un homme*. Cette deuxième chanson d'amitié, Jean-Pierre l'écrit pour son comptable-devenu-agent-gérant-coproducteur-et-ami, Robert Vinet.

Manuscrit d'une chanson inédite pour Jean Lapointe. « C'est le premier qui m'a reconnu, m'explique Jean-Pierre. Il m'a aimé tout de suite. Mon plus grand fan, c'est lui ! »

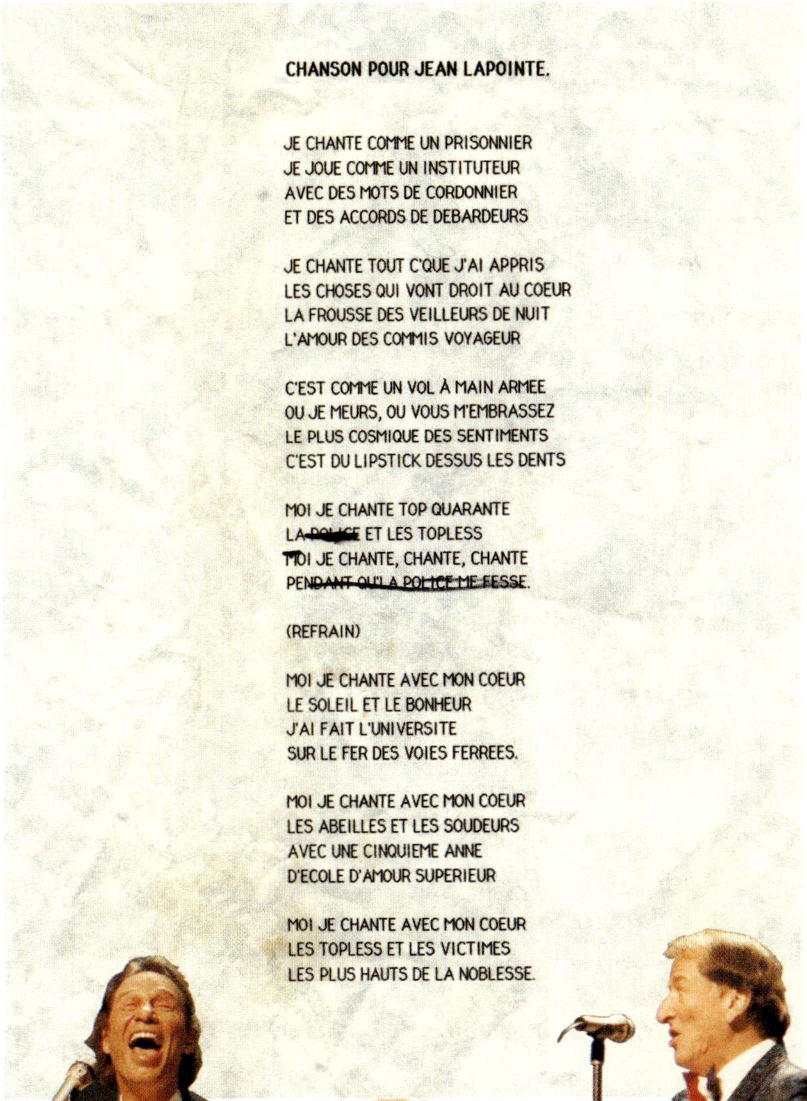

Jean-Pierre avec son grand ami Robert Vinet.

CHANSON POUR JEAN LAPOINTE.

JE CHANTE COMME UN PRISONNIER
JE JOUE COMME UN INSTITUTEUR
AVEC DES MOTS DE CORDONNIER
ET DES ACCORDS DE DEBARDEURS

JE CHANTE TOUT C'QUE J'AI APPRIS
LES CHOSES QUI VONT DROIT AU COEUR
LA FROUSSE DES VEILLEURS DE NUIT
L'AMOUR DES COMMIS VOYAGEUR

C'EST COMME UN VOL À MAIN ARMEE
OU JE MEURS, OU VOUS M'EMBRASSEZ
LE PLUS COSMIQUE DES SENTIMENTS
C'EST DU LIPSTICK DESSUS LES DENTS

MOI JE CHANTE TOP QUARANTE
LA ~~POLICE~~ ET LES TOPLESS
MOI JE CHANTE, CHANTE, CHANTE
PENDANT QU'LA ~~POLICE~~ ME FESSE.

(REFRAIN)

MOI JE CHANTE AVEC MON COEUR
LE SOLEIL ET LE BONHEUR
J'AI FAIT L'UNIVERSITE
SUR LE FER DES VOIES FERREES.

MOI JE CHANTE AVEC MON COEUR
LES ABEILLES ET LES SOUDEURS
AVEC UNE CINQUIEME ANNE
D'ECOLE D'AMOUR SUPERIEUR

MOI JE CHANTE AVEC MON COEUR
LES TOPLESS ET LES VICTIMES
LES PLUS HAUTS DE LA NOBLESSE.

Il fait venir Vinet en studio, l'installe à la console et se place derrière lui en disant simplement : « J'ai une chanson à te faire entendre. » « C'était émouvant, très touchant, explique Robert Vinet, ça reflétait bien la belle amitié que j'ai avec ce gars-là. » Jean-Pierre l'a chantée la première fois en public en 1999 comme cadeau, le soir de la réouverture du charmant théâtre Corona de la rue Notre-Dame, entièrement rénové... propriété d'un certain Robert Vinet.

Le ciel lui tomberait en plein sur la tête
qu'il ne ferait pas un saut
C'est un vrai, c'est un fou, c'est un pur
[...]
Lui, il donnerait sa fortune s'il en avait une,
mais il n'en veut pas
J'aime un homme

Robert Vinet est aux côtés de Jean-Pierre au moment de sa faillite, il y a trente ans, alors que le fisc l'accuse de ne pas avoir déclaré tous ses revenus de *Je reviens chez nous* et lui réclame 280 000 $. Jean-Pierre doit se résoudre à hypothéquer sa maison de Saint-Norbert. « Je faisais mon gazon, je coupais les fleurs en me disant que je ne serais peut-être plus là la semaine suivante. » « Il n'avait pas d'autre choix que de déclarer faillite, affirme Vinet. Mais dix mois après, il a récupéré ses droits d'auteur et il est reparti à neuf. » Vinet réussit à sortir son ami du trou. Et ça, Jean-Pierre ne l'oubliera jamais. Vinet-Ferland, c'est la rencontre, pas si improbable que ça, de deux ex-comptables.

Je n'ai pas de voix,
Je n'ai pas d'oreille,
J'ai un grand ami
Et ça fait pareil
J'aime un homme

LES AMITIÉS FÉMININES

Je sais que c'est difficile à croire, mais Jean-Pierre pense sincèrement que l'amitié entre les hommes et les femmes, sans ambiguïté et sans malentendu, peut exister. La preuve : sa chanson *Mon copain Denise*, sur l'album BLEU BLANC BLUES.

On peut s'aimer à mourir
Profondément sans désir
Ça fait vingt ans qu'on fait ça
Denise et moi
On est proches
On est vrais
Nous deux on ne se prend presque pas
Dans nos bras, on ne s'embrasse jamais.

Une chanson écrite pour la femme du réalisateur et producteur Jean Bissonnette, Denise Bissonnette, « de l'or en barre, une femme qui n'accepte pas la médiocrité ou la tricherie », *dixit* Jean-Pierre. Denise le remet sur le droit chemin en 1962, à son retour de Bruxelles. Il vient de remporter, avec *Feuille de gui*, le Grand Prix du Concours international de la chanson, assorti d'un imposant montant d'argent. « J'avais la tête enflée, j'avais connu, d'un coup sec, le succès international. » Jean-Pierre a le malheur de déclarer à Denise qu'il a fait ça pour l'argent. La réponse est cinglante. « Elle m'a regardé dans les yeux pour me faire comprendre que j'étais vraiment un minable : "Tu ne devrais jamais dire ça, c'est tellement laid ce que tu dis là." Et elle m'a mis au pas. Toute ma carrière a changé. Plus jamais je ne parlerai ainsi de ce que je fais. Je m'en suis souvenu tous les jours de ma vie. » Denise Bissonnette, elle, se souvient d'avoir été véritablement ulcérée par l'attitude de jeune coq de Jean-Pierre. Pendant près de 30 ans après cet incident, Jean-Pierre, qui, pourtant, côtoie étroitement son mari Jean Bissonnette, est en froid avec elle. « Mais ça n'a jamais terni mon admiration pour lui, je n'ai jamais changé mon opinion à son égard », m'explique-t-elle aujourd'hui. Jusqu'au jour du lancement de l'album BLEU BLANC BLUES. Au restaurant, Jean-Pierre lui avoue avoir composé une chanson pour elle et lui chante *Mon copain Denise* en plein resto. Selon elle, comme pour plusieurs, la plus grande qualité de Jean-Pierre est la générosité. Un exemple à l'appui : Jean-Pierre et Dyane, Jean Bissonnette et Denise, Paul Baillargeon et sa compagne sont à New York au moment où est présentée la comédie musicale *Le Fantôme de l'Opéra*, un énorme succès. Impossible d'avoir des billets. Toutefois, Jean-Pierre leur annonce qu'il a réussi à en trouver. Le soir de la représentation, il remet à chacun son billet et leur donne rendez-vous après le spectacle, au restaurant. À l'entracte, Denise et Jean cherchent Jean-Pierre, mais en vain. Ils se disent qu'il a dû sortir griller une cigarette. Après la représentation, tout le monde se retrouve au restaurant, et quand on lui demande ce qu'il pense de la soirée, Jean-Pierre avoue timidement qu'il n'a pas pu voir le spectacle. N'ayant que quatre billets, il a préféré les offrir à ses amis, pendant que lui prenait un verre à leur santé. Il est comme ça, Jean-Pierre.

Sur la scène du Cabaret des refrains, Jean-Pierre chante avec son amie Denise Bissonnette. C'est pour elle qu'il a écrit Mon copain Denise.

Au rayon des amitiés féminines, Francine Chaloult occupe une place singulière. « On l'adore tous. Si je devais résumer Francine en un mot, ce serait : la rosée. Quelle fraîcheur ! » Elle est aux côtés de Jean-Pierre depuis ses débuts. En effet, dans les années 1960, en vraie groupie, elle vend des billets pour sa première tournée, en Abitibi. « C'était mon idole », dit-elle. À Amos, sur scène, Jean-Pierre remarque tout de suite cette jolie blonde de 24 ans dans son costume à la Jackie Kennedy. Quand il descend dans la salle, il la repère, et pose un genou à terre devant elle pour lui chanter *M'aimeras-tu ou ne m'aimeras-tu pas ?* À l'entracte, le régisseur Frank Furtado lui glisse à l'oreille que Ferland veut la voir dans sa loge. Jean-Pierre la trouve belle et raffinée, et lui fait comprendre qu'il aimerait bien la revoir. Mais, ce soir-là, Francine est rentrée bien sagement rejoindre son mari, médecin à Malartic. Deux jours plus tard, à Val-d'Or, elle verra Jean-Pierre au bras d'une autre fille ! Le hasard veut que la groupie et le chanteur se rencontreront quelque temps plus tard, à Montréal, alors que Francine Chaloult travaille pour Guy Latraverse. Elle devient son attachée de presse et, pendant quarante ans, organisera le lancement de tous les albums de Jean-Pierre, sauf LES VIERGES DU QUÉBEC.

Si je devais résumer Francine en un mot, ce serait : la rosée. Quelle fraîcheur !

Jean-Pierre en compagnie de deux êtres qu'il aime profondément : Francine Chaloult et Yvon Deschamps.

Depuis quarante ans, Francine Chaloult organise le lancement de tous les albums de Jean-Pierre. Et même le lancement de ce livre !

Jean-Pierre avec, à son bras droit, son attachée de presse Francine Chaloult, et à son bras gauche, Ingrid Saumart, alors journaliste à La Presse.

Une troisième femme occupe une place à part dans les relations de tendresse que Jean-Pierre entretient avec les femmes. C'est la chanteuse Céline Dion, pour qui il écrit *Ma chambre*, en 1987, sur une musique de Daniel Mercure.

> *La vie vient du palier*
> *Le vent vient de la cour*
> *Ma chambre est habitée*
> *Par des secrets d'amour*
> *Ma chambre*

À l'époque où le couple Dion-Angelil habite dans sa luxueuse résidence de Floride, et que George-Hébert Germain écrit la biographie de Céline, une sortie en voilier mémorable réunit le journaliste-écrivain, sa femme Francine Chaloult, Céline et René, Jean-Pierre et sa femme Dyane Lessard. Une fois le bateau au large, Céline s'installe aux pieds de Jean-Pierre, place ses deux mains sur ses genoux et lui chante l'une après l'autre, sans un seul trou de mémoire, *Écoute pas ça*, *Une chance qu'on s'a* et *La musique*. « C'était bouleversant », raconte Francine Chaloult. Jean-Pierre est troublé. Il sait à quel point Céline et René adorent *Une chance qu'on s'a*, une chanson qu'ils ont adoptée comme si elle n'avait été écrite que pour eux.

> *Prenez garde aux artistes*
> *Le chef-d'œuvre est parfait*
> *C'est l'amour de leur vie*
> *Les femmes et les amis*
> *Passent toujours après*
> **Extrait de la comédie musicale *Gala***

FÉLIX LECLERC

Approchez !
Mesdames et messieurs
Visitez l'île d'Orléans
Au fond à droite dans la clairière
La belle maison de Félix Leclerc
Chanson pour Félix

Jean-Pierre l'appelle « mon amour », « mon grand Félix ». Félix qui l'a plus encouragé que n'importe qui au monde. Félix qui a déclaré : « Jean-Pierre a sorti les femmes de la cuisine. » Et Félix qui, à la fin de sa vie, écrira sur un beau papier :

Jean-Pierre,
je partirai avant toi,
je te préparerai un château
Les clefs seront sous le paillasson.

Jean-Pierre conserve précieusement cette note que Félix Leclerc lui a écrite à l'île d'Orléans, trois ans avant sa mort.

Félix qui « endisque » et chante en spectacle *Les noces d'or* et *Ton visage* de Ferland, rare privilège qu'il a aussi accordé à *La complainte du phoque en Alaska* de Beau Dommage. Jean-Pierre raconte d'ailleurs qu'à son arrivée à Paris, il s'est fait demander par les Français : « Vous chantez des chansons de Félix ? », ce à quoi il a répondu : « Oui, mais juste une ! »

« Moi, si j'avais à être quelqu'un d'autre, je ne serais ni Brassens, ni Ferré, ni Brel. Je serais Félix Leclerc. Parce que Félix a réussi sa vie. Sans trop de scandale. Je n'ai jamais entendu cet homme sacrer. Je ne l'ai jamais entendu parler contre les gens. Il m'a appris à me tempérer quand je m'emportais et il me répétait souvent : "Tais-toi donc, ça donne quoi de dire ça ?" »

Entre les deux amis auteurs-compositeurs-interprètes s'établit aussi une complicité professionnelle. « Quand j'allais voir Félix, j'appelais deux ou trois semaines avant, et je lui demandais si je pouvais aller le voir. Il me fixait un rendez-vous, telle date, telle heure, mais je ne restais jamais longtemps. Il m'invitait au grenier pour me chanter les chansons qu'il venait d'écrire. C'était long ! Il chantait sept ou huit chansons, mais moi, mon verre de gin était en bas, et j'avais envie de le reprendre. Quand je redescendais, Doudouche (la femme de Félix) l'avait bu ! »

C'est d'ailleurs en pleine émission de télévision que Félix apprend à Jean-Pierre qu'il quitte Doudouche pour une autre femme, Gaétane Morin. Automne 1965, Ferland part en tournée pour trois mois, dans 52 villes dans tout le Canada. Des Maritimes aux provinces de l'Ouest. Il enregistre 13 émissions pour *Jeunesse oblige*. Une vedette est invitée dans chaque ville. En Saskatchewan, l'invité s'appelle Félix Leclerc. « On est tous les deux dans un champ de blé et je dis à Félix : "Mon admiration pour vous vient du fait que vous aimez une femme depuis tellement d'années et que vous écrivez encore des chansons d'amour pour elle." Il me répond : "J'en aime une autre." "Qu'est-ce que vous voulez dire, Félix ?" "J'aime une autre femme, elle a 22 ans. Je vais te la présenter un jour." Félix avait 45 ans, ce n'était pas si vieux que ça. Mais moi, je pensais que Félix était d'une fidélité à toute épreuve. »

Une autre émission de télévision rapprochera les deux hommes. En décembre 1984, le réalisateur Jean Bissonnette, le journaliste René Homier-Roy et Jean-Pierre donnent rendez-vous à Félix au restaurant Le Baron rouge. Auparavant, les techniciens de Radio-Canada ont percé un trou dans un des murs pour y installer une caméra, cachée derrière un miroir sans tain. Des micros sont dissimulés dans des pots de fleurs et sous la table du restaurant. On se croirait vraiment dans un épisode de *Surprise sur prise*, mais sans Marcel Béliveau ! Pendant trois heures, Félix Leclerc (« le plus grand conteur que la terre ait porté ») parle de l'émission de télévision dont il rêve : Diane Dufresne et lui chantant dans un bateau, Ding et Dong faisant un sketch sur les extraterrestres, etc. Quand Jean-Pierre avoue à Félix qu'il a été filmé à son insu, ce dernier éclate de rire en répondant : « C'est ça, la véritable télévision, je vous félicite. » L'émission sera diffusée sous le titre *Rêves à vendre* et elle gagnera un prix Anik remis par la société Radio-Canada.

À force de côtoyer ce géant de la chanson, Jean-Pierre en tire aussi des leçons pour sa propre carrière. Quand Félix, à la fin de sa vie, ne parvient plus à remplir la Place-des-Arts, Jean-Pierre en est profondément blessé. « Ça m'a dissocié du métier. Cet homme est bourré de talent, il a fait le tour du monde, il est allé en France, et, aujourd'hui, son public ne le reconnaît pas ! C'est triste, ça. C'est pour cette raison que je n'ai jamais eu une grande confiance ni dans le public, ni dans le métier. »

Moi, si j'avais à être quelqu'un d'autre, je ne serais ni Brassens, ni Ferré, ni Brel. Je serais Félix Leclerc.

De haut en bas : Félix Leclerc avec Julie et Jean-Pierre Ferland ; Jean-Pierre Ferland, Yvon Deschamps, Julie Ferland, Félix Leclerc et Claude Léveillée ; Félix Leclerc, Julie et Jean-Pierre Ferland et Guy Latraverse.

GILLES VIGNEAULT

« Lui, c'est mon idole d'homme, s'exclame Jean-Pierre quand il aperçoit une photo de Gilles Vigneault. Je l'aime à mort. » Et quand je lui demande de comparer Vigneault et Leclerc, il répond : « Ce sont deux poètes dans ma vie. J'ai toujours voulu être poète, mais Vigneault et Leclerc, eux, sont nés poètes. Moi, je ne suis arrivé dans la poésie qu'à 25 ans. »

Jean-Pierre est l'un des premiers à entendre Vigneault chanter en public, en 1960. Son imprésario de l'époque, Jacques Labrecque, le fait venir à la Boîte aux chansons, porte Saint-Jean à Québec, expressément pour écouter ce chansonnier pas comme les autres. Ferland tombe littéralement « sur le cul ». Ce qui le séduit le plus ? La fraîcheur du langage. Et puis, à cette époque, tous les Québécois aiment bien ce qu'on appelle le « tape-la-galette », une musique traditionnelle, presque folklorique, un genre dans lequel Vigneault excelle. Ferland appelle son ami, le réalisateur d'émissions de télévision Jean Bissonnette, qui cherche des artistes québécois pour une émission spéciale de *Music-Hall*, afin qu'il aille lui aussi à Québec découvrir ce chanteur. Curieux, Bissonnette demande à Jean-Pierre s'il accepterait que ce Gilles Vigneault, s'il est si talentueux qu'on le dit, fasse sa première partie. Mais Jean-Pierre décline l'invitation : « Pas cette année. Il est trop fort pour ça ! »

Ils se retrouvent en 1961, et Gilles Vigneault découvrira le sens de l'humour déconcertant de Ferland. Jean-Pierre est maître de cérémonie et présentateur à l'Anjou, rue Stanley. Il chante un petit texte d'introduction pour chacun de ses invités. Et pour Vigneault ce sera :

Larguez les amarres
On est embarqués
Gilles Vigneault est mort
Mort et enterré.

Il faudra du temps à Vigneault pour cesser de se méfier des blagues de Jean-Pierre Ferland.

Entre eux s'installe assez rapidement une saine compétition. Quand Vigneault compose *J'ai pour toi un lac*, Ferland réplique avec *Les immortelles*. Une bataille amicale. Ferland devient ami de Vigneault, à ses débuts, en partie parce qu'il est jaloux de son succès. Plus tard, il fera un clin d'œil au poète de Natashquan en incorporant un extrait de *La danse à Saint-Dilon* en plein milieu de sa propre chanson « tape-la-galette » *Swingez votre compagnie*. « Un bon jour, il l'a fait, sans m'en parler, et j'ai trouvé ça bon, me raconte Gilles Vigneault. Et en plus, il la chante mieux que moi ! Il a la voix qu'on connaît et moi, j'ai la voix... qu'on connaît. J'ai toujours été jaloux de la voix de Jean-Pierre. Je lui ai déjà dit : "Si j'avais ta voix, tu ferais ma première partie !" » Lors de ma dernière rencontre avec Jean-Pierre pour la rédaction de ce livre, il me confiera qu'il admire Gilles Vigneault pour avoir écrit *Gens du pays* qui remplace *Joyeux anniversaire*. « Moi, je veux faire la chanson qui remplacera *Ce n'est qu'un au revoir*. »

Mais leur compétition n'est pas uniquement professionnelle. Le 17 septembre 1964, au Café des artistes, Jean-Pierre croise la jolie Alison Foy qu'il drague ardemment. Cependant, étant obligé de s'absenter pour un rendez-vous, il lui demande de l'attendre en promettant de revenir rapidement. « Je suis revenu une heure plus tard, Vigneault était là : il me l'a enlevée sous le nez ! » Alison donnera trois enfants à Gilles Vigneault, et ils se marieront en 1976.

Ça fait maintenant quarante ans que Vigneault et Ferland se connaissent, quarante ans qu'ils se relancent, se taquinent, se piquent. Gilles aime bien se moquer de Jean-Pierre en le narguant : « Y a pas deux chansons pareilles, mais y en a qui se ressemblent, par exemple. » Et le jour où Jean-Pierre a célébré ses 70 ans, Vigneault lui a fait croire qu'il ne pouvait pas être de la fête. Il a fait son entrée à Saint-Norbert, après tous les autres invités, en jouant *Je reviens chez nous* sur son bugle.

Quand je rencontre Gilles Vigneault pour lui parler de Jean-Pierre, il me confie, avant de partir, une histoire qui illustre bien la tendre amitié qui unit le gars de Saint-Placide et le gars de Saint-Norbert. Un jour, Gilles est de passage à la ferme de Jean-Pierre. Celui-ci sort de ses tiroirs une antiquité, un petit fusil de chasse espagnol. Ils vont dans le champ tirer sur des assiettes lancées dans les airs. Jean-Pierre voit bien que Gilles adore tirer. Il remarque surtout que son ami ne cesse d'admirer l'arme qu'il a entre les mains. De retour chez lui, Gilles a ouvert le coffre de sa voiture et y a trouvé le fusil, placé là par Jean-Pierre.

Ces deux-là se voient régulièrement, sirotent un verre de porto et se parlent de tout et de rien. De musique, parfois. De nature, souvent. Et ça donne à peu près ceci comme conversation :

Vigneault : Comment se fait-il que deux érables de la même espèce, plantés l'un à côté de l'autre, ne soient pas de la même couleur ?
Ferland : Peut-être tout simplement parce que les sucs du sol se sont accumulés un peu plus chez l'un que chez l'autre.
Vigneault : J'ai vu un nouveau mot l'autre jour, un arbre « volis », sais-tu ce que c'est ?
Ferland : Non.
Vigneault : C'est un arbre dont la cime a été tranchée par le vent.
Ferland : Ben va-t'en donc !

Quand deux poètes se rencontrent, ils ne parlent pas toujours de chansons.

Les deux poètes Ferland et Vigneault cultivent leur amitié depuis maintenant quarante ans.

Ces deux-là se voient régulièrement, sirotent un verre de porto et se parlent de tout et de rien. De musique, parfois. De nature, souvent.

Vigneault et Ferland dans la cuisine de la maison de Jean-Pierre, à Saint-Norbert.

Le gars de Saint-Norbert (Ferland) et le gars de Saint-Placide (Vigneault) ont en commun l'amour de la poésie, de la musique et de la belle vie.

Gilles Vigneault et Yvon Deschamps viennent féliciter leur ami Jean-Pierre à l'un de ses lancements de disque.

JEAN-PIERRE VU PAR...
FRANÇOIS COUSINEAU

De 1987 à 1995, Jean-Pierre et moi avons vécu une grande période de complicité, d'amitié. J'ai été son chef d'orchestre pour les émissions de télévision *L'Autobus du showbusiness* et *Ferland-Nadeau*, mais ça faisait longtemps que j'étais un *fan* de Ferland. Quand Jean-Pierre était invité à une émission de télé où j'étais chef d'orchestre, c'était toujours la fête. Et puis on a fait BLEU BLANC BLUES ensemble. Ce que j'aime de lui, c'est son audace et sa fragilité, sa folie, son intensité, son côté non conventionnel et son panache ! On a beaucoup de passions en commun : les chevaux, la nature, la musique, les femmes, le vin et les beaux mots de la langue française. Souvent, j'entends Jean-Pierre dire que j'étais sûr de moi quand on travaillait ensemble. Mais ce qu'il ne sait pas, c'est que ce n'était que pour masquer ma propre fragilité, pour lui donner confiance en lui. C'est un ménestrel doué d'une voix extraordinaire qui te « grafigne » comme la main d'une femme dans ton dos. Ça m'a touché beaucoup qu'on soit moins proche qu'avant, j'ai eu comme une petite peine d'amour. C'était tellement agréable de travailler avec lui.

Propos recueillis par l'auteure.

L'HOMME TOUCHE-À-TOUT

PARCE QU'IL A TOUJOURS EU PEUR DE S'ENNUYER, JEAN-PIERRE FERLAND A VÉCU SA VIE « LA PÉDALE AU PLANCHER ». IL SERA TOUT À LA FOIS AUTEUR, COMPOSITEUR, INTERPRÈTE, ANIMATEUR RADIO, ANIMATEUR TÉLÉ, COMÉDIEN, PRODUCTEUR, ALOUETTE !

RADIO ET TÉLÉVISION
PRISE 1

Page précédente :
Jean-Pierre accorde une entrevue à la radio, sous l'œil vigilant de la journaliste de La Presse *Ingrid Saumart.*

Tout au long des années 1960, Jean-Pierre est présent à la radio et à la télévision, en continuant, en parallèle, sa carrière de chansonnier. Il compose pour l'émission de télévision *Du côté de chez Lise*, animée par Lise Roy, le thème musical *Du côté de la lune*.

La partition de Du côté de la lune, *l'indicatif musical de l'émission* Du côté de chez Lise.

Puis Jean Bissonnette, le réalisateur de l'émission *Les Couche-tard*, lui demande de composer les paroles et la musique de la chanson de ce populaire *talk-show* de Radio-Canada animé par Jacques Normand et Roger Baulu.

Regardez-les, les Couche-tard
Ils ont l'œil lourd et gris
Ils traînent le jour, les Couche-tard
Et poussent sur la nuit
On les arrose au whisky
Ces fleurs de macadam

Il signe aussi le thème de *Tous pour un* (ce qui lui vaudra d'ailleurs ce mot d'esprit de Jacques Normand : « Toi, Ferland, tu es un chriss-en-thèmes. ») Il écrit même le *jingle* d'une publicité pour l'analgésique Nervine dans les années 1960. Il n'en a pas oublié une seule parole : « Aye aye j'ai mal à ma caboche/aye aye j'ai mal à mon coco/aye aye j'ai au fond de ma poche/Des Nervine, aye, et moi j'ai plus de bobo. » Mais c'est surtout au micro et devant la caméra qu'il fera sa marque. À Radio-Canada, comme présentateur à *Du bout des lèvres*, et tout un été à CKVL. « Je faisais mon spectacle à Eastman le vendredi soir et, le samedi matin, j'animais à la radio à CKVL ! »

Jean-Pierre et l'animateur français Michel Drucker, dans un studio de télévision de Radio-Canada, en 1988, pour l'émission de variétés Champs-Élysées.

Jean-Pierre avec son premier chien, un superbe berger allemand, Vladimir, du nom du personnage qu'il interprétait dans La Boîte à surprise, *à Radio-Canada.*

« J'ai animé une émission de radio avec Michel Drucker. Dans les rues de Paris, on interviewait des gens, au hasard. Chaque fois que je vois Drucker, il me dit : "On avait du plaisir, hein, Jean-Pierre ?" Lui pensait qu'on avait du plaisir. Mais, moi, j'étais traumatisé. Il me disait : "Va interviewer la belle fille." Je partais, je prenais mon accent français et je l'avais à la perfection ! »

1961 : il joue le rôle de Vladimir dans l'émission pour enfants *La Boîte à surprise*, à Radio-Canada. « J'avais une grande plume et ma guitare, et je devais composer une chanson par semaine. Quand j'ai commencé dans ce métier-là, on me demandait toutes sortes de choses uniquement parce que je savais chanter. »

1961 : il est animateur de *Visite chez les chansonniers*, à la radio de Radio-Canada, avec son pianiste-accompagnateur Paul de Margerie. L'émission d'une demi-heure, enregistrée devant public, est présentée les samedis soir à 23 h 30. Chaque semaine, l'émission met en vedette deux chansonniers différents. Ferland y reçoit Claude Léveillée, Félix Leclerc, mais aussi ceux qui font partie, à l'époque, de la relève : Pierre Létourneau et Gilles Vigneault.

1962 : Les Bozos (mais sans Raymond Lévesque) font une émission de télé sous une tente de Radio-Canada, *L'Été des Bozos*, se promenant aux quatre coins de la province et jusqu'au Nouveau-Brunswick, pour l'émission *Caravane*.

Jean-Pierre dans le décor de l'émission Jeunesse oblige, *dont il anime de 1964 à 1966 le volet « Boîte à chansons », à la télévision de Radio-Canada.*

1964 : Jean-Pierre anime pour la télévision de Radio-Canada le volet *La Boîte à chansons* de la série *Jeunesse oblige*. Les enregistrements ont lieu au studio 42 de Radio-Canada, transformé en cave de boîte à chansons. *TV Hebdo* tombe sous le charme : « Il chante, il blague, s'amuse, joue de la mimique et du geste comme un poisson dans l'eau. » Des jeunes d'un peu partout au Québec sont invités à Montréal et, après une journée en ville, ils participent à l'enregistrement de l'émission qu'ils ont eux-mêmes préparée. Elle servira à faire éclore le talent de jeunes chanteurs québécois. Diane Dufresne y passera en revenant de Paris, de même que Robert Charlebois, Claude Dubois, Pierre Calvé et Claude Gauthier. Le réalisateur Pierre Monette se souvient des débuts de Ferland comme animateur télé. « Il était naturel. On vivait une période d'effervescence, c'était l'émergence d'une génération spontanée de chanteurs. On avait toute la liberté. » Ou presque. Monette affirme que la direction empêchera la diffusion d'une émission de *La Boîte à chansons* consacrée aux nouvelles chansons d'Hervé Brousseau, considérées un peu trop lestes.

En juin 1965, Jean-Pierre confie à *La Patrie* : « Si j'ai accepté cette continuité à la télévision, c'est que je me sentais dans mon élément. Tous les artistes étrangers qui ont participé à l'émission ont été enthousiasmés par l'ambiance qui y règne. Extraordinaire. Le plus sensationnel, c'est la curiosité des jeunes et leur sincérité. Ils croient à ce qu'ils racontent. Quand on commence à écrire des chansons, c'est qu'on a quelque chose à brailler ou à cracher. D'une façon ou d'une autre, on y trouve toujours la solitude. »

Jeunesse oblige est l'équivalent radio-canadien de *Jeunesse d'aujourd'hui*. On parle d'ailleurs à l'époque de la jeunesse Pierre-Lalonde (plus yéyé) et de la jeunesse Jean-Pierre-Ferland (plus branchée « chansonniers »). Il l'animera pendant un an et demi, et sera remplacé par Pierre Létourneau. Il part par crainte d'*overexposure*. Le *Journal des vedettes* du 26 mars 1966 titre, affolé : « Jean-Pierre Ferland veut abandonner la télévision ». Il dit à *Écho-Vedettes* à la même époque : « Ça a été extraordinaire. Je n'ai jamais été traité aussi bien. C'était merveilleux. Mais il faut que je laisse. Les gens ne viennent pas me voir dans les boîtes à chansons parce qu'ils me voient à la télévision. » Et aux *Nouvelles Illustrées* : « La télévision, c'est merveilleux, mais ça peut vous tuer d'une façon incroyable. Un chanteur, un chansonnier, c'est au départ un mythe pour le public [...]. Si le téléspectateur voit un artiste trop souvent, il finit par l'assimiler, le démystifier. Et lorsqu'il n'y a plus de mystère, il n'y a plus d'intérêt. »

1966 : Jean-Pierre présente pour le réseau anglais de Radio-Canada quatre courts métrages d'une demi-heure intitulés *Montréal 67*. Dans les rues de Montréal, Ferland donne une sorte de cours de Québec 101 pour *the Rest of Canada*. Il explique à ses compatriotes la Révolution tranquille : « On grandit et, quand on grandit, parfois les vêtements deviennent trop petits. Il ne faut pas avoir peur du changement. » Mais surtout il les conseille : « Si vous voulez savoir ce que nous, Canadiens français, pensons, écoutez les chansonniers. »

1969 : Il anime une série de douze émissions de variétés intitulée *Salut, Jean-Pierre*, coproduite par le Canada, Monaco, la Belgique et la Suisse. Il se promène en Europe et rencontre Serge Gainsbourg, Serge Lama, etc. À Montréal, il fait des émissions avec Renée Claude, Georges Dor et Robert Charlebois. La série est diffusée en Europe et au Canada, à Radio-Canada.

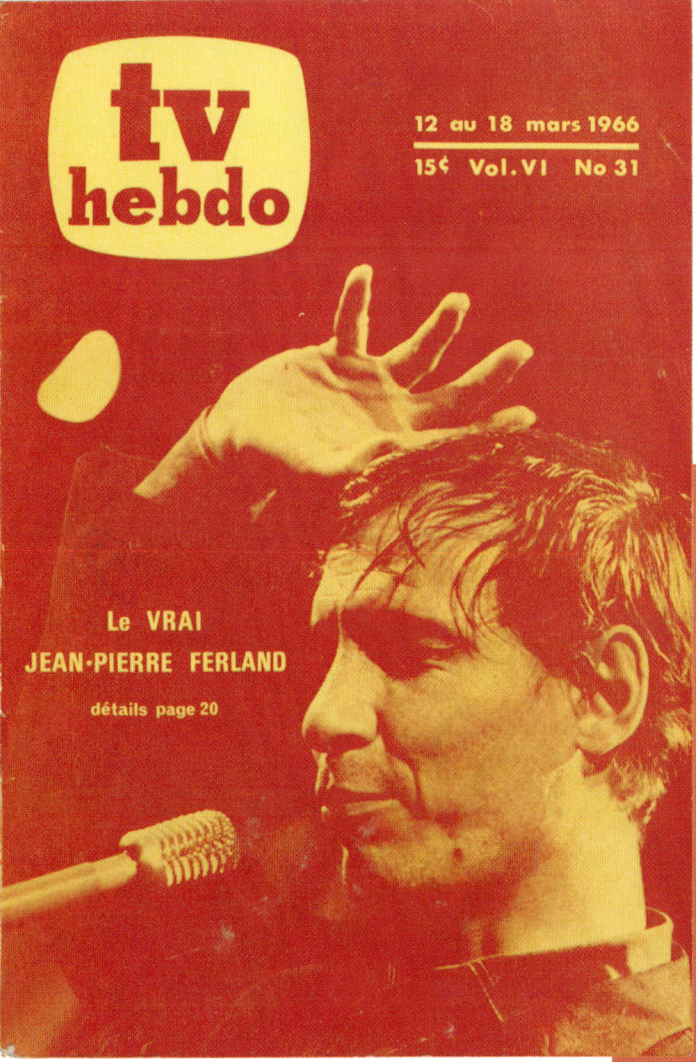

En mars 1966, Jean-Pierre fait la une du magazine TV Hebdo, *quelques mois avant de quitter la télévision par crainte d'*overexposure.

L'HOMME TOUCHE-A-TOUT

RADIO ET TÉLÉVISION
PRISE 2

Pendant le creux de la vague des années 1980, Jean-Pierre laisse de côté la musique et redevient animateur. Pour tout dire, c'est la musique qui le met de côté : le public le boude. Ses salles ne se remplissent pas. Un critique (un autre !) dit carrément qu'« un autobus est passé sur son encrier ». Qu'à cela ne tienne : il sera animateur à la télé jusqu'à la sortie de l'album BLEU BLANC BLUES. Et il fera beaucoup, beaucoup de sous.

C'est la période où il apparaît dans des publicités pour la première campagne d'économie d'énergie d'Hydro-Québec. Il est payé 80 000 $ par publicité (pour les versions française et anglaise) et en fait huit en trois mois. « J'étais tellement riche et j'étais seul. Je me demandais ce que j'allais bien faire avec ça. M'acheter une Ferrari ? Ça ne me tentait pas. Un avion ? Non plus. Je suis parti deux mois et demi sur un bateau de 65 pieds, ça m'a coûté une fortune. Mon banquier me disait que je n'avais pas le droit de dilapider tout ce que j'avais gagné. Ça a été comme ça jusqu'à ce que je rencontre Dyane, qui m'a stabilisé. »

Mais il n'est pas que la vedette de ces publicités. Il les coproduit avec Robert Vinet. Ce que l'on sait moins, c'est que Jean-Pierre a failli en être le concepteur. Il convainc le patron du réseau d'électricité Richard Drouin de sa capacité à écrire des concepts publicitaires. Avec son ami Pierre Duceppe, il travaille avec acharnement sur des capsules vantant les mérites de l'économie d'énergie. Son premier synopsis : on est chez lui à Saint-Norbert, dans la pénombre, dans le silence. Une table est mise pour un dîner en tête à tête. « C'est lorsque tu me manques que je m'aperçois que tu es précieuse », dit Jean-Pierre à celle dont il attend impatiemment le retour. Quand la lumière et la musique reviennent dans la maison, on comprend que l'absente en question n'est pas une femme, mais bien la « fée électricité » ! Est-il besoin de spécifier que les dirigeants d'Hydro-Québec ont refusé de donner le feu vert à une publicité commençant en pleine panne de courant ? Ils refuseront aussi son concept de carte du Québec recouverte de barrages électriques. On verra plutôt Jean-Pierre sortir de scène et éteindre une ampoule de 100 watts restée allumée derrière lui. Ou encore placer des lumières dans son sapin de Noël.

Le 14 février 1982, Jean-Pierre participe à l'émission spéciale de la Saint-Valentin à Faut voir ça, dans le cadre des Beaux dimanches de Radio-Canada.

De gauche à droite : Marie-Hélène Poirier (coanimatrice), François Cousineau (directeur musical) et Jean-Pierre Ferland (coanimateur), au lancement de l'émission Fleur de macadam de Radio-Québec en juin 1980.

Faut voir ça. Septembre 1978. Jean-Pierre est le premier artiste à participer à cette série présentée aux Beaux Dimanches de Radio-Canada. Chaque artiste invité est animateur de trois émissions de suite ; pour la dernière, il présente son propre spectacle.

Fleur de macadam. Été 1980. Avec la journaliste Marie-Hélène Poirier, il anime cette émission estivale diffusée directement du pavillon du Québec des Floralies pour la station éducative et culturelle Télé-Québec, qui, à cette époque, s'appelle encore Radio-Québec. Ferland veut que ce soit un « anti-talk-show » : pour la première fois, il réalise des interviews.

Station Soleil aura été pour Ferland un laboratoire formidable. « On pouvait faire ce qu'on voulait à Radio-Québec, c'était très ouvert. Je n'avais pas un texte écrit, j'improvisais pendant une heure sans publicités. » En 1981, Radio-Québec choisit, pour cette émission, une première formule bancale, avec trois animateurs successifs. Elle ne fait pas l'unanimité. En 1982, Jean-Pierre est seul à la barre de l'émission estivale, diffusée à partir du cabaret Les Deux Pierrots. Il la présente ainsi à l'hebdomadaire *TV Hebdo* : « Ça se passe en direct, en plein air, en accord parfait avec ce que devrait être l'été pour tout le monde. [...] C'est la chance exceptionnelle de rencontrer des centaines de nouveaux visages, de travailler en équipe, de rompre la solitude et de se laisser nourrir par les pensées d'autrui. » Marc Laurendeau, Andréanne Lafond et Pierre Bourgault font partie de son équipe de chroniqueurs.

Jean-Pierre sur le plateau de tournage d'une publicité d'Hydro-Québec.

La critique de télévision Louise Cousineau, de *La Presse*, le trouve « excellent » et écrit qu'il s'est révélé « un des meilleurs animateurs d'émissions de variétés que notre télévision ait connus. » Elle souligne sa chaleur, « le contact rare avec l'auditoire ». Marc Laurendeau me dit avoir été frappé par la grande créativité de Jean-Pierre. « Il faisait toujours des présentations originales. Un jour où l'on recevait George Thurston, il a fait la pirouette suivante : « Après Boule Noire, voici boule blanche », en présentant Pierre Bourgault ! Très souvent, c'est lui qui trouvait les concepts des semaines thématiques. » Pierre Duceppe est le producteur délégué de l'émission, Daniel Mercure assure la direction musicale. Jean-Pierre y recevra son ami Félix Leclerc en 1983, alors que celui-ci refuse toutes les invitations pour la télévision. Jean-Pierre animera *Station Soleil* jusqu'en 1987. Il dressera avec le journaliste Denis Lavoie, de *La Presse*, le bilan de son passage à cette émission : « J'ai une image qui colle bien à Radio-Québec, car on y fait encore place à la poésie, plutôt qu'aux commerciaux. Grâce à *Station Soleil*, j'ai été plus présent que jamais et j'ai eu un public (400 000 auditeurs) plus considérable que je n'en verrai jamais en spectacle. » Fort de ce succès, Jean-Pierre aurait voulu être bien plus que simple animateur à la station de la rue Fullum. Robert Vinet affirme avoir proposé à Radio-Québec Ferland comme *anchorman* ou chef d'antenne. Il aurait animé plusieurs grandes émissions spéciales de variétés par saison, participé à d'autres émissions et animé les lancements de saison. Bref, il aurait été l'image de la station, son porte-parole. Vinet a proposé. Ils ont refusé. Jean-Pierre est allé voir ailleurs s'il y était : à Radio-Canada.

L'ancien membre des Cyniques, Marc Laurendeau, le chroniqueur à Station Soleil, ne peut s'empêcher de jouer des tours à Ferland sur les photos de promotion de 1983.

C'est la chance exceptionnelle de rencontrer des centaines de nouveaux visages, de travailler en équipe, de rompre avec la solitude...

Marc Laurendeau, Jean-Pierre Ferland et René Lévesque en plein fou rire à Station Soleil.

RADIO ET TÉLÉVISION
PRISE 3

Vingt-cinq ans après avoir laissé Radio-Canada, qu'il a quitté simple rond-de-cuir, Jean-Pierre revient par la grande porte.

Son retour se fera avec *Tapis rouge*. Pendant la saison 1985-1986, il anime et coproduit avec Robert Vinet huit éditions de cette émission de variétés dans le cadre des *Beaux Dimanches*. Celle-ci porte bien son titre : Ferland déroule littéralement le tapis rouge pour des vedettes d'ici et surtout d'ailleurs, le « music-hall » international (chanson, théâtre, etc.). La formule est originale : pour son *Tapis rouge* avec Jacqueline Picasso, tourné au Musée des beaux-arts au beau milieu de l'exposition du peintre espagnol Pablo Picasso, les artistes invités (Claude Dubois, Nicole Croisille, Geneviève Paris, etc.) semblent tout droit sortis des tableaux. L'émission remporte un Félix en 1986.

Pour l'émission Tapis rouge *avec Jacqueline Picasso, Jean-Pierre prend la pose devant un tableau de Pablo Picasso au Musée des beaux-arts de Montréal.*

La photo de promotion de L'Autobus du showbusiness *à Radio-Canada, pour la saison 1987-1988.*

L'Autobus du showbusiness. Pendant deux saisons, 1987-1988 et 1988-1989, il anime et coproduit avec Robert Vinet cette émission de variétés, une sorte de *Ed Sullivan Show*, diffusée le dimanche soir, à Radio-Canada, avec des chanteurs et chanteuses de tous les styles, de toutes les générations. Après deux ans, la formule a fait son temps, le concept s'est essoufflé, et l'équipe a fait le tour des invités potentiels. Jean-Pierre est prêt à passer à autre chose. Notamment à TVA.

Sur le plateau de Tapis rouge, *Robert Charlebois et Jean-Pierre Ferland chantent devant une Jane Birkin charmée et un Serge Gainsbourg désintéressé.*

Mais la compétition est féroce. Tous les dimanches, *Tapis rouge* doit affronter *RSVP*, qu'anime René Simard à Télé-Métropole. Les cotes d'écoute de l'émission de Jean-Pierre ne sont pas assez fortes. La direction de Radio-Canada demande aux deux producteurs de modifier la formule et de ne faire que des émissions en studio. Robert Vinet déplore aujourd'hui cette « vision à court terme » du diffuseur. « Dommage, parce qu'on faisait de la nouvelle télé. Radio-Canada ne nous a pas donné une année pour bâtir cette émission. »

Tapis rouge offre quand même à Ferland l'occasion de se faire plaisir et de rencontrer des vedettes qu'il admire, mais qui, parfois aussi, le déçoivent. « C'est moi qui ai fait venir Serge Gainsbourg et Jane Birkin, j'ai dépensé une fortune, mais ça a valu la peine. À 11 heures, Gainsbourg était déjà saoul mort. On allait manger, il se couchait, revenait, on faisait un petit bout d'émission, et il se saoulait de nouveau. Heureusement que Jane Birkin était là parce que lui était tellement vulgaire ! Elle chantait et il disait : "J'ai baisé ça, moi, j'ai sucé ça." On lui a quand même fait un *party* à la fin. Je lui ai servi des fèves au lard de la Binerie Mont-Royal, dont il avait tant entendu parler, avec du champagne Cristal Roederer ! »

Jean-Pierre accueille, à leur arrivée à l'aéroport, Serge Gainsbourg et Jane Birkin, qu'il a invités à son émission Tapis rouge.

Dès l'été 1989, il co-anime avec son ancien collègue « annonceur » de Radio-Canada, Pierre Nadeau, *Ferland-Nadeau en vacances*, une émission quotidienne d'affaires publiques, qui allie l'art de la conversation de l'un et la rigueur journalistique de l'autre. Pierre Nadeau, qui anime déjà à TVA l'émission *L'Événement*, est enthousiaste à l'idée de travailler avec Jean-Pierre. « Nadeau me connaissait comme un "faiseux de cédule". Pour la première fois, on se retrouve à faire une émission ensemble. » « Il y avait une chimie entre nous qui passait très bien à l'écran, me dit Pierre Nadeau. C'était la rigolade, la bonne humeur. Je peux le dire aujourd'hui aux patrons de TVA : je l'aurais fait gratuitement pour avoir le plaisir de travailler avec Jean-Pierre. On a beaucoup ri, c'était un plaisir. Jean-Pierre a une perspective des choses très particulière et foncièrement humoristique. Ce n'est pas un homme de problèmes ou à problèmes. Le rapport quotidien avec lui est facile et chaleureux. »

À l'automne 1990, l'émission devient hebdomadaire et s'intitule : *Ferland-Nadeau en direct*, mais elle ne durera pas une année complète. En janvier 1991, la guerre du Golfe éclate, et les deux animateurs ne se voient pas faire des blagues en toute insouciance le dimanche soir, alors que la planète est à feu et à sang. C'est en ondes, en pleine émission, que Ferland apprend à Pierre Nadeau qu'il retourne écrire des chansons.

Après plusieurs années d'absence, il revient donc à ses premières amours. Il confie à Denise Bombardier, à l'émission *L'Envers de la médaille* : « Quand on est animateur pendant plusieurs années, on finit par ne plus savoir où est sa voie, son propre goût. On est obligé d'aimer tout ce qui nous entoure. Finalement, on ne sait plus où est-ce que l'on réside. Alors, quand on cesse d'être animateur, on a beaucoup de choses à dire, on a ravalé pendant plusieurs années. Maintenant, il faut les dire. »

Quand il remonte sur scène en septembre 1992 au théâtre du Nouveau Monde, il lance à ce public dont il s'est ennuyé : « Ça fait tellement longtemps que je n'étais pas monté sur une scène que j'avais oublié comment faire. »

Ces années de télé auront été bien plus qu'un interlude dans la carrière de chanteur de Jean-Pierre. Ce fut l'occasion, pour lui, de montrer qu'il pouvait faire autre chose. Il garde d'ailleurs un excellent souvenir de ces années d'animation : « J'étais tellement au courant de tout ce qui se passait, ça m'a gardé en contact avec le métier. » Mais il critique vertement les directions des stations de télévision qui n'ont à la bouche que les mots « cotes d'écoute ». « Je trouve ça dégoûtant ! Je ne veux plus traiter avec ces directions-là, qui ne sont que des comptables. Je préfère encore traiter avec les critiques, ils sont mieux que tous les directeurs de tous les postes de télévision », confie-t-il au *Journal de Québec*, le 21 mars 1992.

Pierre Nadeau et Jean-Pierre Ferland animeront Ferland-Nadeau en vacances, *puis* Ferland-Nadeau en direct *à TVA.*

Pour l'émission Tapis rouge, *qu'il anime et coproduit, Jean-Pierre fait venir à Montréal (en première classe !) le géant de la chanson Léo Ferré.*

Quand on est animateur pendant plusieurs années, on finit par ne plus savoir où est sa voie, son propre goût.

LE CINÉMA

INTÉRIEUR JOUR : SALON DE LA FERME DE SAINT-NORBERT
Un homme et une femme installés dans leurs fauteuils respectifs.
Il boit un gin tonic. Elle, un verre de rouge.

L'AUTEURE
T'as pas déjà fait du cinéma, toi ?

LE CHANTEUR
J'ai joué avec Guy Sanche dans *En haut de la pente douce*.

L'AUTEURE
Ça s'est bien passé ?

LE CHANTEUR
Tu parles ! J'étais tellement nerveux, j'avais juste à mettre une paire de claques, mais je tremblais tellement que le réalisateur ne savait pas quoi faire.

L'AUTEURE
Tu devais gifler Guy Sanche ?

LE CHANTEUR
Non ! J'étais pas capable de mettre mes « caoutchoucs ».

L'AUTEURE
Bon d'accord, pas la peine de t'énerver. T'as écrit un scénario aussi.

LE CHANTEUR
Oui, je l'ai écrit à Paris, quand je m'ennuyais. Je t'ai déjà dit à quel point je m'ennuyais à Paris ?

(Silence poli de l'auteure.)

LE CHANTEUR
C'était en 1966. J'ai soumis mon scénario de film à Alain Resnais. Je l'avais appelé de Montréal. Il m'a dit : « J'aimerais ça, vous voir. Rendez-vous au drusgtore ». Je suis parti de Montréal, j'ai pris l'avion, je lui ai donné mon scénario, on a parlé une demi-heure. Mais j'étais beaucoup trop timide à l'époque, maudit que j'ai manqué des affaires parce que j'étais trop timide ! Je ne voulais jamais déranger.

L'AUTEURE
Comment ça s'appelait ?

LE CHANTEUR
Le quatrième pilier de la tour Eiffel.

L'AUTEURE
Drôle de titre. Ça parlait de quoi ?

LE CHANTEUR
C'est l'histoire du fils d'un émigré breton qui reçoit en héritage un terrain près de Paris. Léger problème : la tour Eiffel, plus précisément son quatrième pilier, est construite sur ce terrain. Il veut donc l'exproprier !

L'AUTEURE
Comment il a réagi, Resnais ?

LE CHANTEUR
Je lui ai dit : « Je ne suis pas professionnel. » Il m'a répondu : « Je le souhaite. » J'ai ajouté : « Je ne sais pas raconter. » Il a répliqué : « Tant mieux. »

L'AUTEURE
Et ça n'a rien donné ? Dommage ! Mais j'ai devant moi un article du journal *Le Soleil* de 1974. Je te cite : « Il faut absolument faire un bon film québécois. Et comme pour la chanson, il va falloir que je me mette bientôt à y penser 18 heures par jour. » C'est quoi ce film qui occupait toutes tes pensées en 1974 ?

LE CHANTEUR
C'est *Chanson pour Julie* de Jacques Vallée. On a tourné ça en 1975, ici à Saint-Norbert pour économiser des sous.

L'AUTEURE
Petit budget ?

LE CHANTEUR
Très petit : 130 000 dollars. On a filmé en 16 mm, puis gonflé en 35 mm.

L'AUTEURE
Tu faisais quoi là-dedans ?

(Le chanteur se lève, va à la cuisine et, pendant qu'il se verse un deuxième gin tonic :)

LE CHANTEUR
Jacques Vallée me dit : « Veux-tu jouer dans un film ? Oui ? Alors, trouve le sujet ! » Un soir, j'ai écrit le synopsis, et Jacques Vallée m'a dit : « C'est bon, on tourne dans deux mois. »

L'AUTEURE
Ça racontait quoi ?

LE CHANTEUR
L'histoire de Julie (Anne Dandurand), qui tombait amoureuse de Paul, le chanteur dont son père Eddie (Frenchie Jarraud) était l'imprésario.

L'AUTEURE
Laisse-moi deviner, c'est toi qui faisais le chanteur ?

LE CHANTEUR
Bien sûr !

(Rires.)

Et j'ai signé la musique du film. J'ai composé la chanson *Vivre à deux* entre deux prises, pendant les longs moments d'attente qu'il y a dans tous les tournages.

L'AUTEURE
Me la chanterais-tu ?

LE CHANTEUR
Vivre à deux
C'est pas comme au cinéma
Vivre à deux
On a mal on ne s'en va pas
Vivre à deux
Je ne peux pas vivre sans toi
Vivre à deux
C'est tout mon passé qui s'en va

L'AUTEURE
C'est vrai que c'est une belle chanson. Ça a été un bon succès aussi. Et t'as aimé tourner avec Anne Dandurand ?

LE CHANTEUR

Je devais faire une scène de sexe, j'avais assez hâte ! J'y pensais depuis des jours. Ça me tentait. Puis arrive le moment de tourner la scène, dans le lit avec la fille, je me mets à trembler comme un enfant d'école !

L'AUTEURE

C'était pas fait pour toi, le cinéma.

LE CHANTEUR

Écoute ça : Anne Dandurand doit tourner une scène l'après-midi et elle se prépare pour son rôle, dès le midi, en pleurant. Deux heures arrivent, elle pleure encore. Finalement, on lui dit qu'on ne fera pas la scène, qui est remise au lendemain. J'ai alors pensé que le cinéma, c'était fini pour moi.

L'AUTEURE

C'est frustrant le cinéma ?

LE CHANTEUR

Et comment ! C'était frustrant d'attendre pour tourner les scènes, frustrant d'attendre la sortie du film. C'est pas comme une chanson : tu sais tout de suite en la chantant, selon la réaction des gens, si c'est un *flop* ou pas.

L'AUTEURE

Tu l'as vu, le film ?

LE CHANTEUR

Dans un cinéma de Laval. Il y avait quatre personnes dans la salle. À la fin du film, elles étaient toutes parties. C'était un navet.

L'AUTEURE

Tu dis ça aujourd'hui, mais, à l'époque, tu disais aux journalistes que c'était « un film d'envergure, qui peut être distribué à travers le monde ».

(Silence poli du chanteur.)

L'AUTEURE

Mais je t'ai vu aussi, il y a cinq ans, dans le premier film d'Alain Desrochers.

LE CHANTEUR

La Bouteille, en 2000. C'était l'histoire de deux amis qui se sont donné rendez-vous en 2000 pour déterrer la bouteille qu'ils ont enterrée quinze ans plus tôt dans le jardin de leur maison qui appartient maintenant à un couple de retraités.

L'AUTEURE

Tu jouais le rôle du voisin, un voyeur aveugle...

LE CHANTEUR

Un *play-boy* qui a une « blonde » 25 ans plus jeune que lui.

(Rires.)

L'AUTEURE

Y a pas que des désavantages au cinéma.

LE CHANTEUR

Y a quelques bons côtés...

(Et il prend une dernière gorgée de son gin tonic.)

De haut en bas : l'affiche du film Chanson pour Julie *avec Anne Dandurand, Jean-Pierre seul dans une salle de cinéma, Isabelle Brouillette et Jean-Pierre Ferland en aveugle dans* La Bouteille.

« IL FAUT MOURIR SA VIE, ET NON VIVRE SA MORT »

POUR TROMPER L'ENNUI, JEAN-PIERRE A TOUJOURS VÉCU INTENSÉMENT. SES MOTOS SONT RAPIDES, SES ANIMAUX, NOMBREUX, SES MAISONS, SPACIEUSES. MAIS, COMME TOUS LES CRÉATEURS, IL A DES CÔTÉS SOMBRES QUI REVIENNENT, TELS DES LEITMOTIV : LA LAIDEUR, LA TRAHISON ET LES EXCÈS DIVERS. COMME SES TITRES DE DISQUE, JEAN-PIERRE A UN CÔTÉ *SOLEIL* ET UN CÔTÉ *PLEINE LUNE*.

LA VIE DES CHAMPS

« Quand je faisais les foins pendant la semaine, ça dégageait tellement de poussière que, quand je chantais le samedi, je toussais tout le temps. Mais j'aimais ça ! »

Page précédente : Jean-Pierre fait boire un Coke à sa jument Mademoiselle, une habitude qu'elle a prise avec son propriétaire précédent !

Une ruche, un chat, un petit cheval blond
Tonton, la vie, c'est pas un marathon
Entre une courgette et trois radis
La vie des champs, Tonton
C'est la vie parfaite
La vie des champs

Jean-Pierre Ferland est un rat des villes devenu, au fil des ans, un rat des champs. Même dans sa période la plus citadine, où il vivait presque dans les discothèques, il a toujours possédé une résidence secondaire ou une maison, le plus souvent dans les Laurentides. Peut-être pour se reposer du tourbillon constant de son métier, ou encore parce qu'il lui était plus facile d'y travailler, loin du bruit (et des tentations) de la ville.

« Je suis allé de la ville à Sainte-Adèle, à Saint-Sauveur, puis à Saint-Norbert. Là, j'étais un vrai paysan. »

En 1972, de passage dans la région de Joliette, dans le petit village de Saint-Norbert, à la frontière des Laurentides et de la plaine du Saint-Laurent, Jean-Pierre s'arrête dans un rang pour demander à un homme s'il connaît des fermes à vendre. Quand celui-ci lève la tête, il lance à Jean-Pierre : « Je vous connais, vous, vous êtes le frère de Paul-Émile ! » Paul-Émile Ferland possède en effet depuis quelques années une résidence secondaire à Saint-Gabriel-de-Brandon. C'est cet inconnu dans son champ qui apprend à Jean-Pierre qu'une ferme est à vendre, un peu plus loin. C'est le coup de foudre. Jean-Pierre la paie 12 000 dollars, autrement dit, une bouchée de pain. Longtemps, il sera un vrai *gentleman farmer* qui fait son foin, l'été, et les sucres, au printemps, avec l'aide d'un voisin cultivateur, Jean Comtois, qui est aussi son homme de confiance. Il « fait » son bois, le fait couper au moulin et s'en sert pour faire des rénovations et des réparations à la maison.

Dans sa cabane à sucre, à Saint-Norbert, Jean-Pierre goûte le sirop de l'année.

Jean-Pierre me confie : « Je n'aurais jamais quitté ce métier-là si je n'avais pas eu la ferme. Je vais rester là où je me connais depuis 32 ans, c'est très important. »

Saint-Norbert, c'est son refuge, son point d'ancrage, son point de repère. Il l'appelle : « la maison de ma vie », comme d'autres disent « la femme de ma vie ». Une maison de ferme pièce sur pièce, le crépi enlevé laissant voir les planches équarries, bâtie il y a 225 ans. Elle est à son image : ouverte sur la nature, solide, chaleureuse. Quand il l'achète, Jean-Pierre ne connaît rien de la campagne. Dès le début, il n'ose même pas sortir chercher du bois le soir de peur de croiser des souris ou, pire encore, des couleuvres. Rien d'étonnant à ce que sa chanson préférée, celle dont il est le plus fier, soit *Je ne veux pas dormir ce soir*. C'est celle qui lui ressemble le plus. Celle d'un enfant qui a peur du noir.

Même ses amis les plus proches ne le reconnaissent pas quand il enfile ses fameuses bottes de caoutchouc. « Jean-Pierre est né en ville. Félix et moi, on est nés à la campagne, me précise Gilles Vigneault. Jean-Pierre à Saint-Norbert, et Jean-Pierre en ville, ce n'est pas le même homme, pas la même bibitte. Jean-Pierre ne joue pas les paysans, il est un paysan. La campagne, en le "désurbanisant", l'a beaucoup humanisé. »

La ferme, c'est aussi son lieu de travail : il y anime son émission *Écoute pas ça*, à la première chaîne de Radio-Canada, tous les dimanches, en direct, grâce à une antenne installée sur le toit.

Petit tour du propriétaire : une grange qui a déjà servi d'écurie, mais qui, désormais, tient lieu d'atelier de peinture pour sa femme Dyane, une cabane à sucre où il a enregistré son album acoustique ÉCOUTE PAS ÇA, un tracteur et un 4x4 pour faire joujou, une étable, une maison d'invités, un terrain d'un mille de longueur par un mille de profondeur (250 acres, 100 hectares), et un vieux marécage transformé en un magnifique étang.

« Quelqu'un viendrait demain matin m'offrir 10 millions de dollars, je lui demanderais : "Où est-ce que je vais aller, moi ?" J'ai souffert ici, j'ai travaillé ici pendant 32 ans. Quand ça allait mal, je coupais mes arbres et je me demandais : "Est-ce que tout ça va être encore à moi demain ?" Je ne pars jamais en vacances plus de deux semaines, parce que, après, je commence à m'ennuyer de la ferme. »

Après avoir retapé la maison, la grange, puis la clôture, Jean-Pierre se tourne vers le jardin. Il adore s'occuper des plates-bandes. Le désherbage comme forme de méditation ? Pourquoi pas. La saison commence avec les asperges, puis les radis, et elle finit avec les marguerites d'hiver. « J'aime prendre quelque chose de vert et mettre de la couleur là-dedans : c'est de la peinture, mais de la peinture éphémère. Il faut que ce soit beau, que la couleur soit intense. J'aime découvrir et maîtriser la nature. Le jardin, c'est la seule place où je me mets à genoux. Je me sens comme une plante moi aussi. J'aime revoir année après année les vivaces que j'ai plantées. Ma plante préférée, c'est la pelouse. Je suis tellement heureux sur ma tondeuse. Je chante à tue-tête : "Louise avec tes cheveux blonds/Tu fais bander tous les garçons/Louise avec tes cheveux blancs/Tu fais peur à tous les enfants." C'est un moment de pur bonheur. »

À Saint-Norbert, Jean-Pierre Ferland fait tout pousser. Tout, sauf des fleurs de macadam.

**Du thym, du trèfle, un peu de sarrasin
Les pieds dans l'aube et le nez dans le foin
Tonton, ma vie, c'est comme le paradis
La vie des champs**

Jean-Pierre me dit :
« La ferme, c'est ce qui
m'a rendu heureux. »

Jean-Pierre devant
sa maison de Saint-Norbert.

Jean-Pierre vient d'acheter
sa ferme à Saint-Norbert et fait
les foins pour la première fois,
avec son ami Jean Comtois
(chemise à carreaux).

« *Jean-Pierre ne joue pas les paysans,
il est un paysan. La campagne, en le
"désurbanisant", l'a beaucoup humanisé.* »
– *Gilles Vigneault*

MON ROYAUME
POUR UN CHEVAL

Jean-Pierre mesure le temps qui passe au nombre de chevaux qui ont traversé sa vie. Il peut énumérer, en ordre chronologique, presque d'une seule traite, les onze chevaux qui ont été ses compagnons au fil des quarante dernières années. D'abord Cowboy et Féfé, la jument noire. Puis, Bimini, « qui avait un pedigree plus long que mon extrait de baptême ». Suivirent Mademoiselle et Fer-à-Piton, à qui il a consacré une chanson. Un petit trou de mémoire, et on continue : Madame (une grosse Belge) et Garçon. Puis il y eut Gin (offert par Ginette Reno). Et Miss, la percheronne, la travailleuse, qui sortait tous les jours pour faire le transport du bois ou les sucres à Saint-Norbert, et qui était si grande que Jean-Pierre devait monter sur une boîte pour lui mettre son collier au cou.

Dans ses archives personnelles se trouve ce texte inédit sur les animaux qui ont fait partie de sa « basse-cour ».

En 1969, Jean-Pierre déclare au Journal des vedettes : « Il arrive un moment où l'on ne sait plus qui guide qui, où on ne peut plus rien départager, où l'homme et la bête ne font plus qu'un, et on a l'impression que le monde nous appartient. »

Et enfin, pour clore la liste, Sunbar (donné par André Perry) et Khan, morts de vieillesse en 2004, à 37 et 32 ans, alors que l'espérance de vie des chevaux est de 25 ans. Durant les mois qui ont suivi leur mort, Jean-Pierre fut incapable de parler de Sunbar et Khan sans pleurer. Aujourd'hui, quand il me raconte leurs dernières heures, sa voix tremble encore : « Je m'attendais au deuil depuis des années. Un matin, le plus jeune des deux s'est cassé un genou en se levant. J'ai appelé mon ami vétérinaire. On a mis les deux chevaux côte à côte, et on leur a fait une piqûre dans le cou, à l'un puis à l'autre. Ils avaient toujours été ensemble, ils sont tombés ensemble, l'un par-dessus l'autre, comme ils s'étaient aimés tous les jours de leur vie. »

Monique Ferland se souvient très bien d'avoir vu son frère, âgé de 18 ans, arriver devant la maison familiale un beau dimanche de 1952 avec un poney et un buggy à deux places, qu'il venait de louer au chalet de la montagne. Armand aurait mis la main sur l'épaule de son fils et lui aurait dit : « Mon garçon, tu ne frappes jamais cette bête. Frapper pour aller plus vite, c'est faire mal à un autre pour son plaisir. » Mais, dans ce domaine, Jean-Pierre n'avait pas besoin de leçons, jamais il n'aurait frappé cet animal qu'il aime plus que tous les autres.

D'où lui vient cet amour ? « C'est que, dit-il, le cheval est une proie, pas un prédateur. Toute sa vie, un cheval a peur de se faire mordre au flanc par les loups, il faut donc faire attention quand on les approche. Moi, mes chevaux n'ont jamais dormi debout, ils comprenaient très bien qu'il n'y avait pas de loups ici, à Saint-Norbert. Très souvent, quand ils étaient couchés, j'allais me coller contre eux. » Il sera particulièrement troublé, lors de sa tournée en Europe avec Mireille Matthieu, de voir que l'on bande les yeux des chevaux pour qu'ils n'aient pas peur des taureaux, lors des corridas. Il faut entendre Jean-Pierre vanter la beauté de la robe d'un cheval comme s'il s'agissait d'une femme. S'émerveiller devant la richesse du langage des chevaux (les oreilles pointées vers le bas). Et il prétend même n'avoir aucun dédain pour le crottin. Un vrai amoureux, quoi ! Et comment compare-t-il l'exaltation d'enfourcher une moto à l'ivresse de monter à cheval ? « La moto ? C'est pas pareil, c'est moi qui contrôle. Un cheval, c'est imprévisible. » Il en a la preuve en 1965, lors d'un tournage pour *Jeunesse oblige*, avec une équipe de Radio-Canada. À Sainte-Adèle, à son écurie, il est désarçonné et tombe de son cheval Cowboy qui lui écrase la cheville avec son sabot ferré. Il sera transporté à l'Hôtel-Dieu de Saint-Jérôme. Diagnostic : tibia et cheville cassés. Deux heures et demie d'opération pour lui insérer des tiges de métal. Il doit annuler une tournée : trois mois sans faire de tour de chant. Il engagera même une poursuite de 14 500 $ contre Radio-Canada, mais la retirera en se rendant compte de ce que ça lui coûterait en frais d'avocat. « Cet accident a bousillé ma vie, la crainte s'est installée chez moi. En plus, quand j'ai eu mon accident de motoneige, j'ai cassé la même jambe ! »

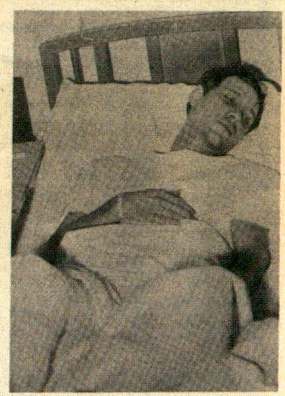

Maman Plouffe et Jean-Pierre Ferland, les deux accidentés de la semaine

Dernières nouvelles...

...tout début de la semaine ...re, deux artistes bien connus ...ublic ont été victimes ...idents fâcheux: Maman ...e (Madame Amanda Alarie) que le chansonnier Jean-... Ferland. La première s'est ... à un bras en faisant une ...ontreuse chute dans l'ap-...ent qu'elle occupe à la Villa ... Repos" de Sainte-Adèle. ... elle est en bonne voie de guérison, elle aura sans doute quitté l'Hôpital Fleury à la parution de ces lignes.

Le second blessé, Jean-Pierre Ferland, semble pour sa part plus sérieusement atteint. Il a fait une chute de cheval et s'est cassé la jambe à deux endroits: le tibia et la cheville. Les médecins, après l'avoir retenu deux heures et demie sur la table d'opération, lui ont imposé les tiges de métal et craignent que le chansonnier souffre plus tard de claustration.

Jean-Pierre que nous avons rejoint par téléphone à l'Hôtel-Dieu de St-Jérôme est impatient de connaître le diagnostic final de ses médecins. En attendant c'est Hervé Brousseau qui le remplace à "Jeunesse Oblige". A ces deux accidentés de la semaine, tous nos vœux sincères de prompt rétablissement.

— 20 mars 1965, TELE-RADIOMONDE/3

En 1965, Jean-Pierre se blesse en tombant de son cheval Cowboy et il se retrouve à l'hôpital en même temps qu'une autre célébrité de l'époque, Amanda Alarie.

Mais il n'y a pas que des chevaux dans la vie de Jean-Pierre. La ferme de Saint-Norbert a toujours plus ou moins ressemblé à une vaste ménagerie. Jean-Pierre a eu quatre chèvres (dont une Francine et une Rozette), jusqu'à vingt chats en même temps, des poules, des coqs (dont un Méo Penché), des oies et des canards. Un veau qu'il a élevé, fait tuer et mangé (on ne l'y prendra plus jamais). Et une paonne. Et n'oublions pas les douze visons femelles et les quatre mâles qu'il a élevés pendant deux ans et nourris à coups de foie de bœuf et de jaune d'œuf, pour finalement se rendre compte que le vison est un animal malodorant et, somme toute, assez stupide. Il s'est toutefois suffisamment bien débrouillé pour avoir, en moyenne, deux petits et demi par portée, assez pour constituer un petit manteau trois quarts à sa blonde de l'époque, Sylvie Bourque.

Pourtant, le p'tit gars de la rue Chambord découvre la nature sur le tard. L'annonceur de Radio-Canada Pierre Paquette se souvient que lors d'un séjour en Gaspésie avec son ami Jean-Pierre, dans les années 1960, il avait emmené celui-ci dans un club de chasse. Jean-Pierre avait été tout surpris devant la faune qu'il découvrait: il était persuadé que la perdrix avait quatre pattes!

De haut en bas, Jean-Pierre en compagnie d'un chien et de deux chats, d'une paonne, de deux moutons et d'une chèvre.

Ferland aime les animaux, c'est indéniable, mais cela ne l'empêche pas de se méfier des excès de certains écolos qui les placent plus haut que les hommes dans leur échelle de valeurs. Il ne se gênera pas pour mettre les choses au clair sur son album BLEU BLANC BLUES avec la chanson *J'ai coupé mon arbre*:

Les feuilles ont des veines
Complètement d'accord
Je te jure que j'aime
Mon chien Labrador
Mais la flore humaine, moi
Ça m'émeut deux fois plus
Qu'une tortue

En 1994, Jean-Pierre déclare au Journal de Québec: « Moi, j'ai le cœur d'un cowboy et l'âme d'un poète. »

Sur le terrain de sa maison à Sainte-Adèle, Jean-Pierre fait faire un tour de moto à la chanteuse, comédienne et animatrice Mariette Lévesque.

Sur la route 11 ❶ (à cent milles à l'heure!)

À cent milles à l'heure ❷
Sur la route onze ❸
Démaquillé
Sur une 750 c.c. ❹
On pense à rien
On parle à sa roue d'en avant
Ou tu prends la courbe ❺
Ou y a personne qui la prend
Des bras par devant
Des bras par derrière
La tête en fibre de verre bleu
Vert-bleu

À cent milles à l'heure
Sur la route onze
Hier est au niveau des deux carburateurs ❻
Demain est à fleur de macadam et de caoutchouc
Le beau moment ❼
Entre avoir peur
Et aller jusqu'au bout
Le feu du vent
Le son des deux
Une rose dans le dos ...

À cent milles à l'heure
Sur la route onze
Y a des pensées ❽
Qui pardonnent pas beaucoup
Comme un peuplier donne la vie immuablement!
Comme il la reprend sur la onze
Par son immobilité
Des bras par devant
Des bras par derrière ❾
La tête ailleurs
Il fait beau ...

On a modéré
Dans un champs de blé
On l'a dévalé ...

On a modéré
Dans un champs de blé
On l'a dévalé ...

À trente milles à l'heure
On s'est trouvé à tout voir de plus près
Pendant que nos chevaux soufflaient ...
Bonjour le jour!
Bonjour le ciel!
Bonjour les yeux fermés!
Son bras dans mon cou
Ma main sur ses jambes

À zéro mille à l'heure
Y a des pensées
Qui pardonnent pas beaucoup
Comme un besoin de s'arrêter
Bonjour le blé!
Bonjour le pain!
Bonjour le vin de blé!
Tous les trois tout-nus ❿
Tous les trois ensemble

Et sous le peuplier ...

À six cents milles à l'heure
Sur la route onze
Les portes s'ouvrent ⓫
Et les oiseaux s'envolent
À six cents milles à l'heure
Sur la route onze
Le bout du monde
Est à portée de soi

Le dimanche en plein été
Les maisons sont comme des sacs de thé

Thé vert ...

SUR LA ROUTE 11
Paroles : Jean-Pierre Ferland
Musique : Paul Baillargeon

1. **Sur la route 11** Une chanson qui se déroule comme un petit film, presque un *road-movie*. La « toune de char » par excellence. Depuis sa sortie sur l'album SOLEIL, en 1971, cette chanson fait chavirer les amateurs de moto.

2. **100 milles** 100 milles à l'heure = 160 km/h ; 188 km/h = vitesse à laquelle roulait Jean-Pierre, selon la Sûreté du Québec, quand on l'arrête pendant la nuit du vendredi 6 au samedi 7 juin 1997, à 3 h 55, sur l'autoroute 40 Est. Il conduit, non pas une moto, mais une Jaguar verte.

3. **Route onze** La route porte aujourd'hui le numéro 117. Mais ça se chante moins bien.

4. **750 cc** Jean-Pierre a eu cinq motos différentes : la première, une 250 Kawasaki (« J'étais vieux, j'avais 40 ans. »), une Honda, une Norton 750 cc, une 650 Kawasaki et, maintenant, un *trail bike* de 250 chevaux.

5. **Ou tu prends la courbe** Pendant la composition de l'album SOLEIL, André Perry, Gilles Talbot et Jean-Pierre offrent un *bike*, une Kawasaki 350 cc, au musicien Paul Baillargeon pour qu'il fasse plus rapidement le trajet, sur la route 11, entre son chalet de Sainte-Marguerite et la résidence de Ferland à Saint-Sauveur ! Paul Baillargeon m'avoue qu'il a souvent roulé à cent milles à l'heure, mais qu'il a détesté faire de la moto. « Je me disais : "C'est trop dangereux, je suis trop cowboy, je vais me tuer". J'ai tellement haï ça que j'ai fini par la vendre. Les gars étaient pas contents, mais un cadeau, c'est un cadeau ! »

6. **Deux carburateurs** Dans les années 1970, Jean-Pierre partage sa passion pour les motos avec le guitariste Michel Robidoux, le batteur Richard Provençal, Pierre Marcotte et le chanteur Pierre Lalonde, une sorte de club informel de motards qui se promènent en groupe l'été sur les routes des Laurentides. « Jean-Pierre m'avait acheté une moto, une Kawasaki 350 », raconte Michel Robidoux. « Il voulait faire de la moto, mais pas tout seul. »

Jean-Pierre s'amuse à tester une Norton 750 cc chez un concessionnaire.

7. **Fleur de macadam** Un joli clin d'œil, neuf ans plus tard, à sa propre chanson *Fleur de macadam* de 1962.

8. **Y a des pensées** En 1972, il explique au journaliste Denis Tremblay, du quotidien *Montréal-Matin*, la différence entre une auto et une moto : « En moto, t'es toujours sur la défensive ; en auto, tu fonces, t'es agressif. »

9. **Des bras par derrière** « Une fille assise en arrière de ta moto qui te prend dans ses bras, me dit Jean-Pierre, c'est l'affaire la plus sexy au monde. »

10. **Tout nus** Ce que Jean-Pierre aime le plus dans le fait de conduire une moto ? Être reconnu ! Arriver au coin d'une rue, voir une fille qui lui plaît et lui lancer un « Hey, viens-t'en. » « Quand ils ont imposé le casque obligatoire, j'ai dit *fuck you*, j'en voulais plus. Moi, je faisais ça pour flirter ! »

11. **Les portes s'ouvrent** Jean-Pierre remise bien précieusement sa moto dont il ne se servira que quand il aura fini sa longue série de spectacles d'adieu. Pas question de devoir annuler un spectacle à cause d'un stupide accident. « Mais quand ça va être fini, je vais prendre mon *trail bike* de 250 chevaux et *let's go*, on va y aller ! »

Le musicien Michel Robidoux est un amateur de moto. Il fera partie d'un club de motards (non criminels !) avec Jean-Pierre.

De nombreuses fois, Jean-Pierre me dit à quel point il a souffert de ne pas être beau. On peut se demander s'il exagère. Sur ses photos, jeune, il n'est pourtant pas repoussant. Loin de là. Mais dans les articles sur lui, à ses débuts, les journalistes, eux, ne se gênent pas pour souligner « son grand sourire chevalin » ou encore sa « figure chiffonnée ». Rien pour lui donner confiance en lui.

Dans ses archives, je trouve cette chanson inédite qui jette un éclairage nouveau sur ce complexe de Jean-Pierre. « Je n'ai jamais rien fait avec ce texte, mais je l'ai mis au propre, parce que je trouvais ça beau. C'est comique, c'est tendre. »

Dès ses débuts sur scène, Jean-Pierre a un visage très expressif : il mime ses chansons.

(suite)
Si un jour je reviens au monde
Gardez le fond[9] changez la fleur
Ce n'est pas mon âme qui gronde
C'est **l'air que j'ai**[10] à l'extérieur

Côté cœur, du côté tendre
Je ne voudrais pas trop changer
J'en ai mis du temps pour me comprendre
J'ai pas l'cœur à tout r'commencer

Si jamais je reviens sur terre
Plantez-moi où vous m'avez pris
Je n'ai pas honte de ma mère
Et j'aime beaucoup ce pays

Si jamais je reviens sur terre
Ne m'envoyez pas **comme je suis**[11]
Ne me faites pas **ordinaire**[12]
Comme Claude et comme Jean-Guy[13]

Je rêve, je rêve
Une femme avec un éventail
Et mon **beau corps**[14] sur son chandail
Je rêve, je rêve
Avec mes cannes et mes sabots
Avec mes doigts de dactylo
Je rêve, je rêve
Une femme m'appelle à contre-jour
J'arrive et elle tombe en amour
Je rêve, je rêve[15]

98 FERLAND

Paroles : Jean-Pierre Ferland

SI UN JOUR JE REVIENS AU MONDE

Même quand il n'a pas beaucoup de vêtements, Jean-Pierre a le souci de l'élégance.

01. Plus beau Armand Ferland répétait souvent à son fils Jean-Pierre qu'il avait un *million dollar smile*.

02. Plus fort « Bébé ni laid ni beau, ayant l'apparence d'un lutteur », écrivait sa mère dans le carnet de famille.

03. De grands yeux bleus Jean-Pierre affirme que même les frères de l'école Saint-Stanislas ne l'ont pas approché (ce qui n'a pas été le cas pour plusieurs garçons de sa génération). « Y en a pas un qui m'a essayé, je devais être laid en cr...! »

04. Un nez fin « Le visage, c'est la première chose qu'on regarde dans le miroir. Surtout quand on est petit : ce sont de petits miroirs, tu vois juste ta gueule dedans ! J'ai tellement souffert de ça que la première fille qui m'a regardé, qui m'a souri, je l'ai mariée ! »

05. Des bras pour les haltères Le jeune Jean-Pierre ne pèse que 60 kg (120 lb) et il n'ose jamais se montrer sur les plages en maillot de bain. Il a l'air d'une asperge ! Son rêve : engraisser, comme dans ces publicités qui montrent des gringalets faisant des haltères, changeant rapidement de forme, puis se promenant sur la plage avec, à leurs bras musclés, des jolies filles en extase. Mais rien à faire : ses frères engraissent facilement, et lui reste désespérément maigre.

06. Pectoraux « J'ai un gène très puissant qui fait que ma santé est extraordinaire, mais mes muscles ne grossissent plus. Je pratique tous les exercices nécessaires, mais je n'ai pas un beau corps. C'est pour ça que j'ai développé mon côté intellectuel plus que mon côté sportif. »

07. Fort et beau « On est toujours seul, on finit toujours avec sa gueule », écrit-il dans *Qu'est-ce que ça peut bien faire*.

08. Et me trouve beau « Combien de fois ça m'est arrivé, surtout dans tous mes voyages, de me pointer devant une fille et qu'elle me dise : "Je te trouve intéressant, mais j'aime bien mieux l'autre gars qui, lui, est musclé" ? Cent fois, au moins. »

Les imitateurs s'amuseront souvent à souligner les fameuses mimiques de Jean-Pierre en spectacle.

09. Gardez le fond « J'ai toujours été bien habillé, toujours soigné, même si je ne possédais pas beaucoup de vêtements. Des fois, je me regarde, et je me dis : "Coudonc, j'étais bien beau !" Mais c'est parce que les photos étaient en noir et blanc. Je n'étais pas si beau que ça. »

10. L'air que j'ai Jean-Pierre souffre d'acné comme à peu près tous les adolescents du monde entier. Mais, dans son cas, l'acné est purulent. Ce que les photos ne montrent pas, c'est l'immense blessure à son amour-propre. Jean-Pierre se trouve si laid, gêné de son visage couvert de boutons, qu'il hésite à se montrer devant les autres. Même un simple voyage en trolleybus pour partir de chez lui et se rendre rue Sainte-Catherine le met dans l'embarras.

11. Comme je suis Le jour de son premier mariage, sa petite sœur Monique s'assoit sur les genoux de Jean-Pierre et compte sur son visage le nombre de pustules : « Un bouton, deux boutons, trois boutons... », comme d'autres comptent les moutons pour s'endormir. Ce jour-là, elle en dénombre quarante. Jean-Pierre s'en souvient comme si c'était hier.

12. Ordinaire « C'est pour ça que je suis devenu ce que je suis. Quand tu es moche, tu te dis : "Moi, je ne resterai pas anonyme tous les jours de ma vie, parce que je ne suis pas beau, je vais travailler fort." Tu te mets à travailler sur une autre facette, pas sur le charme, juste la création. Devenir plus intéressant. »

13. Comme Claude et comme Jean-Guy une référence à deux prénoms qu'il trouve particulièrement insipides

14. Beau corps Jean-Pierre dit souvent : « Quand on vient au monde moche, on ne peut faire autrement que d'embellir en vieillissant. »

15. Je rêve, je rêve Sur l'album ÉCOUTE PAS ÇA, Jean-Pierre écrira la chanson *After Shave* pour dire qu'il s'accepte maintenant tel qu'il est. Avec ses rides et ses cicatrices.

SAINT JEAN-PIERRE,
PRIEZ POUR NOUS !

Difficile de croire que le Ferland qui a fait la fête dans les discothèques des années 1970, qui a ouvert des bars et qui en a fermé aussi, conquis des femmes, fait la noce et vécu « à cent milles à l'heure », « la pédale au plancher », touché à l'alcool et aux drogues, que ce Jean-Pierre-là aimait pu être dans sa jeunesse… un enfant de chœur !

Et pourtant, c'est bien vrai. Son frère Robert et lui portent la soutane et le surplis des servants de messe à l'église Saint-Stanislas. Anna Ferland s'assure chaque dimanche qu'ils sont bien propres et bien peignés. À quelques reprises, leur sœur Monique s'amuse de les voir se chamailler, à l'autel, devant monsieur le curé, pour déterminer lequel des deux aura le meilleur des rôles (celui de sonner les clochettes, bien entendu). « Jean-Pierre aimait déjà "performer" ! », dit-elle.

Il est croisé (comme tous les autres enfants Ferland), porte le béret blanc orné d'une croix dorée, puis fait partie de la Jeunesse étudiante catholique.

Et dire que Jean-Pierre aurait pu faire une carrière en religion !

Sur le balcon familial de la rue Chambord, Robert et Jean-Pierre Ferland, tout propres, prêts à enfiler les vêtements des servants de messe.

Alors qu'il étudie au primaire, Jean-Pierre reçoit la visite d'un frère qui recrute des postulants pour le Juniorat (l'enseignement religieux au secondaire en vue de devenir frère). Séduit, il en parle à sa mère qui refuse tout net. Jean-Pierre se met à genoux pour l'implorer : « Je vous en supplie, maman, vous allez me faire manquer ma vocation. » Anna Ferland lui répond de manière surprenante pour l'époque : « Finis ton secondaire d'abord, apprends la vie, découvre ce qui se passe dans le monde, et à la fin de ton secondaire, si tu veux toujours, on en reparlera. » Sa foi, sûrement sincère, a failli l'écarter du droit chemin de la chanson. Mais Jean-Pierre Ferland a tout de la grenouille de bénitier. « J'ai été tellement pieux, ça m'a suivi toute ma vie. Toute ma sexualité s'est développée à partir de là. Quand je faisais pipi, je me prenais juste par une petite peau. Je ne me suis jamais masturbé, j'avais trop peur du péché ! »

Son rapport à la religion est un mélange de culpabilité, de peur et de stress. Jean-Pierre se rappelle qu'on lui a demandé de lire un texte sacré en public : « Ils m'ont donné une prière à lire, mais j'avais tellement le trac que je n'ai pas pu lire tellement je tremblais. Quand le frère de l'instruction chrétienne m'a demandé pourquoi je n'avais pas lu, j'ai froissé le papier et répondu : "C'est parce que c'était illisible, le papier était tout froissé." Mais ce n'était pas vrai, j'étais mort de trac. »

Jean-Pierre va à la messe tous les jours de sa vie. Jusqu'au jour où il se marie : « Le jour de mes noces, au bas de l'autel, j'ai dit : "Mon Dieu, vous qui êtes mon père, je vous demande de retarder ma première tromperie le plus longtemps possible." Ça a pris une semaine. (Rires.) Quand je me suis marié la première fois, j'aimais déjà une autre femme. »

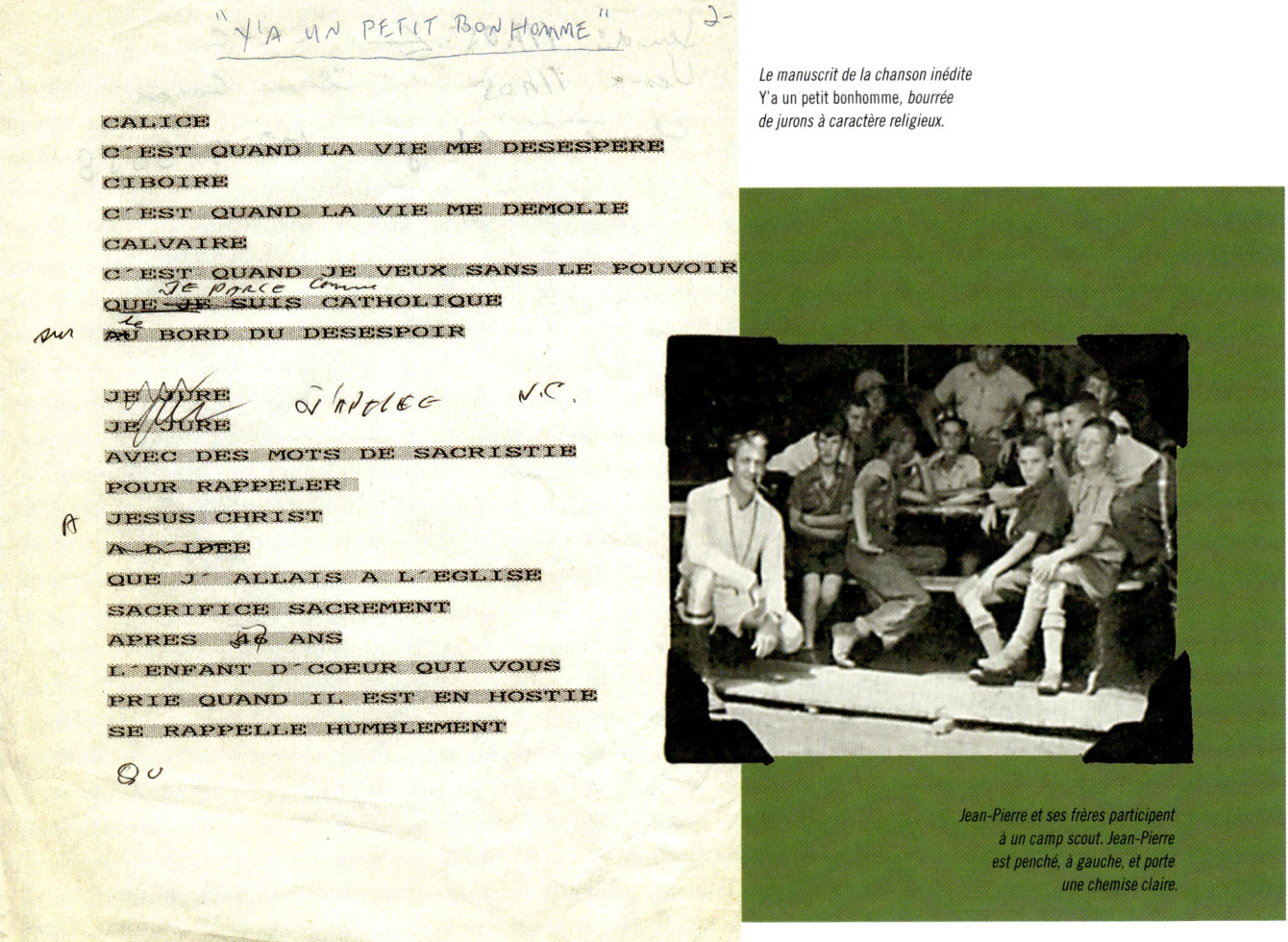

Le manuscrit de la chanson inédite Y'a un petit bonhomme, *bourrée de jurons à caractère religieux.*

Jean-Pierre et ses frères participent à un camp scout. Jean-Pierre est penché, à gauche, et porte une chemise claire.

Toute son enfance, Jean-Pierre rêve d'avoir 33 ans, puisque le Christ s'est sacrifié sur la croix à cet âge-là. Une fois adulte, pour exorciser sa relation trouble avec la religion, il écrit trois chansons inspirées de personnages bibliques : Marie, Joseph, Dieu lui-même et Jésus-Christ. (Petite note d'inspiration divine : une religieuse de l'Institut de pastorale a écrit au sujet de Jean-Pierre, dans les années 1960, une étude intitulée « Pierres d'attente de la Foi chez un chansonnier contemporain. »)

En 1963, il écrit une chanson pour sa mère qui adorait saint Joseph (un personnage religieux que lui, personnellement, trouve insignifiant). *Marie et Joseph* est une fort jolie chanson qui révèle le père et la mère de Jésus sous un jour très humain. Il imagine Joseph et Marie songeant à éviter à leur enfant son destin de fils de Dieu :

> *Sans en parler à personne*
> *Si nous le gardions pour nous [...]*
> *Jésus, c'est trop difficile*
> *Il y a beaucoup trop de croix.*

Sur JAUNE, en 1970, c'est bien sûr *God is an American*. Et puis sur SOLEIL, il ose écrire *Mon ami J.C.* On est en 1971, Andrew Lloyd Webber et Tim Rice viennent de présenter leur opéra rock *Jesus Christ Superstar* à Broadway. René Homier-Roy, qui interviewe Ferland pour le magazine *Nous*, laisse entendre qu'en écrivant cette chanson, Jean-Pierre n'a rien fait de plus que de succomber à une mode, ce dont il se défend bien : « C'est arrivé au moment où j'étais moi aussi complètement dégagé de la religion : on m'a simplement ouvert la porte, on m'a permis de parler à ma manière de choses que j'avais envie de dire depuis que j'étais tout petit. »

En 1974, il déclare au *Journal de Montréal* : « La religion a marqué ma vie et, surtout, elle a rendu plus frémissant l'amour que je peux exprimer. Autrement dit, si je suis ce que je suis, c'est à cause de la religion et de ses tabous. »

Mais il existe aussi une autre chanson signée Ferland qui parle de religion, une inédite tirée de sa boîte de papiers personnels. Elle s'intitule *Y'a un petit bonhomme*. Ce texte fait beaucoup rire Jean-Pierre qui ne l'a jamais relu après l'avoir glissé dans un tiroir. Et devant cette avalanche de jurons, il se confesse : « Je ne pouvais pas dire ces choses-là dans ce temps-là : câlisse, calvaire non plus. Je me suis toujours retenu, mais je pouvais l'écrire, ça me faisait rire ! »

Alors où se situe Ferland ? Est-il un « défroqué » de cette religion qui a marqué son enfance, un agnostique qui a évacué toute forme de spiritualité ? Aujourd'hui, quand je lui demande carrément : « Es-tu croyant ? », il répond laconiquement, mais avec un vaste sourire : « Ce serait dommage qu'Il n'existe pas. »

Quand l'album BLEU BLANC BLUES sort en 1992, on y trouve *T'es belle* mais aussi *Pissou*. Ça a de quoi surprendre. De Ferland, on est habitué de recevoir des chansons d'amour, pas des textes accusant ses compatriotes de manquer de colonne vertébrale. Cette chanson, la moitié des Québécois l'adorent, l'autre moitié la détestent. Un texte qui fait tache dans l'univers de Jean-Pierre. D'autant plus que dans ses papiers se trouve un autre écrit, à la fois l'ancêtre de *Pissou* et son antithèse. Comme si Jean-Pierre avait écrit *Une chance qu'on s'a...* pour son pays ! Autant l'inédite est douce, presque naïve, autant *Pissou* est cinglante et abrasive.

CHANSON SANS TITRE

1. **Mon beau petit pays** « Je me reconnais sur bien des extraits de la chanson. Je ne sais pas en quelle année je l'ai écrite. Mais pour que je parle du pays, il faut que ce soit bien vieux ! »

2. **Mon beau trésor** « Je trouve que je dis bien ces mots-là. Ce sont mes préférés. On les retrouve dans *La musique* et dans *T'es belle*. »

3. **Pisse sur la fleur de lys** En 1989, des manifestants de Brockville, en Ontario, foulent le drapeau bleu et blanc du Québec. Les images de mépris du fleurdelisé sont diffusées en boucle à la télévision. Le geste choque profondément les Québécois et devient le symbole du refus du *Rest of Canada* d'accepter l'existence d'une société distincte.

PISSOU[1]

Julie Ferland au lancement de l'album de son père, BLEU BLANC BLUES, en 1992. C'est elle qui a insisté pour qu'il enregistre la chanson Pissou.

On se pète la gueule, on se tord le cou
On a tellement peur de finir tout seul
On se tape les bretelles, on se greffe des tatous
On joue **l'patriote**[2], on joue l'mercenaire
Mais par en arrière on prend son trou
On est des pépères, on est des nounous
On a tellement peur du propriétaire
Des coups d'pieds dans l'mur, des morsures de loup
Des rages de culture, des matières de goût
Mais par en arrière on prend son trou
On pique des colères, on gueule à grands coups
Mais par en arrière, par en dessous
On est **pissou**[3]
On fait des manières, on fait des discours
Mais par en arrière, par en dessous
On est pissou, on est pissou
Câlisse de calvaire[4], les baguettes en l'air
Mais par en arrière, par en dessous
On est pissou
Pissou, pissou, on s'en fait accroire
Pissou, pissou, on s'cache dans l'terroir
On se conte des histoires
Un jour un beau loup, un beau loup pissou
Est mort sans s'en apercevoir
Il s'est enfermé à force de pisser
Tout autour de son territoire
On pense qu'on est brave parce qu'on est baveux
On croit qu'on se révolte quand on est furieux
On s'lève de bonne heure, on brasse la cabane

On part la chicane, on fait l'bras d'honneur
Mais par en arrière on prend son trou
On voit la misère partout sur la terre
On revient chez nous la tête la première
Maudit qu'on critique, maudit qu'on rouspète
La buée dans les barniques, la broue dans l'toupet
Mais par en arrière on prend son trou
Des bottines de fer, des blue-jeans à clous
Mais par en arrière, par en dessous
On est pissou
On est fiers de nous, on pète d'la broue
Mais par en arrière, par en dessous
On est pissou
Câlisse de calvaire, on prend nos grands airs
Mais par en arrière, par en dessous
On est pissou, on s'en fait accroire
On s'cache dans l'terroir, on s'conte des histoires
Quand un gros bœuf de l'Ouest
Pisse sur la fleur de lys[5]
On s'garoche un Mae West
Quand **une clam de Newfie**[6]
Nous traite de Pepsi
On fly à Miami
Alouette[7], gentille alouette
Alouette, je t'y plumerai
Je t'y plumerai la tête et les fesses et le bec et les pattes, Alouette Ah !
Ah !
(C'est fou comme c'est doux, un air de pissou)
(C'est fou comme c'est doux, un air de pissou)
(C'est fou comme c'est doux, un air de pissou)

---

1. Pissou « Les Québécois sont des peureux, je l'ai toujours pensé. Un jour, je l'ai dit. Avec un brin d'humour. »

2. Patriote Parce qu'en revenant de France il accepte de jouer à la Saint-Jean et à la fête du Canada, la pasionaria Pauline Julien lui reproche son ambivalence, l'accuse de manger à tous les râteliers et le trouve tiède. Ils ne se reparleront plus.

3. Pissou Le jour de ses 21 ans, Julie Ferland rend visite à son père à Saint-Norbert. Jean-Pierre sort sa guitare et annonce à sa fille qu'il veut lui faire écouter « quelque chose ». Il lui chante *Pissou* au complet, mais lui confie qu'il n'a absolument pas l'intention de l'« endisquer ». « Je ne te parle plus si tu ne la fais pas. Ce sera toi, le pissou », lui dit-elle. Pour lui faire plaisir, il l'enregistrera donc sur l'album BLEU BLANC BLUES.

4. Câlisse de calvaire La seule phrase que Jean-Pierre regrette d'avoir écrite. « Je trouve ça pénible quand on doit aller chercher quelque chose de vulgaire pour plaire. »

5. Pisse sur la fleur de lys Voir note ci-contre au numéro trois, dans la chanson inédite.

6. Une clam de Newfie Une référence assez claire aux événements de 1990. Le député Elijah Harper s'est opposé à l'accord du lac Meech à l'Assemblée législative du Manitoba. Clyde Wells, le premier ministre de Terre-Neuve (qui est sûrement le Newfie dont parle Jean-Pierre), a refusé que l'on passe au vote dans sa province. Résultat, l'accord n'a pu être entériné dans les délais prévus, et le rêve de réintégrer le Québec dans le giron canadien a sombré au fond du lac Meech.

7. Alouette Une référence à la chanson folklorique, mais aussi sûrement un clin d'œil à Félix et à sa chanson *L'alouette en colère*.

LA GLACE NOIRE

La glace noire, c'est cette couche de glace trompeuse qui, l'hiver, recouvre les routes du Québec, et est à l'origine de nombreux accidents. En quelques secondes, le conducteur perd le contrôle de son véhicule, et la vie bascule.

> *Je suis sur la glace noire*
> *Je peux pas m'arrêter*
> *Les deux pieds sur le frein*
> *Je visse et je dévisse*
> *Et je glisse*
> *Je pense à elle tout le temps*
> *La glace noire*

J'ai toujours cru que cette chanson parlait d'infidélité. Et que « elle » était une femme. Ferland me corrige : « elle », c'est la cocaïne, et il a composé cette chanson pour un ami musicien qui n'a jamais su s'arrêter. Mais la glace noire pourrait aussi faire référence à tous les moments où la vie de Jean-Pierre a dérapé.

UN TOUR DE CHANT « DÉGOÛTANT » ET « SALE » – 1962

Première controverse autour de sa chanson *Les framboisiers*, considérée comme trop osée ou même carrément immorale. Elle suscite d'âpres débats à la radio et dans les journaux. Du haut de sa chaire, le curé de la ville de LaSalle qualifie le tour de chant de Jean-Pierre et son apparition à l'émission *Les Couche-tard* de « dégoûtant » et de « sale ». En 1964, Jean-Pierre dit à Jean-Paul Sylvain des *Nouvelles illustrées* : « La controverse est morte, mais la chanson dure. C'est le principal. » Quand il réintègrera la chanson à son répertoire, après trente ans sans la chanter sur scène, Jean-Pierre la présentera en disant que cette chanson lui a coûté cher. Difficile aujourd'hui de comprendre pourquoi, en relisant ces paroles qui paraissent tout à fait inoffensives :

> *J'ai beau me forcer pour être vicieux*
> *Mais toi tu te fermes toujours les yeux*
> *[...]*
> *On s'prend le cul pour un framboisier*
> *On fait l'amour comme des pieds*
> *Et après on se demande pourquoi*
> *C'est bon, mais ça dure pas*

TOUT ÇA POUR UNE HISTOIRE DE "FESSES" – 1974

Jean-Pierre compose pour Ginette Reno *T'es mon amour, t'es ma maîtresse* qu'il fait rimer avec « t'es mon amour de la tête aux fesses ». Shocking ! En juillet, à l'émission *Bon dimanche*, au Canal 10, Jacques Duval, qui n'a pas fait de critiques de disques depuis sept ans, remplace le critique de disques Gilles Talbot (qui se trouve être le conjoint de Ginette Reno, son gérant et le gérant de Jean-Pierre Ferland ! Faut croire qu'à l'époque, la notion de conflit d'intérêts était différente). Il jette le 45 tours de Reno et Ferland dans le fond de la poubelle de son cimetière du disque. Duval estime que Ferland a placé le mot « fesse » uniquement pour vendre des disques. Quelques jours plus tard, il confronte Gilles Talbot sur les ondes de CJMS. Ce dernier n'en revient pas : « Faire un débat sur le mot "fesse" en 1974, c'est inimaginable ! Il n'y a que les religieux vieux jeu ou quelques vieilles punaises de sacristie qui pourraient s'en offusquer. » Une partie de la population considère la chanson osée (on est pourtant en 1974 !), et des *fans*, outrés que Ginette, une bonne mère de famille (de deux enfants) chante le mot « fesse » avec Ferland, l'inondent de courrier. De là à traiter Jean-Pierre de pornographe, il n'y a qu'un pas. *Échos-vedettes* organise un concours Reno-Ferland et pose à ses lecteurs la question suivante : Êtes-vous choqués par le mot « fesse » ? Prix : 100 disques à gagner.

JEAN-PIERRE FERLAND S'EN PREND AUX RADIOS PRIVÉES – 1999

Le 9 novembre, au gala annuel de la SOCAN qui perçoit les droits d'exécution publique des chansons, tout le gratin de l'industrie de la musique est réuni pour s'autocongratuler. Jean-Pierre reçoit le Prix national pour l'ensemble de sa carrière. Comme le gala n'est pas diffusé à la télévision ou à la radio, les artistes se parlent entre eux, se disent les « vraies affaires ». Mais ayant un micro dans les mains (et peut-être un verre ou deux de trop dans le nez), Jean-Pierre en profite pour dénoncer les radios privées qui ne font plus passer assez de bonnes chansons. Et il lance un retentissant : « Fuck you, les radios. Fuck you, CKAC. On n'a pas besoin de vous autres. » Les jours suivants, les journaux ne parlent que de cela. Il justifie son geste auprès de *La Presse* : « C'est tout le Québec qui écoute les mêmes chansons. Je ne les hais pas, je ne les méprise pas non plus. J'essaie juste de les secouer. C'est parce que je suis en vie qu'il faut que je parle. » Michel Rivard animait le gala ce soir-là : « La sortie était drôle, ressentie et, quant à moi, totalement à sa place. Ça ne m'a pas choqué, au contraire, je l'ai trouvée bien drôle », me confie-t-il pas heureux.

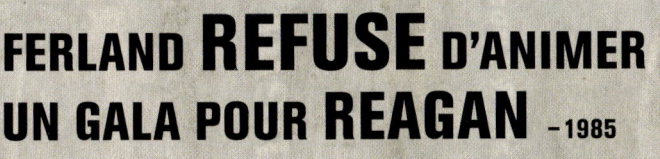

FERLAND REFUSE D'ANIMER UN GALA POUR REAGAN –1985

Sommet Canada-États-Unis à Québec. Controverse autour de la participation d'artistes québécois au gala donné par Brian Mulroney en l'honneur de Ronald Reagan. Jean-Pierre Ferland refuse d'animer la soirée, affirmant que les textes qu'on veut lui imposer « briment sa liberté de parole ».

PLUS DE DEUX HEURES, SEUL DANS LE BOISÉ, À HURLER DE DOULEUR –1999

Le 24 janvier, Jean-Pierre met la touche finale à son album L'AMOUR, C'EST DE L'OUVRAGE. Le 25, il est victime d'un accident tout bête aux conséquences graves. Il fait de la motoneige près de l'auberge Sacacomie, à Saint-Alexis-des-Monts. Même pas en conduisant (il se définit pourtant comme le Evil Knievel de l'Union des artistes) ! Il chute sur une surface glacée en descendant de son bolide. Pendant que sa femme Dyane va chercher des secours, il passe plus de deux heures, seul dans le boisé, à hurler de douleur. Lui revient en mémoire cette image de son chien mort dans la douleur. Il subit une intervention chirurgicale à l'hôpital du Sacré-Cœur : on lui insère des tiges de métal dans son fémur fracturé et deux autres, dans la hanche. La tournée pour son album est reportée. Il devra faire de la réadaptation et carrément réapprendre à marcher. Le fringant Ferland sera d'abord en fauteuil roulant, puis en béquilles et enfin en « marchette ». Prémonition ? L'AMOUR, C'EST DE L'OUVRAGE comporte de nombreuses références aux jambes... ainsi que la chanson La glace noire.

ARRÊTÉ À 4H DU MATIN IL ROULAIT À 188 KM/H DANS SA JAGUAR –1997

Jean-Pierre est en général plutôt chanceux. Mais quand ça va mal, il vit une suite ininterrompue de problèmes. L'année 1997 peut être qualifiée d'*annus horribilus*. Problèmes d'ouïe, faiblesse au cœur et altercation avec les policiers. Pendant la nuit du vendredi 6 au samedi 7 juin 1997, à 3 h 55, Jean-Pierre est arrêté sur l'autoroute 40 Est, à la hauteur de Lavaltrie (en route vers Saint-Norbert), au volant de sa Jaguar verte 1995. Selon la Sûreté du Québec, il roulait à 188 km/h. Toujours selon la Sûreté du Québec, il présente des signes de facultés affaiblies et aurait refusé de se soumettre à un test d'« ivressomètre ». La tempête médiatique sera féroce. Sa femme, Dyane, affirme que Jean-Pierre a eu peur de perdre l'amour du public. Mais quand il monte sur scène au Festival d'été de Québec en juillet 1997, le public lui réserve un tel triomphe qu'il lance avec humour : « Si j'avais su que vous seriez si gentils, j'aurais pesé sur le "gaz" pour arriver plus vite ! »

IL CHANTE POUR LES HELL'S –2000

Au mariage de René Charlebois, un Nomad, allié des Hell's Angels, Jean-Pierre chante à l'église, Ginette Reno à la réception. Pendant des semaines, les journalistes et le public reprocheront à leurs deux vedettes de s'être associées à des criminels notoires. Jean-Pierre affirme qu'il n'a pas été payé et qu'il ne peut refuser de chanter quand on le lui demande. « Quand je suis arrivé là, je ne savais pas que je chantais pour les Hell's. Quand je les ai vus, je ne voulais pas mettre les pieds dans l'église. On m'a dit : "Ils t'attendent." J'ai eu peur, je suis rentré. Mais aujourd'hui, il faut prendre ça avec un grain de sel. Dans mon spectacle, je dis aux gens : "À la fin de *La route 11*, vous allez me faire un son de Harley Davidson et ne vous trompez pas, parce que j'ai déjà chanté pour eux !" »

JEAN-PIERRE VU PAR... MICHEL RIVARD

Ma mère vient du même quartier que Jean-Pierre. Elle était d'ailleurs amie avec l'un de ses frères. Alors chez nous, quand j'étais petit, on écoutait beaucoup du Jean-Pierre Ferland. On s'est rencontrés la première fois pour son album LE SHOWBUSINESS, avec les membres de Beau Dommage. On se retrouve en tout petit sur la photo de groupe sur la pochette de l'album. Nous faisions partie de l'autobus du showbusiness (Rires.) On a travaillé ensemble en 2000, pour le spectacle des Francofolies, à trois, avec Daniel Bélanger. Ce n'était pas évident au départ. Jean-Pierre est un individualiste qui aime être le centre d'attraction. Mais contre toute attente, ça a été une collaboration avec un grand C. Il était très généreux de ses chansons. Et quand j'ai chanté *Ginette*, que je n'aime pas particulièrement chanter, il faisait le refrain avec sa voix de crooner, de Don Juan. C'était très drôle. La magie s'est ressentie dans le spectacle. C'est là que j'ai découvert Jean-Pierre en dessous de la carcasse, au-delà du personnage qu'il s'est créé. Ce personnage du gars qui sera un Don Juan jusqu'à 88 ans, qui a tout inventé avant tout le monde, qui n'est pas capable de faire une phrase sans parler de lui. Il n'y a personne d'autre qui peut le faire avec autant de finesse que lui. Et on peut toujours en rire avec lui ! Il a une plume extraordinaire et trouve des images qui lui ressemblent. *Écoute pas ça* est l'une des plus belles chansons qu'il ait écrites. Il a fait deux albums qui ont été des balises dans l'histoire de la musique : JAUNE et ÉCOUTE PAS ÇA. Quand tu as deux albums comme ça dans une carrière, c'est pas mal ! »

Propos recueillis par l'auteure.

SA PÉRIODE JAUNE

LES BRITANNIQUES ONT L'ALBUM BLANC DES BEATLES, LES BELGES ONT L'ALBUM BLEU DE JACQUES BREL (*LES MARQUISES*) ET NOUS, LES QUÉBÉCOIS, ON A L'ALBUM *JAUNE* DE FERLAND. DANS L'HISTOIRE DE LA CHANSON QUÉBÉCOISE, LA DÉMARCATION ENTRE L'ANCIEN ET LE NOUVEAU MONDE EST CLAIRE : IL Y A AVANT *JAUNE* ET APRÈS. UN ALBUM-CONCEPT DEVENU UN ALBUM-CULTE. TOUT Y EST : LA MODERNITÉ DE LA MUSIQUE, LA QUALITÉ DE L'ENREGISTREMENT, L'ORIGINALITÉ DES ORCHESTRATIONS ET... L'ÉNORMITÉ DU BUDGET !

L'ÉCRITURE DE JAUNE

*Page précédente :
Jean-Pierre en pleine session d'enregistrement.*

Comment l'homme qui écrivait *Je reviens chez nous* en 1968 peut-il arriver deux ans plus tard avec *God is an American*? Passer de chansonnier à chanteur psychédélique? C'est un virage à 180 degrés, un changement de cap assez remarquable. Pour le comprendre, il faut faire un petit détour par la Place-des-Arts.

Janvier 1969. Guy Latraverse présente à la salle Wilfrid-Pelletier *L'Osstidcho*, cet « anti-spectacle » qui a déjà fait fureur au Théâtre de Quat'Sous et à la Comédie canadienne et qui est rebaptisé, pour l'occasion, *L'Osstidcho meurt* (Guy Latraverse l'appelle *L'Osstidcho King Size*). Claudine Monfette (Mouffe), Robert Charlebois, Louise Forestier, Yvon Deschamps et les musiciens du Jazz libre du Québec cassent la baraque. Chantent *Lindberg* et *California*. Wow! De la chanson québécoise, en français, avec des guitares électriques. Du rock psychédélique en joual? Re-wow! C'est l'imagination mise au pouvoir, un électrochoc pour le milieu artistique.

Jean-Pierre est aujourd'hui catégorique: il n'a pas vu *L'Osstidcho* et se fâche dès que quiconque affirme le contraire. Il n'a pas pardonné à René Homier-Roy d'avoir écrit qu'il était sorti de *L'Osstidcho* « bouleversé, apeuré, éperdu ». « On venait de lui faire la preuve qu'un genre nouveau était né, et il ne savait absolument pas s'il y avait sur cette vague nouvelle de la place pour lui », écrira le journaliste dans son magazine *Nous* en 1975. Pourtant, Francine Chaloult affirme avoir vu Jean-Pierre sortir en pleurs de la loge de Guy Latraverse à la Place-des-Arts. « Il est parti après vingt minutes, me confirme Guy Latraverse. Jean-Pierre mourait, il se faisait tuer artistiquement. Je le vois mourir, lui, un poète! *L'Osstidcho*, c'est un coup de poing en pleine face, mais un coup de poing qui va déclencher JAUNE. »

Alors, entre la version du chanteur et celle de son entourage, qui croire? Qui dit vrai?

Jean-Pierre Ferland, Mariette Lévesque et Michel Robidoux à Sainte-Adèle.

Une chose est sûre: dans les jours qui suivent, Jean-Pierre, de passage à Montréal alors qu'il habite encore à Paris, vit un coup de foudre musical. Il fait la connaissance du complice de Robert Charlebois, le guitariste Michel Robidoux, l'amoureux de son attachée de presse Francine Chaloult, le fils de l'animateur radio et chanteur Fernand Robidoux. Cet enfant de la balle, qui était de l'aventure de *L'Osstidcho,* est alors rien de moins que la crème des guitaristes, un surdoué qui ne sait pourtant ni lire ni écrire la musique. Le musicien et le chanteur ont des atomes crochus. Michel admire en Jean-Pierre l'auteur de *La mort du cerf d'Amérique* (« Ça me donnait des frissons », me dit Robidoux). De son côté, Jean-Pierre a besoin d'un allié musical moderne, « dans le coup ».

René Homier-Roy me décrit le Robidoux de l'époque: « Le charme sur pattes! Un être absolument délicieux. Il devait percevoir les ondes de Jean-Pierre, de la même façon qu'il avait perçu celles de Charlebois. » Le journaliste ne croit pas que *L'Osstidcho* a été pour Jean-Pierre un changement de cap, mais plutôt un déblocage. « Il a libéré des sentiments qu'il ressentait, mais il n'avait jamais pensé en faire des chansons. Tout ce qui lui manquait, c'était la bonne équipe. »

Jean-Pierre à Paris, dans ses beaux appartements de l'avenue George-V.

Quelques mois plus tard, Michel Robidoux est à Paris, où il accompagne notre Garou 1er à l'Olympia. Déçu par le manque de discipline et de professionnalisme du groupe, il claque la porte et va directement offrir ses services à Ferland. Au lieu de copier ce que Charlebois et sa bande ont fait avec *L'Osstidcho*, Ferland prend sa propre direction et crée sa propre révolution, avec l'album JAUNE. Au contact des Français, Jean-Pierre a découvert à quel point il était nord-américain: il veut désormais que cela se reflète dans ses chansons.

Ferland habite alors dans les beaux quartiers, au 42, avenue George-V, dans le 8e arrondissement, d'anciennes écuries transformées en appartements. À sa porte d'entrée flotte un drapeau du Québec. Il est à cinquante mètres des Champs-Élysées, en face du réputé restaurant Fouquet's.

> *J'ai cherché non pas à changer de style, mais à changer ce personnage qui m'ennuie depuis quelque temps… le mien.*

« *Autrefois, je voulais que les gens se retrouvent dans mes chansons ; maintenant, je veux qu'ils s'y perdent.* »

Le guitariste et le chanteur s'imposent une discipline de travail dont Michel Robidoux se souvient fort bien : « Le matin, petit déjeuner, puis, dès 10 h, première séance de travail, on discutait des idées de musique, des idées de textes, c'était intense, on était concentrés sur ce qu'on faisait. Après, *break* intellectuel : une partie d'échec. Jean-Pierre gagnait tout le temps, c'est un très bon joueur d'échec. Le midi, on mangeait à l'appartement, puis deuxième séance de travail. À quatre heures, on traversait chez Fouquet's prendre un gin tonic et regarder les belles filles passer. Le soir, resto, et on recommençait le lendemain matin. »

Ainsi, pendant des mois, Ferland travaille à l'élaboration des onze chansons de JAUNE. *Le petit roi. Le chat du Café des artistes. Quand on aime on a toujours 20 ans.* Et *Sing Sing* : « Je venais de laisser une femme, m'explique Jean-Pierre. C'est terrible d'être obligé d'aller dire : "Je ne t'aime plus", la phrase la plus dure à prononcer au monde. Finalement, je pense que je préfère être laissé plutôt que de laisser quelqu'un. JAUNE, c'est l'histoire d'une séparation, une séparation d'avec mon ancien style. »

L'appartement de Jean-Pierre est un arrêt obligé pour tous les Québécois du milieu artistique qui passent par Paris. Félix Leclerc et Gilles Vigneault, bien sûr. Mais aussi Pierre Marcotte et Pierre Duceppe, les amis devant qui Robidoux et Ferland essayent leurs nouvelles chansons écrites pendant la journée. Jean-Pierre écrit à Guy Latraverse à Montréal : « Robidoux, le fils à Fernand, est en pleine santé et en pleine inspiration. Nous travaillons jusqu'à très tard la nuit à nos nouvelles chansons. Tu seras surpris en les écoutant parce que leur orientation est très différente de celle des années passées. De longue date, j'ai cherché non pas à changer de style, mais à changer ce personnage qui m'ennuie depuis quelque temps… le mien. Depuis plusieurs mois, la collaboration avec Robidoux-la-romance m'a fait découvrir. Je vous apporterai donc des chansons toutes nouvelles et bien différentes, sans aucune appréhension, parce que, pour la première fois de ma vie, je suis persuadé de m'être trouvé. » Guy Latraverse est emballé par la réunion Ferland-Robidoux. « J'étais content qu'on sorte de *Je reviens chez nous* qui ne m'avait jamais impressionné. Surtout le thème, ça ne me faisait pas "triper". Quand j'ai vu Jean-Pierre avec les chansons de JAUNE, je me suis dit : " Enfin, j'ai un auteur ! " Jean-Pierre a quand même été quelqu'un qui suivait des modèles, mais là, il en devenait un, c'est pas pareil. Il n'a pas été le même après, non plus. »

« Je savais que ce qu'on faisait là allait marquer, explique Michel Robidoux. Les textes étaient bons, les musiques, bien modelées. Il n'y avait rien qui dépassait. C'est un *feeling* qu'on a seulement de temps en temps comme musicien. Ça roulait, ça coulait, la chimie était bonne. Tous les jours, on se disait que ça allait être bon. Jean-Pierre est un être qui sait transmettre son enthousiasme, tu te sens valorisé, "boosté" au max. Il me disait : "T'es bon Robidoux, on va marquer des points avec ça." Mais on ne pouvait pas imaginer que, trente ans plus tard, Kevin Parent ferait encore le *top ten* avec *Le petit roi* ! »

LE PETIT ROI

Dans mon âme et dedans ma tête
il y avait autrefois
un petit roi
qui régnait comme en son royaume
sur tous mes sujets
beaux et laids
puis il vint un vent de débauche qui faucha le roi
sous mon toit
et la fête fut dans ma tête
comme un champs de blé
un ciel de mai

Hey
je ne vois plus la vie de la même manière
Hey
je ne sens plus le temps me presser comme avant

Hey boule de gomme
s'rais-tu dev'nu un homme
Hey boule de gomme
s'rais-tu dev'nu un homme

comme un loup qui viendrait au monde
une deuxième fois
dans la peau d'un chat
je me sens comme une fontaine
après un long hiver
et j'en ai l'air
j'ai laissé ma fenêtre ouverte
à sa pleine grandeur
et je n'ai pas eu peur
dans mon âme et dedans ma tête il y avait autrefois
un autre que moi

Hey
je ne fais plus l'amour de la Mème manière
Hey
je ne sens plus ma peau me peser comme avant

Hey boule de gomme
s'rais-tu dev'nu un homme
Hey boule de gomme
s'rais-tu dev'nu un homme

Tu diras au copain du coin
que je n'reviendrai plus
mais n'en dis pas plus
ne dis rien à Marie-Hélène
donne-lui mon chat
elle me comprendra
j'ai laissé mon jeu d'aquarelles
sous le banc de bois
c'est pour toi
dans mon âme et dedans ma tête
il y avait autrefois
comme un petit roi.

Hey boule de gomme
s'rais-tu dev'nu un homme
Hey boule de gomme
s'rais-tu dev'nu un homme
Hey boule de gomme
s'rais-tu dev'nu un homme

LE PETIT ROI
Paroles : Jean-Pierre Ferland
Musique : Jean-Pierre Ferland et Michel Robidoux

Jean-Pierre sur le « banc de bois » de sa maison de Saint-Norbert en train de jouer avec l'un de ses nombreux chats.

1a. Dans mon âme et dedans ma tête La version de Jean-Pierre Ferland : « Robidoux m'a demandé si j'avais déjà fumé du "pot". J'ai répondu que non, que ces choses-là me faisaient toujours peur. Le soir même, je lui ai dit que j'étais prêt à essayer. Il avait un morceau de hash gros comme ça, une grosse boule qui avait coûté 100 dollars. Il m'a préparé : "Va prendre ta douche." C'était comme un gourou, il y avait de l'encens, on écoutait King Crimson. J'en ai fumé un, j'ai pris ma douze cordes et j'ai commencé à chanter : "Dans mon âme et dedans ma tête". Il m'a demandé ce que je voulais dire. Ça signifiait : je suis libéré, ma mère "n'est plus sur mon cas". Ça signifiait que tout ce que j'avais appris avant, c'était une chose, mais, maintenant, on passait à autre chose. »

1b. Dans mon âme et dedans ma tête La version de Michel Robidoux : « La majeure partie de JAUNE s'est faite à Paris. Mais l'épisode du premier joint a eu lieu à Bruxelles. On tournait la série *Salut, Jean-Pierre*. On habitait une auberge sur la Grand Place. Jean-Pierre n'avait jamais fumé de "pot". Je lui ai demandé si ça lui tentait. J'avais repéré un petit bar où je savais que j'allais en trouver. Il m'attendait à l'hôtel. Je lui ai roulé un "batte", ça ne lui faisait rien. "C'est une perte de temps, je ne comprends pas pourquoi vous tripez tant là-dessus. Je monte à ma chambre, si ça me fait quelque chose, je vais taper deux fois, sinon, je vais taper une fois." Pour penser à ça, c'était que le pot faisait déjà effet ! Sa chambre était au-dessus de la mienne. Il n'a jamais tapé ! Le lendemain, il m'a dit qu'il était trop "écrasé" pour se lever et frapper sur le plancher. Il était "gelé". Mais ça ne l'a pas fait composer *Le petit roi*, il n'était pas dans la bonne ville et n'avait pas la bonne chronologie ! »

2. Un vent de débauche En 1970, Pierre Turgeon, de *Perspectives*, demande à Jean-Pierre, à quelques jours de la sortie de JAUNE, s'il cherche à imiter Robert Charlebois. Sa réponse est cinglante : « Pas du tout. J'admire certaines initiatives de Charlebois, notre premier véritable yéyé [*sic*], mais je ne m'engage pas dans la même direction. D'abord parce que je trouve trop facile son emploi du joual. Ce patois ressemble tellement à l'anglais qu'on n'éprouve aucune peine à le faire "swinger". Moi, au contraire, je veux faire balancer le français lui-même, parce que j'aime cette langue, je la trouve si pure, si excessive. »

3. Hey boule de gomme ! S'rais-tu dev'nu un homme ? « C'est l'histoire d'un homme qui a gagné sur ses préjugés. "Hey boule de gomme ! S'rais-tu dev'nu un homme ?", ça signifie pour moi : "Est-ce que t'en as fini avec tes préjugés ?" Quand on vient au monde avec des préjugés, il faut arriver à un certain âge pour pouvoir, une fois pour toutes, s'en libérer. »

4. Un homme À quel âge devient-on un homme ? Jean-Pierre a 36 ans quand il écrit les paroles de la chanson *Le petit roi*.

Michel Robidoux, Constance Walsh (alors la compagne de Ferland) et Jean-Pierre partagent un bon repas à Sainte-Adèle.

SA PÉRIODE JAUNE 111

ENREGISTREMENT
DE L'ALBUM JAUNE

Au moment d'enregistrer JAUNE, Jean-Pierre a recours aux meilleurs musiciens et aux meilleures techniques pour produire le meilleur album qui soit. Et surtout, luxe suprême, il prend le temps. Et il y met l'argent.

En 1970, André Perry est l'ingénieur du son le plus *hot* du Québec. Il vient de remporter au Festival du disque le trophée du meilleur preneur de son pour l'album RENÉE CLAUDE. Il est à la tête des studios André Perry, la Cadillac des studios, à la fine pointe de la technologie, à Brossard. Il a été le premier à posséder un synthétiseur Moog, que Charles Aznavour a utilisé pour sa chanson *Objet non identifié*. Il vient de finir, quelques mois auparavant, l'enregistrement de *Lindberg* de Robert Charlebois. « J'étais en studio en train de faire un album et, à deux heures du matin, je reçois un appel, me raconte André Perry. C'était Jean-Pierre qui me disait : "J'arrive à Montréal, on fait un disque ensemble." »

« On a travaillé comme des millionnaires américains ou anglais, on créait en plein studio ! », rappelle Jean-Pierre. Pour lui, André Perry sera ce que George Martin a été pour les Beatles. Ou Alan Parson pour Pink Floyd. Un déclencheur, un homme qui prend les choses en mains… *and makes it happen*.

Pour JAUNE, Jean-Pierre va chercher le meilleur ingénieur de son de Montréal, André Perry, avec qui il fera aussi son album SOLEIL.

« J'ai dit à Jean-Pierre : "On va faire un disque international, pas un disque québécois", se souvient André Perry. Je parlais américain sur le plan du *thinking* musical. »

JAUNE sera fait en grand : un orchestre, des chœurs (Les Petits Chanteurs du Mont-Royal pour *Le chat du Café des artistes*), des musiciens de New York et pas n'importe lesquels. La scène new-yorkaise n'a pas de secrets pour André Perry. L'impresario de Jean-Pierre, Gilles Talbot, a déjà assisté à une session de Frank Sinatra, connaît son producteur et sait fort bien qui aller chercher : la crème de la crème des musiciens. Ils sont payés deux à trois fois le *scale* (le tarif de base exigé). Ainsi, pour cet album, André, Jean-Pierre et Gilles s'offrent les services du guitariste David Spinoza qui a travaillé avec le légendaire James Taylor et qui accompagnera l'ex-Beatles Paul McCartney sur son premier disque solo.

« Un des plus grands guitaristes de New York », selon Perry. « Pour la première fois, explique Jean-Pierre, on a fait venir des musiciens américains qu'on avait vus sur les albums des autres, comme le bassiste Tony Levin [NDA : ce dernier a travaillé avec King Crimson, puis Peter Gabriel, et a accompagné Kevin Parent pour sa reprise de la chanson *Le petit roi*]. On disait : "Tiens, Untel vient de jouer avec Simon and Garfunkel", on l'appelait. Tous ces Américains arrivaient ici, voyaient le studio et disaient : "*Oh my god !*" »

Les répétitions, puis les enregistrements, s'organisent. Section par section : aujourd'hui les cuivres, demain les cordes, après-demain les chœurs. Les musiciens se succèdent : « J'ai fait des *overdubs* de guitare sur JAUNE, rappelle Michel Robidoux, il n'y avait pas que David Spinoza ou Richard Green. Mais la base rythmique a été faite par le trio de New York. On allait dans des *meetings* avec eux, et ils nous faisaient part de nouveaux développements en musique d'orchestration, c'était grandiose. On faisait des séances de trois heures, très intenses. C'était beaucoup de boulot. »

« Les musiciens me trouvaient comique à mort, raconte Jean-Pierre. Au crépuscule, quand je disais : "On ne travaille plus", ils me répondaient : "*Jean-Pierre, we can work a little bit more*", mais j'insistais : "*We are tired, we're gonna drink, eat and have fun.*" Et je les invitais à manger. »

« On savait qu'on s'en allait vers quelque chose de curieux et de mystérieux. Mais ce qu'on faisait exactement, on ne le savait pas vraiment, raconte Ferland. Mais je savais que je ne pleurais plus quand j'écoutais une de mes chansons, alors que quand les Français faisaient des arrangements sur mes chansons, j'haïssais ça. Parmi tous mes confrères, pas un ne savait où je m'en allais. Charlebois, surtout. » Jean-Pierre en avait par-dessus la tête des violons que les Français s'obstinaient à coller sur ses chansons. Soixante musiciens ont travaillé sur *La mort du cerf d'Amérique* !

Le *buzz* entourant l'enregistrement de JAUNE dépasse les frontières du Québec. Et des musiciens célèbres viendront voir de plus près ce qui se trame dans les studios d'André Perry. « Art Garfunkel est resté à peu près trois à quatre heures, juste à écouter, il s'est assis là, mais on ne s'est pas parlé, raconte Ferland. Mick Jagger est venu avec sa femme Bianca. Il disait que je la flirtais. C'est pas ça, elle voulait parler français ! Et Cat Stevens aussi est venu écouter le disque. André Perry et moi, on l'a invité à manger le soir même. Selon moi, il devait fumer du pot, parce qu'il est arrivé au restaurant tout excité, s'est assis et m'a dit : "*I just discovered the most beautiful thing in the world is fire.*" Je lui ai répondu : "*I'm sorry, it's water.*" Il s'est levé et il a "c… son camp" ! »

Michel Robidoux souligne le travail exceptionnel accompli par les deux chefs d'orchestre québécois, Art Philips et Ubaldo (Buddy) Fasano : « Ils connaissaient leur métier, ils connaissaient bien les musiciens et ils ont dirigé de main de maître. D'où le résultat ! Les deux arrangeurs ont modelé et arrangé ce qu'on avait composé à Paris. L'intro du *Petit roi*, ce n'est pas moi qui l'ai composée, c'est Buddy Fasano. »

« Il y avait des gars *underground* de New York qui ne comprenaient pas un mot de français, les deux meilleurs arrangeurs de Montréal, Fasano et Philips, et plein de monde "tripant" de Montréal, des jeunes musiciens du Conservatoire. Le disque s'est fait, comme un mélange de tout ce monde-là ensemble », raconte Perry.

Une seule ombre au tableau : alors que Jean-Pierre enregistre les voix sur une de ses chansons, Michel Robidoux, qui assiste à toutes les sessions en tant que compositeur, ose un commentaire, une suggestion. Furieux, André Perry lui aurait ordonné de sortir du studio et de ne plus y remettre les pieds. Il y retournera quand même pour faire des *overdubs* de guitare. Mais cet incident laissera une tache indélébile dans les souvenirs de Michel Robidoux.

« Je ne trouvais pas que Robidoux "fittait" avec ce que je voulais faire avec ce disque-là. On ne voyait pas les choses de la même façon », m'explique aujourd'hui André Perry.

Jean-Pierre donne son maximum pour que JAUNE soit techniquement parfait.

Jean-Pierre Ferland et Michel Robidoux en pleine répétition pour JAUNE.

Quel bilan dresser de cette session d'enregistrement pas comme les autres ? « On avait le temps et j'avais l'argent, répond Jean-Pierre, précisant que JAUNE a coûté 35 000 $, une fortune pour l'époque. Ça m'a coûté les yeux de la tête, mais c'était ça ou j'étais mort. C'était ça ou je ne faisais plus ce métier-là. Ou je n'avais plus le plaisir de chanter. J'étais rendu au bout des Français et je voulais être au bout des Américains. Il fallait que je prenne ce chemin-là et je l'ai pris. Grâce à André Perry, mon influence la plus marquante durant cette période. »

Jean-Pierre avec son complice de l'époque, André Perry.

SA PÉRIODE JAUNE

« LA FOLIE QU'IL FALLAIT FAIRE »

Fermez les yeux. Inhalez. On est en 1970. Vous avez 19 ans. Vous mettez vos sous de côté pour courir chez le disquaire acheter le « long-jeu » le plus psychédélique de l'année : JAUNE de Ferland. Vous rentrez chez vous avec votre album sous le bras. Vous fermez la porte de votre chambre. Prière de ne pas déranger. Vous mettez vos écouteurs et vous poussez le volume au maximum : 32 minutes et quelques secondes de pur bonheur quasi ininterrompu (il faut bien se lever pour changer le disque de côté !).

JAUNE ne ressemble à rien de ce que Jean-Pierre Ferland a fait jusqu'alors. JAUNE ne ressemble à rien de ce que le Québec a connu, musicalement, auparavant. Pour tout dire, cet album ne ressemble à aucun autre. C'est un ovni sur la scène musicale. Onze chansons, dont un prologue et un épilogue, qui s'enchaînent comme s'enchaînaient les chansons d'ABBEY ROAD des Beatles parues un an plus tôt. En prime, une chanson en anglais (It ain't fair).

« On voulait que les gens pensent que Jean-Pierre chantait juste pour eux. Que ce soit intime comme un disque de Sinatra », avance André Perry.

Avec JAUNE, le Jean-Pierre Ferland psychédélique perd le public qui l'aimait pour *Je reviens chez nous* et *Les immortelles*. Mais il se gagne des fans. Jean-Pierre affirme que John Lennon l'a qualifié de « meilleur disque nord-américain de l'année ».

Pourquoi avoir choisi ce mystérieux titre : JAUNE ? Justement pour que ce soit un mystère. « Je ne voulais pas que les gens sachent vraiment où je m'en allais, m'indique Jean-Pierre. J'avais lu une phrase qui m'avait ébloui : "Un fou tenait dans sa main un brin de paille jaune et brillant et criait qu'il avait attrapé un rayon de soleil" [NDA : Sainte-Beuve, « Poésie et rayon jaune »]. Pour moi, le jaune était une couleur intellectuelle. Un état d'âme. Et puis, c'est ma couleur préférée. Ce qui nous fait le plus plaisir au printemps, c'est de voir arriver ces fleurs jaunâtres, les fleurs les plus naturelles. Ensuite arrivent les rouges et les bleues. »

« Il ne fallait pas donner à l'album un titre banal comme LE PETIT ROI, explique André Perry. J'ai dit à Jean-Pierre : "dans cet album il y a un *feeling*, un climat, en anglais on dit, c'est *mellow*. Comment on dit ça en français ? " Et Jean-Pierre a trouvé tout de suite. Il a dit : "Mellow, c'est jaune." »

JAUNE est une bombe dans le milieu de la musique au Québec. « Tout le monde était fasciné par JAUNE et se demandait : "D'où ils viennent ? Qu'est-ce qu'ils ont fait ? Qu'est ce qu'ils veulent faire ?", se rappelle Jean-Pierre. La station de radio CHOM faisait passer *Yesterday* des Beatles et, tout de suite après, ils mettaient JAUNE. »

« JAUNE est un album très romantique, de la dentelle. C'est coulant comme des vagues. À la fois simple et très sophistiqué », selon André Perry.

« Avant JAUNE, les gens ne savaient pas faire des disques, me dit André Ménard, du Festival de jazz de Montréal. Le *hype* autour de JAUNE était très fort, mais quand le disque est sorti, personne n'a été déçu. Ça sonnait international, comme on disait à l'époque. La conscience du son est vraiment arrivée avec JAUNE. Ça a complètement changé la perception qu'on avait de Jean-Pierre Ferland. »

Michel Rivard avait 19 ans en 1970. Il avait déjà délaissé les chansonniers et écoutait plutôt les Beatles et Bob Dylan. Mais quand JAUNE sort, il est impressionné. « C'était le premier disque de Jean-Pierre que j'écoutais avec mes écouteurs, comme mes disques de rock. C'était un Ferland éclaté, mais qui restait lui-même, avec son verbe à lui. C'était très moderne, ça sonnait bien. Moi et mes "chums" (Pierre Huet, Robert Léger), on savait qu'on pouvait faire de la musique électrique avec une âme. »

Il reste que cet album a coûté très cher. Afin de « renflouer la production », l'imprésario de Jean-Pierre, Gilles Talbot, demande à Michel Robidoux de céder ses droits d'édition. (Pour compenser, Jean-Pierre achètera à Robidoux une Mustang jaune serin et une moto.)

Michel Robidoux et Jean-Pierre Ferland participent à une émission de télévision pour faire la promotion de JAUNE.

En 1970, Michel Robidoux, Yves Laferrière et Jean-Pierre Ferland à l'Exposition internationale d'Osaka au Japon.

« Magistral » : c'est ce qu'en dit en 2005, le Trust pour la préservation de l'audiovisuel du Canada (Trust AV) un organisme privé, sans but lucratif, qui honore chaque année douze trésors du film, de la télévision, de la radio et de l'enregistrement sonore.

Pour Ferland, JAUNE fut un disque « souffrant à faire ». Il a hypothéqué tout ce qu'il possédait et n'a plus un sou vaillant devant lui. À chaque coup de téléphone, il se met à paniquer : et si c'était pour lui annoncer qu'on lui coupe le téléphone ou l'électricité ?

Heureusement, l'album sera dès le départ un succès : 70 000 exemplaires de JAUNE trouvent preneur à sa sortie. Il s'en vendra ensuite, en moyenne, 10 000 par an pendant une bonne quinzaine d'années. Aujourd'hui encore, bon an mal an, 5 000 personnes ajoutent JAUNE à leur discothèque. Combien d'artistes peuvent se vanter d'un tel palmarès pour un album vieux de 35 ans ?

Une fois l'enregistrement de l'album terminé, journalistes de la presse écrite, journalistes de la télévision, recherchistes sont convoqués, en petit comité, à écouter JAUNE chez André Perry le 6 novembre 1970. « Il fallait que je trouve un moyen de "geler" les journalistes pour qu'ils rentrent dans le disque », relate Perry. Une séance d'écoute pas piquée des vers. Chacun a sa paire d'écouteurs. Et pas n'importe quel écouteur. « André Perry ne se mouchait pas avec des pelures d'oignon », comme le rappelle Michel Robidoux. Tout ce beau monde est assis par terre sur des coussins quand Jean-Pierre fait son apparition flambant nu ! Ils éclatent tous de rire.

Dès le départ, JAUNE est considéré comme un album monumental. René Homier-Roy, dont la critique paraît dans *La Presse* du 12 novembre, est dithyrambique. Déjà le titre en dit long : « La folie qu'il fallait faire. » « JAUNE est de loin le meilleur disque enregistré au Québec. Ou même en France. Jamais encore on n'avait réussi à servir un interprète et un esprit avec autant de subtilité, d'efficacité et d'intelligence. [...] Jamais – puisque c'est la première fois – on n'était parvenu à "faire décoller" un disque au contenu francophone. [...] tout y est d'une perfection qui frise l'insolence. [...] la pire folie jamais faite dans cette industrie, où pourtant la raison triomphe rarement. »

Dans *Montréal-Matin,* Denis Tremblay écrit : « Pour la première fois, un microsillon fait au Québec, par des Québécois, réunit autant de qualités à un tel degré de perfection. »

Jean-Pierre affirme que John Lennon l'a qualifié de « meilleur disque nord-américain de l'année ».

La petite histoire de la pochette de JAUNE vaut la peine d'être racontée. La femme d'André Perry, Yael Brandis, aperçoit dans le grand magasin Eaton un magnifique tableau jaune représentant une scène champêtre, de grands champs de blé des Prairies. Quand elle le montre à son mari et à Jean-Pierre Ferland, ils craquent. Mais ils n'ont absolument pas les moyens de se payer cette œuvre. Selon la loi sur les œuvres d'art, pour qu'un tableau ne soit pas considéré comme une copie, il faut qu'un pourcentage important des éléments de la toile d'origine soient modifiés. Qu'à cela ne tienne. Ferland et Perry feront exécuter une copie plus ou moins conforme, qui servira de pochette à JAUNE.

Aujourd'hui, ce tableau se trouve chez André Ménard, de l'équipe Spectra. Comment a-t-il abouti là ? C'est une anecdote typique de Ferland. André Ménard est de passage chez Jean-Pierre, à Saint-Norbert (« Je cherchais sa maison et j'ai su que j'étais au bon endroit quand j'ai vu une Jaguar verte devant la grange », ironise-t-il). Il vient de signer la mise en scène de *La fête à... Jean-Pierre Ferland* aux Francofolies de 1995. Au cours du repas, Ménard mentionne que, lorsqu'il fréquentait les studios d'André Perry à Morin Heights, il apercevait le tableau de JAUNE sur le mur de la salle à manger de la maison des invités. Cette œuvre le faisait saliver, avoue-t-il à Jean-Pierre, qui a justement remisé le tableau dans son grenier, et qui lui offre aussitôt : « C'est une croûte, la veux-tu ? » Et c'est ce qui fait qu'aujourd'hui, sur le mur du salon d'André Ménard, trône l'œuvre qui illustre l'un des disques les plus importants de la musicographie québécoise.

JAUNE
ou...

Novembre 1970, la fidèle attachée de presse de Jean-Pierre, Francine Chaloult, organise à la discothèque Le Cercle, boulevard Saint-Laurent, le lancement du spectacle *Jaune ou...* Jean-Pierre veut donner un gros coup : un show pour épater la galerie, la fantaisie de JAUNE portée sur scène. Si Charlebois a pu faire trembler les murs de la Place-des-Arts, pourquoi pas Ferland ? Mais il n'aura pas le succès, ni l'effet escompté.

Guy Latraverse produit cet ambitieux spectacle qui sera présenté les 27, 28 novembre et les 3, 4, et 5 décembre 1970, à la salle Wilfrid-Pelletier. Les prix des billets de l'époque paraissent dérisoires aujourd'hui : en semaine de 2 à 5 $, les samedis de 2,50 à 5,50 $!

Claude Saint-Germain, Jean-Pierre Ferland et Walter Beaudreau, au lancement du spectacle Jaune ou...

La publicité pour le spectacle Jaune ou... *que le producteur Guy Latraverse fait paraître dans les journaux en novembre et décembre 1970.*

Le soir de la première, pendant que Renée Claude, Benoît Marleau, Serge Laprade, Danielle Ouimet et Pierre Lalonde se font photographier pour les journaux à potins, Jean-Pierre, dans sa loge, reçoit deux coups de massue, quelques instants avant d'entrer sur scène. Tout d'abord, son ex vient le voir pour lui souhaiter bonne chance, mais glisse dans la conversation qu'elle sera dans la salle avec son nouvel amour. Ferland encaisse le coup alors que sa peine d'amour est encore vive et que la plaie n'est pas encore refermée. Puis, parmi les bouquets de fleurs et les mots d'encouragement qui se trouvent sur sa table, il aperçoit une boîte de biscuits. Pensant qu'il s'agit là d'une belle pensée d'un ami ou d'une admiratrice, il l'ouvre et y trouve des excréments humains. Et il ne s'agit pas de quelqu'un qui lui dit « Merde ! » pour lui souhaiter bonne chance. Tout le monde n'apprécie pas le nouveau Ferland.

Jean-Pierre a quelques instants pour reprendre ses esprits. L'Infonie, le groupe de fous de Retlaw Uaerduob (Walter Boudreau) et Luoar Yaugud (Raoul Duguay) assure la première partie.

Puis vient le tour de Jean-Pierre. Sur scène, son grand ami Franck Dervieux dirige un orchestre de douze musiciens. Le batteur Richard Provençal porte des écouteurs pour suivre les pistes d'orchestre : du jamais vu. La surprise ne vient pas du côté des musiciens, mais bien de ces énormes bulldozers jaunes qui occupent la quasi-totalité de la scène. Il a bien sûr fallu placer sous la scène une base pour soutenir le poids de ces engins : des madriers de 30 cm (12 po) par 30 cm (12 po). « Les bulldozers ne bougeaient pas beaucoup, c'étaient pas des gazelles, mais il fallait qu'ils puissent se déplacer un peu », explique Guy Latraverse, qui a d'ailleurs dû recourir à une firme d'ingénieurs pour concevoir ce plancher époustouflant. La benne jaune descend et le public, surpris, y découvre un Jean-Pierre tout sourire, fier de son bon coup ! « À sa place, j'aurais été dans mes petits souliers », confie Michel Robidoux. Jean-Pierre a eu cette idée folle en voyant des grues jaunes creuser son terrain à Sainte-Adèle où il s'est fait installer une piscine.

Danielle Ouimet chante une chanson, inspirée du film *Valérie* dans lequel elle vient de jouer un an plus tôt, pour présenter les musiciens. Un piano électrique sort du plancher, et Jean-Pierre interprète les chansons de l'album JAUNE, en plus de ses autres succès, et clôt la soirée, comme il l'a commencée, de façon spectaculaire.

Dans une pelle mécanique, Jean Grimard, Jocelyn Leblanc, Bernard Brien et Roger Gougeon, et dans l'autre, Jean-Pierre Ferland.

Pendant qu'il descend lentement dans la fosse en chantant *Le chat du Café des artistes,* des milliers de confettis se déversent sur lui, propulsés par des ventilateurs, éclairés par des jets de lumière. Les Petits Chanteurs du Mont-Royal reprennent ses paroles : « Quand on est mort, c'est qu'on est mort, quand on ne vit plus, c'est qu'on ne vit plus » en tenant à la main des bougies qui contribuent à donner à la scène des allures d'enterrement.

Et enterrement, il y a failli y avoir : le soir de la première, le producteur Guy Latraverse oublie complètement qu'une fosse a été dégagée à l'avant de la scène. Dans son enthousiasme, à la fin du spectacle, il se précipite vers Jean-Pierre mais tombe tête la première dans le trou béant.

« C'était fou pas ordinaire, conclut aujourd'hui Jean-Pierre, encore fier de sa mise en scène. C'était fantastique, c'était féérique. Ça m'avait coûté une fortune, mais ça ne me faisait rien. »

Jean-Pierre a beau en avoir mis plein la vue, les billets ne se vendent pas. Après la première où la plupart des billets sont donnés, la salle est à moitié vide, soir après soir. Le producteur Guy Latraverse, qui estime que le public n'avait pas encore digéré ou compris le virage de Ferland, affirme avoir perdu 100 000 $ dans l'aventure. Pas étonnant que l'année suivante, en 1971, il fasse sa deuxième faillite. Latraverse reconnaît aujourd'hui qu'il fallait être un peu fou pour accepter l'idée de Jean-Pierre et de ses grues, mais il met aussi ça sur le compte de sa maniaco-dépression. « En phase maniaque, je pouvais prendre des risques de fou parce que je m'en foutais, j'avais un côté surhomme, et j'ai pris des mauvaises décisions. Les pieds sur terre comme aujourd'hui, peut-être que je n'aurais pas fait le spectacle *Jaune ou...*. Mais ce n'est pas la faute de Jean-Pierre. Les gens n'ont pas compris qu'ils avaient raté le spectacle de leur vie. J'avais bien essayé de vendre *Jaune ou...* à la télévision, mais personne n'en voulait. »

Le soir de la première, content de lui, Jean-Pierre, qui a eu un plaisir énorme, prend « une brosse épouvantable ».

JAUNE OU...
LES CRITIQUES

Ce ne sera pas la première fois
Qu'on aura mangé un artiste
Le chat du Café des artistes

Les scribes ont été enthousiastes face à l'album JAUNE. La version *live* les a laissés mi-figue mi-raisin.

Dans *Le Devoir* du 2 décembre 1970, l'article de Michel Bélair porte le titre : « Jusqu'où peut-on être JAUNE ? » Le journaliste prend trois colonnes pour parler de l'Infonie et termine par « l'expérience du show Ferland n'est pas concluante pour l'Infonie » avant de consacrer une maigre colonne à Jean-Pierre alors qu'il n'a assisté qu'à une demi-heure de son spectacle : « J'avoue que le Ferland 70 ne m'apparaît pas tellement différent de celui que l'on connaissait déjà : balançant toujours entre le cabotinage et la prétention, le personnage Ferland avec ses chansons supposément neuves me laisse assez indifférent. C'est pourtant à un gros show visuellement très réussi et musicalement assez intéressant que Jean-Pierre Ferland convie son public. Il réussira sans doute à y garder ses fans : je doute pourtant qu'il puisse en gagner de nouveaux. »

Puis dans *Le Réveil*, le 27 janvier 1971, Martha Gagnon écrit : « Son dernier spectacle ressemble à un gâteau sans bougie. La crème y est, mais la flamme communicative dont [sic] nous étions habitués a disparue [sic]. En voulant changer de style, Jean-Pierre a perdu beaucoup de sa saveur. Il est vrai qu'un artiste doit sans cesse se renouveler, mais pas au point de n'être plus le même. [...] Le public a ri jaune. Il ne reste plus qu'à espérer retrouver le Jean-Pierre Ferland des beaux jours où chacun fredonnait *Les immortelles*. »

Jean-Pierre fait la une de « Spec », le supplément culturel du quotidien La Presse. Le chanteur est maintenant indissociable des bulldozers *jaunes*.

Voici ce qu'en disait *Montréal-Matin,* le 30 novembre 1970 : « Malgré tout, on doit savoir gré à J.-P. Ferland d'essayer des "choses", de dépoussiérer un peu les conventions du tour de chant traditionnel. On conviendra que rares sont les artistes de sa génération à sortir des sentiers battus. »

Le spectacle partira en tournée et fera un arrêt obligé à Québec. Le 18 janvier 1971, Martine Corrivault du journal *Le Soleil* écrit : « Le Ferland des fleurs bleues est mort, vive le Ferland des fleurs jaunes. [...] Plusieurs de ceux qui cherchent quelque chose de nouveau trouveront sans doute des éléments en évolution dans le travail accompli par l'équipe Ferland. Tout porte sa griffe, mais aujourd'hui, une nouvelle couleur s'est ajoutée à la palette déjà bien garnie de ce peintre de l'âme québécoise qu'est Jean-Pierre Ferland. »

Mais le plus surprenant reste la volte-face de René Homier-Roy. Après le spectacle à la Place-des-Arts, il publie dans *La Presse* une critique mitigée :

« Le show de Ferland ou le show de l'Infonie ?
[...] le spectacle que Jean-Pierre Ferland présente à la Place-des-Arts est décevant. [...] On attend l'étincelle, le contact, qui ne se produit que bien plus tard. La faute à quoi ? Au décor peut-être, composé d'énormes machines (qui fonctionnent) utilisées pour quelques bons gags, mais qui occupent longtemps beaucoup de place pour rien. [...] si ses gadgets, ses bébelles et quelques-unes de ses chansons nouvelles avaient été le principal événement de ce spectacle, nul doute qu'on y aurait réagi différemment. [...] le show de Ferland n'est pas le show de Ferland, mais le show de l'Infonie. C'est là une erreur de *timing* que Ferland ne devrait pas se pardonner de sitôt. »

Un journal à potins présente un compte rendu de la première du spectacle Jaune ou... dans lequel chantait Danielle Ouimet.

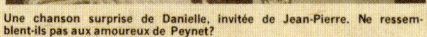

Le lendemain de la première, décontenancé par le texte de Homier-Roy, Jean-Pierre Ferland demande aux musiciens une répétition d'urgence, mais prévient le journaliste : « Je corrige mon show à condition que tu refasses une autre critique. » Il publiera une autre critique que Francine Chaloult considère plus « objective ».

« On ne peut plus se fier aux critiques ?

Les lecteurs de *La Presse* qui, la semaine dernière, ont assisté au show Ferland à la Place-des-Arts en sont sortis ravis. Et convaincus que les critiques sont vraiment des personnages malicieux dont la vue autant que l'ouïe ont besoin d'une sérieuse révision. Car le spectacle qu'ils ont vu n'avait qu'un lointain cousinage avec le tableau nettement plus sombre que leur avait brossé le chroniqueur de variétés de ce journal. [...] le coupable dans cette affaire, c'est Jean-Pierre Ferland. Qui, lui, a pris les critiques au sérieux. Et qui a complètement remanié la présentation et le contenu de son show. Avec comme résultat (prévu ?) de dépayser complètement le client pas méfiant pour deux sous qui s'attendait à trouver au spectacle des faiblesses qu'on lui avait soulignées, et qu'un miracle (!) soudain avait rendues invisibles. On ne peut plus se fier aux artistes ! »

« C'est la première fois de ma carrière que j'avais l'impression d'avoir eu une influence sur un show que je critiquais, relate René Homier-Roy. C'était la première fois qu'on avait pris en compte mes commentaires. »

Jean-Pierre n'a pas la même vision des choses : « Quand j'ai fait l'album JAUNE, René Homier-Roy a dit : "C'est merveilleux, la folie qu'il fallait faire." Mais après ça, quand j'ai fait le spectacle à la Place-des-Arts, il a dit : "Jean-Pierre n'a pas besoin de ça, juste lui tout seul (sans les bulldozers), ça aurait été bien." (Rires.) Alors, j'ai arrêté de croire aux journalistes, voilà. Je les aime beaucoup, j'ai des amis journalistes, je ne voudrais jamais leur faire de peine, mais j'ai arrêté de croire en eux. »

L'affiche du spectacle Jaune ou... *présenté à la Place-des-Arts en novembre et décembre 1970.*

J'ai des amis journalistes, je ne voudrais jamais leur faire de peine, mais j'ai arrêté de croire en eux.

L'ALBUM SOLEIL

En décembre 1971, soit un an seulement presque jour pour jour après la sortie de l'album phare JAUNE, Jean-Pierre Ferland lance un album de deux 33-tours : SOLEIL, que certains observateurs considèrent encore plus original ou plus réussi que son précédent. Avec un chapelet de chansons désormais passées au rang des classiques : *Le soleil emmène au soleil*, *Si on s'y mettait*, *Mon ami J.C.*, et *Sur la route 11*.

L'intérieur du livret de l'album double SOLEIL.

D'autres paroles de chansons tirées du livret de SOLEIL.

Pourtant, aujourd'hui, Jean-Pierre a des regrets : « J'aurais dû prendre mon temps pour me laisser désirer. Mais André Perry, mon producteur de disques, était tellement *eager*, quand j'ai fini JAUNE ! Il me disait qu'il fallait en faire un autre tout de suite. Il fallait battre le fer pendant qu'il était chaud. Le lendemain de la sortie de JAUNE, je créais SOLEIL en studio. Le langage d'André Perry était épouvantable. Quand j'étais fatigué, au lieu de me dire : "Écris, ponds", il me disait : "Chie, c... chie ! Pis, vas-y, pis envoye." Ça me rendait fou. »

Alors qu'il est en pleine gestation de SOLEIL, Jean-Pierre déclare à Denis Tremblay de *Montréal-Matin* le 22 février 1971 : « On ne peut plus se contenter d'aligner des rimes [...]. Les mots doivent devenir aussi précis et aussi pertinents que la musique elle-même. »

Michel Robidoux se souvient qu'après la fin de JAUNE, André Perry avait fait installer tout un équipement d'enregistrement chez Jean-Pierre, à Saint-Sauveur, afin qu'il puisse travailler dans sa splendide maison de curé, sur une colline. « Ça virait toujours en *party*. Alors qu'à Paris (pour l'écriture de JAUNE) on avait été très disciplinés, à Saint-Sauveur, on faisait le *party*. »

Michel Robidoux et Jean-Pierre Ferland commencent à travailler ensemble, mais, dans l'esprit d'André Perry et de Gilles Talbot, c'est le musicien Paul Baillargeon qui doit réaliser ce prochain album. « André Perry a imposé Paul Baillargeon, affirme Michel Robidoux. Ce n'était pas à Jean-Pierre de décider. Perry avait passé des commentaires sur mes compositions pour JAUNE, il trouvait mes mélodies trop *down*. Pourtant *Quand on aime...*, il n'y a rien de *down* là-dedans. Après avoir fait JAUNE, de ne pas avoir récidivé avec SOLEIL, c'était frustrant. Ça m'a fait mal. Mais je ne l'ai jamais dit à Jean-Pierre. Je suis retourné travailler avec Charlebois. » Certaines des musiques composées par Robidoux durant cette période, et qui ne serviront pas pour SOLEIL, seront reprises par Luc Plamondon pour un album de Renée Claude.

Paul Baillargeon œuvre régulièrement avec André Perry (il a été directeur artistique de l'album que Renée Claude et Stéphane Venne ont sorti en 1969). « André Perry et Gilles Talbot m'ont contacté. Ils m'ont demandé si ça me tentait de travailler avec Jean-Pierre. Je suis allé le voir à Saint-Sauveur. Il m'a montré un texte qu'il venait de commencer. Puis on s'y est mis. Et le soir même, on avait fini *Le soleil emmène au soleil*. En une journée ! »

Pour être plus proche de Jean-Pierre, Paul Baillargeon se loue un chalet à Sainte-Marguerite. « Jean-Pierre est extrêmement talentueux mais pas extrêmement discipliné. J'étais plus structuré que lui. C'était moi qui poussais. J'arrivais chez lui à Saint-Sauveur en *bike*, je faisais du bruit dans la maison pour le réveiller à huit heures, je faisais du café et on s'y mettait. » Il passera l'été 1971 à travailler sur SOLEIL, dont il signe toutes les musiques et les orchestrations. « J'avais beaucoup de liberté. Jean-Pierre me suivait. Chaque fois qu'on bossait ensemble, c'est moi qui chantais les chansons. Alors, à la toute fin, on a dû changer certaines tonalités pour que Jean-Pierre puisse les chanter ! »

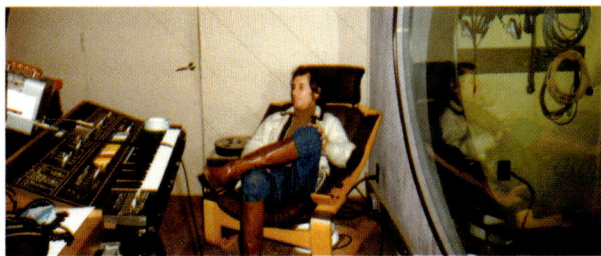

Yael Brandis, la compagne d'André Perry, a croqué sur le vif cette photo de Jean-Pierre pendant l'enregistrement de SOLEIL.

Jean-Pierre dans sa maison de Saint-Sauveur avec l'équipement qu'André Perry lui a confié pour SOLEIL.

À l'époque de la composition de SOLEIL, certains se demandent si Jean-Pierre, qui a toujours contrôlé les différents aspects de sa carrière, n'est pas en train de céder le contrôle au triumvirat Perry, Talbot et Baillargeon. Le 17 juin 1971, face à Yves Leclerc de *La Presse*, Jean-Pierre se défend ainsi : « Attention, ça ne veut pas dire que je sois devenu un simple parolier ! C'est encore moi qui donne son orientation à chaque chanson, autant sur le plan du thème que sur celui de la musique ! Mais je n'ai pas toutes les connaissances musicales qu'il faut pour réaliser ce que je veux réaliser, et Paul Baillargeon, lui, les a. Tout comme Talbot les a sur le plan des affaires et de la direction, et Perry sur le plan de la technique et du son. »

L'album est enregistré aux studios d'André Perry, déménagés rue Amherst. Avec aux commandes, Claude Demers, le même preneur de son que pour JAUNE. « Le génie du son, c'était lui, avance Paul Baillargeon. Perry était un homme d'affaires, mais le petit "bollé", c'était Demers. »

André Perry et Claude Demers parviennent à synchroniser deux consoles de 16 pistes pour faire un enregistrement sur 32 pistes. Une première mondiale. Une grande avancée technologique.

« SOLEIL était plus américanisé que JAUNE. J'écrivais plus comme un Américain que comme un Québécois », avoue Paul Baillargeon. L'un des musiciens américains de JAUNE reviendra d'ailleurs pour SOLEIL : David Spinoza.

« Jean-Pierre est le parolier le plus poétique avec qui j'ai travaillé, me confie Paul Baillargeon. Il avait des flashes qui me jetaient à terre. »

À la sortie de SOLEIL, en décembre 1971, Jean-Pierre présente ainsi l'album à l'hebdomadaire *Dernière Heure* : « J'ai réussi sur ce disque un mariage parfait des paroles, de la musique avec Paul Baillargeon, et de la technique grâce à André Perry. » Mais aujourd'hui, trente-quatre ans plus tard, son regard est différent. « J'ai réussi à faire SOLEIL parce que j'avais bien du talent, mais j'étais épuisé. Je ne savais pas d'où je venais ni où je m'en allais. Quand SOLEIL a été fini, j'ai dit : "Foutez-moi la paix." Il s'est passé quelques années, après ça, malheureusement... »

Jean-Pierre n'a jamais terminé sa phrase. Mais je peux la compléter pour lui : il s'est passé plusieurs années avant que Jean-Pierre ne sorte d'albums aussi marquants que ceux de sa période JAUNE.

« J'ai toujours pensé que Jean-Pierre était le plus grand. C'est un grand poète, comme John Lennon, il a le même génie. Mais il a fait seulement 25 % de la carrière qu'il aurait pu faire. Il a été mal entouré », offre, en guise de conclusion, André Perry.

LES COMÉDIES MUSICALES

JEAN-PIERRE PREND SON PIED À PRODUIRE OU À MONTER DES SPECTACLES À GRAND DÉPLOIEMENT. EN 1984, CE SERA *DU GRAMOPHONE AU LASER* UN SPECTACLE DE DEUX HEURES RACONTANT L'HISTOIRE DE LA MUSIQUE DE LA BOLDUC À CÉLINE DION (AVEC MARIE-CLAIRE SÉGUIN, LOUISE PORTAL ET NANETTE WORKMAN). PUIS *YES L'UNIVERS*, EN 1997, AU CABARET DU CASINO DE MONTRÉAL AVEC LE GROUPE ZARZUELA. MAIS CE QU'IL PRÉFÈRE PAR-DESSUS TOUT, CE SONT LES COMÉDIES MUSICALES.

GALA
LA CRÉATION

Page précédente :
Jean-Pierre Ferland, Marie-Claire Séguin, Louise Portal et Nanette Workman sur scène pour le spectacle Du gramophone au laser.

La scène est plutôt loufoque : Jean-Pierre Ferland croise son gérant et coproducteur Robert Vinet dans ses bureaux. « Ne t'étonne pas de voir passer des factures d'achat de livres, je suis en train de me documenter sur Gala. » Et Vinet, n'ayant aucune idée de quoi parle Ferland, de répondre : « Justement, je vais acheter des habits de gala. » La réponse de Jean-Pierre a fusé aussitôt : « Mon Dieu que t'es "épais", tu ne connais pas Gala ! »

On est au milieu des années 1980. Ferland est attiré par une femme, Gala, l'amante et muse de Salvador Dalí et de Paul Éluard. Imaginez ! Elena Dimitrievna Diakonova (Gala), une intellectuelle russe, a été aimée par les deux plus grands représentants du mouvement surréaliste, en littérature et en peinture, dans les années 1930, à Paris. Gala était mariée avec Paul Éluard depuis plus de dix ans quand son chemin a croisé celui de Dalí. Elle quittera le poète pour le peintre, mais elle restera la confidente d'Éluard. « Sans Gala, le monde n'aurait pas de génie », disait Dalí de la femme qu'il aimait. Fasciné, Jean-Pierre lit tout ce qu'il peut trouver sur ces trois personnages en particulier, et sur le surréalisme en général. Il a une idée fixe : il racontera sur scène l'histoire de ce triangle amoureux.

« Sans Gala, le monde n'aurait pas de génie. »
— Salvador Dalí

Il mettra quatre ans à accoucher de sa comédie musicale en deux actes et quatorze tableaux qu'il appelle un « opéra populaire ». Il en écrit tous les textes (le livret). Pour la musique, semi-classique, il compte sur une valeur sûre : Paul Baillargeon. Une combinaison gagnante, puisque ces deux-là ont déjà signé l'album SOLEIL en 1971. « Après l'aventure SOLEIL, j'étais parti aux États-Unis, raconte Paul Baillargeon. À New York, j'ai découvert les comédies musicales et je suis tombé en amour avec. » En 1981, avec Marcel Lefebvre, il monte à Montréal *La Course au bonheur,* qui met en vedette Ginette Reno et Jean Lapointe. Puis en 1986, alors qu'il est en tournée avec Céline Dion, il recommence à s'ennuyer de la comédie musicale et appelle Jean-Pierre pour lui proposer d'en faire une avec lui. « Justement, j'en ai une en marche ! », lui répond Jean-Pierre qui avait commencé le travail musical avec Daniel Mercure et qui se réjouit de voir ce nouveau collaborateur providentiel tomber du ciel. « Moi, je voulais faire quelque chose dans la veine de *West Side Story,* rajoute Paul Baillargeon. Je voulais du texte chanté. »

Jean-Pierre Ferland et Paul Baillargeon signent l'un les paroles, l'autre la musique de la comédie musicale *Gala.*

Même si Johanne Blouin abandonne le plateau de Gala *après un an de travail, Jean-Pierre ne lui en tient pas longtemps rigueur, et ils se retrouvent sur scène quelques mois plus tard.*

Pour incarner son couple phare, Gala et Dalí, Jean-Pierre mise d'abord sur le duo Johane Blouin-Yves Jacques. Mais Johane Blouin, qui a travaillé avec Daniel Mercure pendant un an, se désiste pour mieux se consacrer à son album hommage à Félix Leclerc. (Elle enregistre quand même *L'air du désir* sur son album de 1989.) Diane Dufresne est approchée pour le rôle. Elle se documente sur Gala, s'imprègne du personnage, lit sur le mouvement surréaliste, sur Dalí et Éluard. Mais certains aspects du livret de Jean-Pierre la chicotent. L'auteur et l'interprète ne s'entendent pas. Diane Dufresne refuse de prononcer les mots : « La putain des Beaux-Arts, c'est moi. » Mais pour Jean-Pierre, pas question de changer cette réplique qui colle au personnage. « On était à Saint-Norbert, on s'est mis au piano avec Paul Baillargeon et on lui a tout chanté », se souvient Jean-Pierre. Diane Dufresne préfère quitter la production. La raison officielle donnée aux journalistes : le classique conflit d'horaire. Elle invoquera deux concerts à Tokyo et sept concerts de *Symphoniqu'n'roll* à Paris. Mais elle envoie une lettre très polie à Jean-Pierre, que j'ai retrouvée dans ses papiers.

« Si elle l'avait fait, *Gala* aurait été un succès, affirme Jean-Pierre. Elle ne se serait pas écrasée, comme moi je l'ai fait. »

Jean-Pierre a-t-il raison ? *Gala* aurait-elle connu un destin différent si Diane Dufresne lui avait dit oui ? Daniel Lavoie a bien accepté de mettre sa carrière solo de côté pour *Notre-Dame de Paris* et Michel Rivard pour *Le Petit Prince*. Mais peut-être que rien n'aurait pu sauver le navire *Gala*, qui va couler plus vite que le *Titanic*. Chronique d'un désastre annoncé.

> « Jamais vous ne saurez à quel point j'aurais aimé chanter Gala pour la faire connaître... »
> – Diane Dufresne

Montréal, le 8 janvier 1989.

Gala n'existe pas?
Hum! comment en parler.....?
Je n'ai pas besoin de redire à quel point cet opéra dit "populaire" m'a motivé, le monde surréaliste, la peinture, la poésie, l'art, les artistes. Figurez - vous que Gala m'a inspiré moi aussi... j'ai même priez cette mystique sophistiquée pis... j'ai imaginé son rire.
Grâce à vous j'ai rencontré une femme que j'aime beaucoup malgré ce qu'on en dit émotionnellement, elle m'a séduite quand elle écrit à Eluard "qu'elle n'aime pas qu'on la regarde lorsqu'elle fait le ménage"
J'ai lu Dali, Eluard, j'ai vu des documentaires, des expositions, relu Gala plusieurs fois et... que voulez vous je ne la sens pas de la même manière cette super baiseuse.
Me direz-vous que je n'ai qu'à chanter! justement il me faut un maximum d'émotions, c'est pour cette raison que j'ai toujours acccordé du temps pour parler de cette inspiratrice.
Je monte sur scène pour rencontrer un public, je travaille en fonction d'eux c'est d'ailleurs pour cette raison que je me permet de dire mon opinion qui dans cet opéra n'a pas raison d'être puisque ce n'est pas mon show.
Jamais vous ne saurez à quel point j'aurais aimé chanter Gala pour la faire connaître, lui donner mon émotion, faire vivre cette muse qui se doit d'inspirer le public qui vient la rencontrer.
Après tout " Gala existe dans le monde surréaliste"
Les mois passent mais le temps a ses limites, le timing s'impose.
Et puis je ne suis pas là pour apporter des contraintes mais ajouter un plus... si possible et quand ça ne se passe pas vraiment de cette manière je réalise que ce n'est pas ma place. Après tout vous n'avez pas besoin de moi pour jouer "la putain des beaux arts"
Je sais d'avance que ce sera un show somptueux, mais il ne faut pas avoir de regrets, ce qui n'est pas facile.

Pour elle!

Diane Dufresne

Dans les archives personnelles de Jean-Pierre, cette lettre d'explication de Diane Dufresne.

LES COMÉDIES MUSICALES

GALA
LA PRODUCTION

Méfiez-vous des artistes
Ils n'ont pas de pudeur
Ils se fendraient le cœur
Pour avoir du génie
Extrait de la comédie musicale Gala

Après Diane Dufresne, Yves Jacques se désiste : il doit décliner l'invitation de participer à *Gala* dans le rôle de Dalí, trop occupé par la production de la pièce de théâtre *Les Feluettes* de Michel-Marc Bouchard.

Nouveau *casting* : Sylvie Tremblay héritera du rôle de Gala. Jean Bissonnette, le producteur délégué, pense à Marc Labrèche pour celui de Dalí. Un bon choix quand on connaît la démesure dont est capable le comédien qui a déjà triomphé dans *Pied de poule*. Jean Maheux sera Éluard. Robert Marien, le peintre espagnol Miró. Yves Soutière, le poète André Breton. Dix autres comédiens et trois danseurs-choristes sont aussi engagés pour ce qui est en train de devenir une mégaproduction.

Conséquences de tous ces contretemps : *Gala* devait prendre l'affiche à l'automne 1988, mais la production est reportée au printemps 1989.

Jean-Pierre n'est pas seulement impliqué dans la création, mais aussi dans le financement de cette galère. *Gala* est une coproduction du Centre national des arts d'Ottawa, de la Place-des-Arts et des productions Challenge (dans lesquelles Ferland et Robert Vinet sont partenaires à parts égales).

Les costumes sont signés Michel Robidas (à qui on doit les robes excentriques de Diane Dufresne). Il prévoit douze robes pour le personnage de Gala et, dans la plus pure tradition surréaliste, Sylvie Tremblay aura une chaussure sur la tête. Les décors, imposants et complexes, sont de Guy Neveu et se veulent à la fine pointe de la scénographie : quatre tapis roulants sur lesquels les chanteurs doivent se déplacer et une trappe hydraulique. Pourquoi faire simple quand on peut faire compliqué ? Mais il y a un hic : « On n'avait pas de salle de répétition assez grande pour avoir toute la technologie dont on avait besoin pour *Gala* », explique Robert Vinet. À l'avant-première, le 21 avril, les comédiens jouent sur le tapis roulant pour la première fois. Le metteur en scène, Daniel Roussel, prévient d'ailleurs les spectateurs : à tout moment on pourrait arrêter le spectacle à cause d'ajustements techniques.

Esquisse du designer Michel Robidas pour le costume du personnage de Gala.

Ça va être l'événement du siècle !

C'est le genre de spectacle que le Québec attend depuis des années !

Jean-Pierre se lance tête baissée en campagne de promotion et promet aux journalistes : « Ça va être l'événement du siècle », ou « On va en avoir plein les yeux », ou « Les gens vont dire : mais ça se peut pas qu'il ait fait ça, qu'il ait enfin fait ça », ou encore « C'est le genre de spectacle que le Québec attend depuis des années ». La barre est haute. Très haute. Francine Chaloult admet aujourd'hui avec le recul : « En vendant son show, il en avait peut-être un peu trop mis. C'est un bon vendeur, Jean-Pierre ! » D'autant plus qu'il n'hésite pas à en reparler dans sa propre émission *L'Autobus du showbusiness*, maladresse que les journalistes se feront une joie de lui remettre sous le nez. (Robert Lévesque dans *Le Devoir* parlera de « la plus effrontée des campagnes de publicité ».)

Cependant, Jean-Pierre considère aujourd'hui qu'il n'avait pas le choix de mettre le paquet sur la promotion, parce que les enjeux, pour lui, étaient énormes : « Il fallait que je récupère ma mise de fonds, sinon je perdais ma maison. »

Jean-Pierre accepte même que les Producteurs de lait du Québec utilisent sa chanson *Le soleil emmène au soleil* pour une publicité pour le beurre afin de financer sa production.

Marc Labrèche me confie qu'il a « "tripé" comme un petit fou » à faire *Gala*. Il s'amuse à chanter, découvre avec plaisir une autre « gang » que celle du théâtre, adore l'idée de porter un scaphandre sur la tête et se lance tête baissée dans la démesure de Dalí, sur qui il a beaucoup lu et vu de nombreux documentaires. Et il trouve audacieux qu'au Québec, en 1989, on ose monter une comédie musicale sur un sujet qui n'est pas proche de la réalité du public, les surréalistes. « C'est pas comme si on avait fait un show sur la vie de Maurice Richard ! »

Esquisse du designer Michel Robidas pour le costume du personnage de Dalí.

Une maquette des décors complexes de Gala.

Le livret de Gala, *que Jean-Pierre conserve précieusement dans ses tiroirs.*

GALA
LA PREMIÈRE

25 avril 1989. Vingt heures. C'est soir de première à la Place-des-Arts. Près de vingt ans après son spectacle à grand déploiement *Jaune ou...*, Jean-Pierre Ferland présente (enfin !) ce *Gala* dont on a tellement entendu parler.

En attendant le lever du rideau, les spectateurs peuvent feuilleter le programme et y lire le texte suivant, signé par Jean-Pierre Ferland : « C'est l'œuvre de ma vie. Les personnages appartiennent à l'univers. Gala est russe. Éluard est français. Dalí est espagnol. La musique est d'ici. Les mots sont d'ici. La magie décolle de chez nous vers le monde entier. J'aime Gala depuis trente ans. Je l'ai connue au travers d'Éluard et de Dalí. Éluard est mon mentor. Dalí est mon idole. Les valeurs de Gala sont toujours en parallèle avec la pensée surréaliste. Gala fascine, elle est silencieuse et envahissante. Ce n'est pas un hasard que la plus belle histoire d'amour ait pris racine dans une philosophie artistique et amicale comme celle-là. Après tout ce temps, je ne connais pas encore Gala. Cette superbe aventure surréaliste qui nous amène de la tendresse à la révolution de l'imagination n'aura jamais cessé de m'inspirer. » La table est mise pour une grande soirée.

« Le soir de la première, Jean-Pierre était comme un enfant qui se cachait en arrière des bancs, se remémore Robert Vinet. Il avait peur de la réaction des gens, peur de se montrer. » Et pour cause. Ce dont tout le monde parle en ce soir de première, c'est de la critique assassine de Robert Lévesque parue le matin même dans *Le Devoir*.

Marc Labrèche (Salvador Dalí), Sylvie Tremblay (Gala) et Jean Maheux (Paul Éluard) : le triangle amoureux de Gala.

Le programme officiel de la comédie musicale Gala *remis aux spectateurs le soir de la première.*

Brisant une loi non écrite selon laquelle les journalistes assistent aux premières « médiatiques » avec des billets de faveur et pondent tous leur article en même temps, Lévesque a acheté son propre billet et assisté à l'avant-première, une représentation privée pour un organisme humanitaire. Son « avant-critique » est vitriolique. Sous le titre « *Gala* dans la guimauve », il tire à boulets rouges sur Ferland et Baillargeon. Extraits choisis : « La minceur du livret de Ferland est le premier problème, avant son incohérence. [...] la stupidité des textes faussement iconoclastes. [...] Une bluette facile et courte [...]. On imite le genre sans posséder le secret de la formule. [...] On nage ainsi, tout au long du spectacle qui s'étire en longueurs dans un *nowhere* dramatique assez lamentable. Si la musique était autre chose que cette guimauve qui coule, qui se déverse d'un air à l'autre, sans un air qui ressort, on aurait pu sauver la partie. [...] Cette insipidité musicale sans inspiration, plate comme l'eau morte, désuète, insipide, noie l'ensemble ou plutôt fait coller au fond la guimauve trop molle. » Et enfin, le coup de grâce : « Mais le pire, c'est l'esprit d'ensemble de *Gala*, cette approche à la fois naïve et paternaliste, misogyne à plein nez, du monde des artistes. Un esprit *poodle*, comme avait dit un jour Jean-Claude Lauzon du style Ferland. Tout le monde il est Gala, tout le monde il est Dalí. Mais tout le monde ne sait pas écrire son *Évita*. »

Pour les comédiens qui doivent monter sur scène, la pilule est difficile à avaler. Marc Labrèche, qui interprète le rôle du peintre Salvador Dalí (avec une énorme moustache de circonstance), se rappelle que Jean-Pierre avait l'air défait mais il ne pensait pas, sur le coup, que la critique l'avait atteint à ce point-là. Il adore, contrairement à Lévesque, le côté décousu de *Gala*. « C'est comme si on avait été surréaliste jusque dans l'organisation du spectacle. Il y avait des flashes, des élans d'esprit. On n'avait pas besoin de tout expliquer au public », me dit-il.

« C'est comme si on avait été surréaliste jusque dans l'organisation du spectacle. Il y avait des flashes, des élans d'esprit. On n'avait pas besoin de tout expliquer au public. »
– Marc Labrèche

Les décors, les costumes et les chorégraphies : tout contribue à faire de Gala *un spectacle surréaliste.*

Marc Labrèche parle d'un *backlash*, d'un règlement de comptes entre la critique et Jean-Pierre : « On se faisait punir d'avoir trop vendu le spectacle, de l'avoir vendu à l'américaine. Il y avait eu un gros matraquage, une grosse stratégie de vente. Ici, on est habitué à des créateurs qui vendent leur show avec une fausse modestie en disant : "On sait pas si c'est bon, on verra bien." L'emballement de Jean-Pierre passait pour de la suffisance. »

Bruno Ferland, le fils aîné de Jean-Pierre, est dans la salle le soir de la première. Il a de la peine pour son père. « Ça m'a dérangé pour lui. Il a toujours été avant-gardiste, ça a toujours marché pour lui, mais là, c'était son premier échec. »

Paul Baillargeon, qui s'est pourtant fait férocement écorcher par Lévesque, affirme aujourd'hui : « Ça m'a fait de la peine, mais ça ne m'a pas démoli, ça ne m'a pas tué. Jean-Pierre est plus fragile que moi. Quand tu fais de la musique de films, tu es habitué à te faire dire tout le temps : "Ça, c'est pas bon, change ça, ça vaut rien." »

Francine Chaloult a vécu la crise aux côtés de Jean-Pierre : « C'était la première fois de sa vie qu'il se faisait *blaster* comme ça. Il s'est remis en question complètement. Il était tellement déprimé, tellement sonné, que je pensais qu'il allait se tirer une balle dans la tête. Il pensait qu'il ne pourrait plus jamais écrire une seule chanson. Quand un artiste crée une œuvre qui est accueillie ainsi, ce n'est pas évident de s'en remettre. »

En coulisses, on se serre les coudes. Pour se remonter le moral, on se dit qu'après tout, presque personne ne lit *Le Devoir*. Mauvaise critique ou pas, *the show must go on*. Et on se console en pensant que le lendemain, les autres critiques seront sûrement moins sévères...

GALA
LA BLESSURE

Au lendemain de la première, le couac de Robert Lévesque est noyé dans un concert de critiques presque aussi assassines que celle du quotidien *Le Devoir*.

Le *Journal de Montréal* titre : « *Gala* ne dégage aucune émotion ». Le texte, signé Manon Guilbert, est catastrophique : « Quand Dalí part dans ses grands délires, on dirait Guignol. [...] *Gala* ressemble à un grand fourre-tout. Tout y est pêle-mêle. Musicalement, on ne perçoit aucune force. Les chanteurs doivent à plusieurs reprises donner du sens à une musique d'atmosphère vieillotte. [...] sur une musique de fond rappelant celle des salles d'attente des dentistes, les comédiens dialoguent en chantant ».

Les critiques sont si virulentes que le célèbre parolier français Eddy Marnay, qui a vu le spectacle à Montréal, se sent obligé de prendre la défense de Jean-Pierre dans une lettre ouverte publiée dans *La Presse* du 18 mai sous le titre « Hommage à *Gala* ». « J'ai eu une jalousie de créateur en voyant *Gala* [...]. Pour la fierté de mon blason, j'aurais aimé l'avoir écrite. [...] [Ferland] est aujourd'hui reconnu comme l'un des plus grands auteurs de langue française, et certains critiques, qui souvent portent aux nues des triomphes de supermarché, ont oublié le respect élémentaire que l'on doit à un tel constat. Le seul droit reconnu à ceux qui exercent un pouvoir entre une œuvre et le public est d'aimer cette œuvre ou de ne pas l'aimer, en aucun cas d'attenter à la vie comme certains l'ont fait. »

« La critique a tué Jean-Pierre, raconte Francine Chaloult. Il pleurait tellement, il s'est mis à se gratter, il faisait de l'eczéma. Il ne voulait plus sortir de chez lui. Il s'est mis à croire que c'était de la m... »

J'ai déjà eu des chagrins d'amour dans ma vie, mais ça, ça m'a fait beaucoup plus mal.

Alors qu'à Montréal la critique est dévastatrice...

« Il était à ramasser à la petite cuillère », raconte Jean Bisonnette. Robert Vinet renchérit : « Je ne l'avais jamais vu dans cet état-là. Il avait mis son cœur là-dedans. On pensait durer quatre mois avec *Gala*, mais quand les critiques sont sorties, ça a été fini, plus un billet ne s'est vendu. » Ce sera pour Jean-Pierre et Robert Vinet, les coproducteurs, un échec financier.

À Québec, où *Gala* est présenté en mai au Grand Théâtre, la critique est beaucoup plus douce. On a peut-être tellement appréhendé l'horreur annoncée que le résultat est finalement moins atroce qu'on le pensait. Mais on imagine aussi que, depuis Montréal, le spectacle a eu le temps de se roder. « Malgré tout ce qu'on a pu lire et entendre, *Gala* est une très belle comédie musicale qui vaut le déplacement. Hier, la plupart des spectateurs se disaient surpris par la qualité et la mise en scène de *Gala*. Surpris par la grandeur du spectacle qu'ils ont d'ailleurs chaleureusement applaudi, plusieurs n'ont pas attendu la fin pour crier bravo ! » écrit Denise Martel dans le *Journal de Québec* du 27 mai 1989. Dans *Le Soleil*, Louis Tanguay souligne : « Chacun des tableaux est joué de façon beaucoup plus précise que lors de la création de l'œuvre à Montréal [...]. » Selon lui, le public de Québec a réservé « un accueil enthousiaste » à *Gala*. C'est ce que confirme Robert Vinet qui ajoute que, lors des deux représentations au Centre national des arts, à Ottawa, *Gala* a eu droit à une ovation debout : « Les gens se levaient comme un ressort à la fin et applaudissaient. Le show était parfaitement rodé. »

Le 24 juin 1989, Jean-Pierre affirme au quotidien *Le Journal de Montréal* : « J'ai déjà eu des chagrins d'amour dans ma vie, mais ça, ça fait beaucoup plus mal. »

... à Québec, elle est beaucoup plus douce.

Seize ans plus tard, Ferland n'a pas pardonné au critique du journal *Le Devoir* le tort qu'il a causé à « sa » *Gala*. « C'est épouvantable, dit-il. D'ailleurs, personne dans le métier ne lui a pardonné. »

Avec le recul, Ferland avance plusieurs raisons, outre les critiques, pour expliquer l'échec de *Gala*. En premier lieu, il a mis toutes ses énergies à la recherche de financement. Il avance le chiffre de un million de dollars. En deuxième lieu, il n'a pas suivi de près la production, a assisté à quelques répétitions ici et là, mais affirme n'avoir vu le résultat final que le soir de la première. Une grande négligence de la part d'un artiste qui affirme monter l'« œuvre de sa vie ». « Ce fut un échec, mais je n'y croyais pas tant que ça. Je n'avais rien vu, comment peux-tu aimer quelque chose que tu n'as pas vu ? »

Paul Baillargeon a sa propre explication : « Ce n'était pas une œuvre finie qu'on a montrée au public. On a fait notre "démo" à Montréal. Si on avait été dans un autre marché, on aurait testé *Gala* à Granby et, ensuite, on l'aurait retravaillée. » La mode n'était pas encore au *work in progress*.

Gala a été mise sur respirateur artificiel et a failli connaître une deuxième vie. Lors des représentations à Québec, Paul Baillargeon invite Éric Blau à venir jeter un coup d'œil à ce *musical made in Québec*. Blau vient de signer le livret de *Jacques Brel is alive and well and living in Paris*. Il est l'homme parfait pour faire une version anglaise de *Gala*. Il traduit donc le livret de Jean-Pierre, et *Gala* devient *Dalí, the musical*. Mais il procède aussi à de nombreux changements. « Vous avez passé à côté des surréalistes. Ces gars-là étaient des comiques », lance-t-il à Ferland et Baillargeon avant de rajouter des scènes comiques à leur création originale.

Le programme, le livret et la partition de *Dalí, the musical*, l'adaptation anglaise de *Gala*.

Paul Baillargeon a réussi à trouver du financement pour le présenter en *showcase* à New York avec des comédiens-chanteurs de Broadway. Jean-Pierre, Dyane et Robert sont allés assister à cette représentation. Mais le projet a achoppé. On ne peut pas ressusciter les morts. « Je ne regrette rien, conclut Paul Baillargeon. *Gala*, c'est une des plus belles affaires de ma vie. »

De son côté, Jean-Pierre conserve précieusement, dans ses tiroirs, le livret de *Gala*, dont il est très fier. Durant sa tournée en 2000, il a d'ailleurs chanté *Adieu la beauté* avec sa choriste Lynn Jodoin. Pour tout dire, son idée est faite : il remontera un jour *Gala*, à une condition : que l'« œuvre de sa vie », *Madame Simpson*, soit un succès.

LES JOURNALISTES

Paroles et musique: Jean-Pierre Ferland

Beaucoup de mots, **très peu d'humour**[1], moitié pinson, moitié vautour
Ça dépend de l'heure et du jour, de l'édition et du tirage
Ils ont autant d'élan moral qu'ils ont de pages à leur journal
Ça fait du bien, ça fait du mal[2], ça dépend de leurs avantages
Ils vous habillent à leur façon, vous prêtent des déclarations
Vous coupent en deux ou trois tronçons, ils vous tuent puis ils vous **éventrent**[3]
Ils racontent ce qu'ils ont su, d'un autre qui est bien connu
Un autre qui est très bien vu, quand ils n'ont rien su ils inventent

Quand ils ont lu Tintin, Prévert, quand ils ont écrit quatre vers
On les consacre reporters dans la mode ou la politique
Quand ils n'ont plus assez d'idées, on les met aux chiens égarés
Quand y en a plus ils sont mutés, on les met aux rangs des **critiques**[4]
As-tu vu mon papier tout frais, c'est presque du papier-monnaie
Est-ce que tu connais Bossuet, tout à fait moi moins la légende
C'est pas du mou, c'est du brutal et puis ça fera original
J'avais mal à mon piédestal quand on monte plus **y faut descendre**[5]

Pour les comprendre il faut les voir, le moins souvent, mais certains soirs
Surtout quand ils jouent l'épluchoir aux soirées des grandes premières
Le bras pendant, la plume au bout, le programme sur les genoux
Ils feignent de comprendre tout mais s'ennuient comme au cimetière
Et leurs critiques terminées[6], il faut les voir se corriger
Faisant toute objectivité comme s'ils avaient payé leurs places
Et le **lendemain au matin**[7] vous la trouverez dans un coin
Une à la deux et deux fois rien, question de goût, question d'espace

Quand on sait tout, on ne sait rien, je sais peu, mais je le sais bien
J'ai appris dans un quotidien toutes les lois fondamentales
J'ai appris ce que je savais, le moins c'est faux, le plus c'est vrai
Le plus c'est gros, plus c'est épais, le moins c'est blanc, le plus c'est sale
Quand vous écouterez ma chanson, ne sautez pas aux conclusions
Sachez que vous faites exception et que gagner sa vie, c'est triste
Ne me mettez pas aux arrêts, gardez vos rages pour après
Quand je n'aurai plus de succès, quand je deviendrai journaliste

Jean-Pierre lors d'une de ses nombreuses entrevues à la radio... devant un journaliste.

1. **Très peu d'humour** Renée Claude adore cette chanson qu'elle incorpore à son répertoire. Elle la chante avec ironie et mordant, et s'en donne à cœur joie. Dans la salle, le public apprécie. Mais les journalistes, moins. Elle affirme que Claude Gingras, alors critique de variétés pour *La Presse,* qui l'avait toujours appuyée, l'a descendue en flammes au lendemain d'un spectacle à la Comédie canadienne. Elle est convaincue qu'il n'a pas apprécié qu'elle chante *Les journalistes.* « Il a dit que j'avais l'air d'une araignée ! »

2. **Ça fait du bien, ça fait du mal** Dans *La Presse* de février 1970, à la question d'Ingrid Saumart : « Lisez-vous les critiques ? », Jean-Pierre répond : « À un moment donné, j'ai eu tellement de peine de certaines critiques que j'ai cessé de les lire, et c'est bien dommage pour moi. À partir du moment où je me refuse à lire les mauvaises, je n'ai pas le droit de lire les bonnes, et dans les bonnes, il y a toujours des choses à garder. Je ne lis rien de tout ce qui s'écrit sur moi. Quand c'est joli, cela me gêne, et quand ça n'est pas joli, cela me dérange. »

3. **Éventrent** La chanson fut écrite en 1965. Une prémonition ? « Avant *Gala*, je n'avais jamais eu de problèmes avec les journalistes, raconte Jean-Pierre. J'avais eu des bonnes et des mauvaises critiques, comme tout le monde. Mais je les connaissais tellement, je savais qu'un jour, ils me rentreraient "dans le coco" et qu'ils m'écraseraient, parce que j'étais fier. J'ai écrit *Les journalistes* avant que ça arrive. »

4. **Critiques** « Une mauvaise critique est terrible, parce que la plupart des journalistes ne savent pas quoi dire et ils se basent sur une mauvaise critique comme celle de l'avant-première de *Gala*. Ils n'entrent pas dans le théâtre en se disant : "Ça va être merveilleux." Ils se disent : "J'espère que ce ne sera pas si mauvais que ça." »

5. **Y faut descendre** Dans *Le Devoir* du 8 novembre 1969, Jean-Guy Pilon signe une critique du recueil de textes de chansons de Jean-Pierre qui vient d'être publié aux Éditions Leméac. Il intitule son texte « Il y a souvent loin de la chanson à la poésie » et il y écrit : « Sur le plan des textes, ses chansons sont fortement pâlottes à côté de celles de George Dor qui a d'abord été un poète. Et qui le demeure. »

6. **Et leurs critiques terminées** René Homier-Roy considère que les journalistes ont été dupés dans l'aventure de *Gala* : « On était blessés de s'être fait mener en bateau, frustrés de s'être fait cirer les pompes pendant des mois. C'était devenu un concours, à celui qui critiquerait le plus *Gala*. Ça a été un drame national. Mais Jean-Pierre avait passé trop de temps à nous vendre *Gala*, et il avait oublié de l'écrire ! Pourtant, il avait eu là une idée formidable. La mise en scène de Daniel Roussel et les costumes de Michel Robidas étaient magnifiques. »

7. **Lendemain au matin** Au lendemain d'un spectacle de Jean-Pierre à la Place-des-Arts, le 4 novembre 1963, le critique de *La Presse* Claude Gingras écrit : « Dans son comportement en scène, dans sa façon de chanter, dans les chansons qu'il écrit, bref dans tout ce qu'il fait, on sent encore de solides influences étrangères : Brel, Montand, Bécaud. Par contre, on dirait qu'à travers tout cela commence à se dessiner une vraie personnalité […]. Il faudra le revoir dans un an ou deux... »

LES COMÉDIES MUSICALES

MADAME SIMPSON

Le soir même de l'avant-première de *Gala,* Jean-Pierre a déjà la tête ailleurs. Il vient d'avoir l'idée d'une autre comédie musicale. Un projet qui, au cours des mois qui suivront, changera plusieurs fois de titre : *Scandaleuse Madame Simpson, Le Nœud de Windsor, Edward et Wallace, We.* Puis finalement, tout simplement, *Madame Simpson.*

Ferland veut raconter sur scène la romance du duc de Windsor et de Wallis Simpson qui représente, à ses yeux, rien de moins que l'histoire d'amour du siècle.

Il se met donc rapidement à plancher sur cette liaison qui a tant fasciné le monde : le roi Edward VIII a renoncé à la couronne d'Angleterre, par amour pour une divorcée américaine, Wallis Simpson, que l'Église d'Angleterre refuse de le voir épouser. Il abdiquera en 1936 pour devenir le duc de Windsor un an plus tard et passer l'anneau au doigt de l'aimée. « Dans une comédie musicale, une pièce de théâtre ou un opéra, il doit y avoir trois éléments : l'amour, le bon et le méchant. J'ai tout ça. » Plus qu'une histoire d'amour, c'est un conflit entre les trois pouvoirs : la royauté, la Chambre des lords et l'Église.

Wallis Simpson et le roi Edward VIII, une histoire d'amour qui fascine Jean-Pierre Ferland.

On peut facilement tracer des parallèles entre *Gala*, sa comédie musicale précédente, et sa nouvelle création, *Madame Simpson*. Les deux couvrent à peu près la même période, la première moitié du XXe siècle. « Je n'aime que ces années-là », explique Ferland. Et les deux œuvres ont pour personnage principal des femmes qui ont fait tourner la tête à des hommes influents et célèbres. « J'aime les femmes fortes, admet-il. Gala était adorée du plus grand génie du surréalisme, Dalí, et d'Éluard. Madame Simpson, elle, était une femme tellement puissante, tellement aimée qu'elle a fait abdiquer un roi. »

Le 22 août 2003, pour la clôture de la Semaine internationale de la chanson de Québec, au Colisée de Québec, Jean-Pierre chante avec 500 choristes du Québec, de France, de Belgique, de Suisse. C'est la première fois que l'on chante sur scène deux pièces de *Madame Simpson* : *Le mariage* et *Le trio*, écrites pour des chœurs, la voix du peuple s'opposant à la voix de la noblesse britannique.

Jean-Pierre voit grand : quand *Madame Simpson* sera montée sur scène, il veut réunir cinq chanteurs solistes et une quarantaine de choristes. Au cours des ans, il a demandé à différents amis chanteurs d'interpréter (et d'enregistrer) les chansons de *Madame Simpson*, pour les tester. Un exemple parmi d'autres, Laurence Jalbert, pressentie pour interpréter le rôle titre. « J'avais fait la chanson d'ouverture, mais j'avais des inquiétudes. Laurence est venue, l'a chantée, et… je n'avais plus d'inquiétudes ! C'était parfait, elle m'avait tout donné ! Toutes mes erreurs de paroles ou de musique, elle les a corrigées par générosité. »

Aujourd'hui, en 2005, Jean-Pierre a mis le point final à l'écriture des chansons de *Madame Simpson*. Alain Leblanc signe la musique. Mais Ferland ne veut pas répéter les mêmes erreurs qu'avec *Gala*. Il est conscient des écueils qu'il va devoir éviter : pas question de perdre le contrôle sur son œuvre : « J'ai fini de perdre les guides. C'est comme avec un cheval, il faut toujours avoir les mains très fortes et garder tes guides, sinon tu rentres dans un arbre. Je ne veux pas rentrer dans un arbre. Je ne veux pas faire un deuxième *Gala* Je dois avoir confiance en moi de façon totale. »

Pendant plusieurs années, la compagnie de Jean-Pierre s'est appelée Les Productions Challenge. Il n'a pas peur des défis.

Le texte d'une des nombreuses chansons écrites par Jean-Pierre pour sa comédie musicale Madame Simpson.

Pourtant, plusieurs personnes de son entourage pensent qu'il devrait laisser de côté cette *Madame Simpson* qui pourrait lui porter malheur bien plus que *Gala*. Selon la British Broadcasting Corporation (BBC), des dossiers du Federal Bureau of Investigation (FBI) datant des années 1940, obtenus en vertu de la loi américaine d'accès à l'information, révèlent que Wallis Simpson s'est vu refuser son mariage avec le roi d'Angleterre en raison de ses sympathies pro-nazies. La duchesse aurait transmis des informations secrètes au ministre des Affaires étrangères d'Hitler, Joachim von Ribbentrop, dont elle aurait été la maîtresse lorsqu'il était ambassadeur à Londres, en 1936.

Jean-Pierre a sa propre explication : « Toute la royauté anglaise est de souche allemande. Quand Edward a abdiqué, il a fait le tour du monde, il est allé voir son cousin allemand et il a été impressionné par la nouvelle Allemagne. Avant d'être le tortionnaire que l'on sait, Hitler était perçu comme un bon chancelier. Cet épisode-là de leur vie n'a aucune importance. »

Toutes ces inquiétudes ne sont pas partagées par Robert Vinet : « Tant mieux si les gens ont peur, parce que Jean-Pierre va être capable de nous amener là où on ne l'attend pas, comme il l'a toujours fait. Jean-Pierre a cette capacité particulière, quand tout le monde dit : "On ne devrait pas faire ça", de montrer de quoi il est capable. C'est pour ça que sa compagnie s'est longtemps appelée Challenge. C'est un homme fouetté par les défis. »

LES COMÉDIES MUSICALES

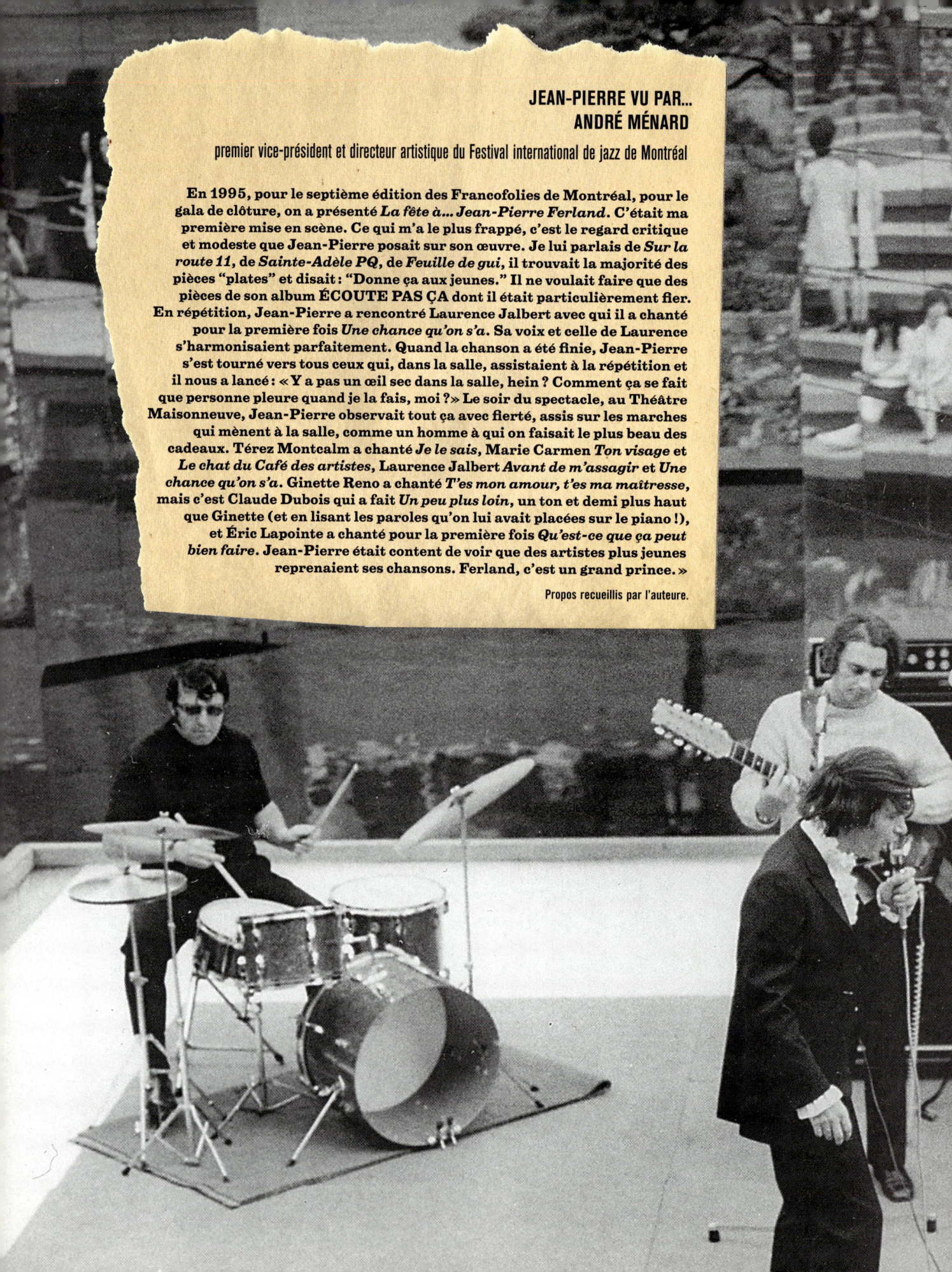

JEAN-PIERRE VU PAR... ANDRÉ MÉNARD

premier vice-président et directeur artistique du Festival international de jazz de Montréal

En 1995, pour le septième édition des Francofolies de Montréal, pour le gala de clôture, on a présenté *La fête à... Jean-Pierre Ferland*. C'était ma première mise en scène. Ce qui m'a le plus frappé, c'est le regard critique et modeste que Jean-Pierre posait sur son œuvre. Je lui parlais de *Sur la route 11*, de *Sainte-Adèle PQ*, de *Feuille de gui*, il trouvait la majorité des pièces "plates" et disait: "Donne ça aux jeunes." Il ne voulait faire que des pièces de son album ÉCOUTE PAS ÇA dont il était particulièrement fier. En répétition, Jean-Pierre a rencontré Laurence Jalbert avec qui il a chanté pour la première fois *Une chance qu'on s'a*. Sa voix et celle de Laurence s'harmonisaient parfaitement. Quand la chanson a été finie, Jean-Pierre s'est tourné vers tous ceux qui, dans la salle, assistaient à la répétition et il nous a lancé: « Y a pas un œil sec dans la salle, hein ? Comment ça se fait que personne pleure quand je la fais, moi ?» Le soir du spectacle, au Théâtre Maisonneuve, Jean-Pierre observait tout ça avec fierté, assis sur les marches qui mènent à la salle, comme un homme à qui on faisait le plus beau des cadeaux. Térez Montcalm a chanté *Je le sais*, Marie Carmen *Ton visage* et *Le chat du Café des artistes*, Laurence Jalbert *Avant de m'assagir* et *Une chance qu'on s'a*. Ginette Reno a chanté *T'es mon amour, t'es ma maîtresse*, mais c'est Claude Dubois qui a fait *Un peu plus loin*, un ton et demi plus haut que Ginette (et en lisant les paroles qu'on lui avait placées sur le piano !), et Éric Lapointe a chanté pour la première fois *Qu'est-ce que ça peut bien faire*. Jean-Pierre était content de voir que des artistes plus jeunes reprenaient ses chansons. Ferland, c'est un grand prince. »

Propos recueillis par l'auteure.

JEAN-PIERRE VU PAR...
ROBERT VINET

La première fois qu'on s'est rencontrés, c'était dans les années 1980, j'étais comptable agréé, je m'occupais de Robert Charlebois et de Diane Dufresne, il avait dû entendre parler de moi par des artistes. Il est arrivé dans mon bureau avec un sac rempli de papiers, en me disant : « J'ai l'impôt après moi, je ne sais pas quoi faire. » Je l'ai aidé au moment de sa faillite. Il me demandait de plus en plus souvent conseil, et, de fil en aiguille, je suis devenu son *business manager*. C'est lui qui m'a incité à devenir producteur. Ça a changé ma vie, parce qu'un producteur pense à l'avenir, alors que les comptables sont toujours dans le passé (les états financiers, les impôts). Jean-Pierre dépense toujours plus qu'il ne gagne, mais il me dit souvent : « Quand tu n'en as plus [d'argent], il ne faut pas s'inquiéter, aie confiance en toi, tu vas toujours en faire d'autre. » Il retombe toujours sur ses pattes. S'il a un mauvais coup, il va sur son cheval, monte sur son tracteur, ou prend un gin tonic et se remet sur pied. Jean-Pierre a un amour inconditionnel de la vie. Il aime la vie, le beau, l'amour, les femmes, sa forêt, son lac. S'il organise un *party* de cabane à sucre, ça va être beau. Pour moi, Jean-Pierre, c'est ça, c'est vivre dans un paysage humain de beauté, et ses chansons le reflètent. Ma chanson préférée de Jean-Pierre ? Pour la musique, *Écoute pas ça*, un petit chef-d'œuvre. Pour les paroles, *After shave*. Je suis énormément touché qu'il ait pensé écrire une chanson sur ce sujet-là. »

Propos recueillis par l'auteure.

« ÇA QUAND ÇA VIENT, C'EST LE PLUS BEAU MOMENT DE TA VIE »

LA CARRIÈRE DE JEAN-PIERRE EST PONCTUÉE DE SPECTACLES MARQUANTS (PLUSIEURS PLACE-DES-ARTS, L'EXPOSITION INTERNATIONALE D'OSAKA AU JAPON, EN 1970, UN SPECTACLE À LA PRISON DES FEMMES TANGUAY EN 1975) ET D'ALBUMS IMPORTANTS (*LE SHOWBUSINESS*, *Y'A PAS DEUX CHANSONS PAREILLES*, *BLEU BLANC BLUES*). LA LISTE EST LONGUE. IL EN EXISTE BIEN D'AUTRES QUI ONT CARRÉMENT ÉTÉ, DANS LA VIE ET LA CARRIÈRE DE JEAN-PIERRE, DES POINTS TOURNANTS.

BIENVENUE AU
MOTEL ALFRED

Page précédente :
Jean-Pierre et, de gauche à droite, les musiciens Guy Parent, Michel Robidoux, Yves Laferrière et Franck Dervieux, au pavillon canadien, lors de l'Exposition internationale d'Osaka, en 1970.

« Je ne me suis pas ennuyé une seule seconde depuis six mois. » C'est ce que Jean-Pierre déclare à l'hebdomadaire *Photo-Journal* le 5 mars 1973. Venant de lui, un « ennuyeux » de première classe, c'est une déclaration fracassante. Mais qu'est-ce qui l'amuse tant dans sa vie en 1973 ? Il vit en commune ! Ou plus précisément en communauté. Il a eu l'idée folle (mais tellement *seventies* !) de louer, pour lui et ses musiciens, tout le 21e étage d'un gros édifice du centre-ville. Il l'a rebaptisé Motel Alfred, du nom de son grand-père paternel, Alfred Ferland, le souffleur de verre. Un étage complet occupé par des musiciens qui aiment faire la fête... On imagine le pire. Et le meilleur. Après tout, ce beau monde est réuni là officiellement pour travailler sur le prochain album de Ferland au titre évocateur : LES VIERGES DU QUÉBEC. Il ne s'agit pas des vierges au seul sens strict du terme, mais bien du côté vierge offensée et candide des Québécois auquel Jean-Pierre veut s'attaquer.

Chaque appartement est occupé par un membre de son entourage professionnel. Visite des lieux : au **2111**, Richard Provençal ; au **2110**, le bassiste ; au **2109**, l'ingénieur du son ; au **2108**, la choriste américaine ; au **2107**, David Lewis ; au **2106**, Jean-Pierre Lauzon, ex-guitariste du groupe Charlee ; au **2105**, l'imprésario Gilles Talbot qui vit une histoire d'amour avec Ginette Reno. Enfin, le dernier mais non le moindre, au **2104**, Jean-Pierre lui-même.

Paul Baillargeon, qui a signé deux ans plus tôt la musique du magistral SOLEIL, n'embarque pas dans l'aventure Motel Alfred. « Trop *funky* pour moi. J'essayais d'avoir un horaire, une vie, une famille. Je faisais de la musique de film, de la publicité. J'avais besoin de stabilité. »

Au Motel Alfred, on s'amuse fort. Mais si Jean-Pierre fait la fête, ce n'est pas sans conséquences. Pas tant pour lui que pour son entourage. Le fils de Jean-Pierre, Bruno Ferland, qui avait 15 ans à l'époque, me raconte que, pour lui, la période Motel Alfred est associée à une rumba continuelle dans la vie de son père. Il l'a appelé un jour au Motel Alfred. « Salut, c'est Bruno. » Jean-Pierre aurait répondu : « Bruno ? Je ne connais pas de Bruno ! » et aurait raccroché. Trente-deux ans plus tard, cette blessure n'est pas encore guérie.

Pendant que Jean-Pierre habite au Motel Alfred, meurt son meilleur ami, Franck Dervieux. Le soir même, le concierge de l'immeuble prévient Jean-Pierre qu'il y a une inondation à l'étage supérieur. Il faut évacuer. Or tous les appartements de l'étage de Jean-Pierre sont touchés, sauf le sien. À ce jour, il reste convaincu que Franck le protégeait ce jour-là. Un an plus tard, Jean-Pierre vit un chagrin d'amour déchirant. Il décide de tester son ange gardien. Et il lance un défi à son ami mort : « Si t'es si fort que ça, prouve-le. Je vais me tuer, cette femme-là m'a tué. Veux-tu m'aider ? » Mais Franck Dervieux, de l'au-delà, ne lève pas le petit doigt. Depuis, Jean-Pierre ne lui a plus rien demandé.

Les murs sont en carton
Mais ça ne fait rien
J'ai de bons voisins
Le Motel Alfred

Le Motel Alfred est surtout le lieu de naissance d'une chanson marquante dans la carrière de Ferland. C'est en écoutant les ébats amoureux de Ginette Reno et Gilles Talbot, dans l'appartement voisin du sien, que lui viennent les paroles de *T'es mon amour, t'es ma maîtresse*.

Dans ses papiers personnels, je découvre une enveloppe du bureau de Gilles Talbot au dos de laquelle Jean-Pierre a griffonné les premiers mots de la chanson. Je lui montre ce texte qu'il n'a pas vu depuis trente ans. « Oh ben, c'est la première fois que je vois ça, c'est comique ! Comme tu vois, j'ai écrit ça d'un trait. »

La première version se lit comme suit :

T'es mon amour, t'es ma maîtresse
J'suis tout c'que j'peux
J'suis l'mieux que t'aurais voulu
J'suis ton amour
d'la tête au reste
Plus j'te connais
le plus j'suis ton ami
Oh quand tout ça
ça s'ra vrai
On se montrera
un côté de soi
Wow que ça doit donc être bon d's'ouvrir.

On est loin de : « T'es mon amour de la tête aux fesses ! » « C'est vrai, me dit Jean-Pierre. J'ai pris une décision à un moment donné ; "la tête aux fesses", je trouvais ça comique, les gens autour de moi pas trop, mais, moi, je trouvais ça plus drôle. »

En 1974, il la chantera en duo avec celle qui lui a inspiré la chanson, Ginette Reno. Le 45 tours connaît un succès fulgurant : 200 000 copies vendues ! Un *tube*, un *hit*, comme on dit dans les années 1970. Le 28 juillet 1974, il chante avec Ginette à l'amphithéâtre de la place des Nations devant 14 000 personnes, et tout le monde parle de « show de l'année ».

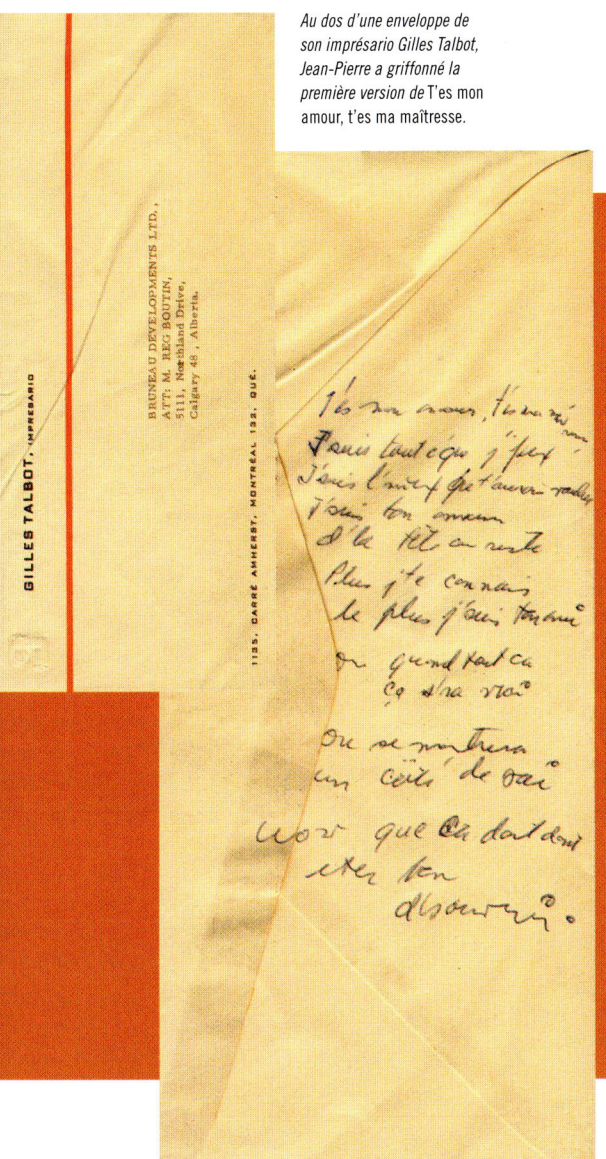

Au dos d'une enveloppe de son imprésario Gilles Talbot, Jean-Pierre a griffonné la première version de T'es mon amour, t'es ma maîtresse.

Le Motel Alfred aura surtout permis à Jean-Pierre de se rendre compte de l'impossibilité d'écrire en groupe. N'empêche. LES VIERGES DU QUÉBEC contient quand même des chansons incontournables comme *Qu'est-ce que ça peut ben faire* et *T'es mon amour, t'es ma maîtresse*. Pour la production de l'album, Gilles Talbot fait les choses en grand : meilleur studio d'enregistrement, deux musiciens québécois, Jean-Pierre Lauzon et Richard Provençal, et un Américain, David Lewis.

Avec beaucoup d'heures de studio, LES VIERGES DU QUÉBEC coûtent cher. Toutefois, l'album ne se vend qu'à 25 000 exemplaires. Et Jean-Pierre en veut à qui ? Aux critiques. À lire ce qui suit, on pourrait lui donner raison.

Le 9 juin 1973, *La Presse* titre « Ferland : décevant ». « Après une seule audition du nouveau 33 tours de Jean-Pierre Ferland, on n'a plus du tout envie de le remettre sur la table tournante une seconde fois ! Tellement décevant ce 33 tours au titre exécrable (et combien accrocheur !), LES VIERGES DU QUÉBEC, qu'on n'a aucune envie d'écouter de nouveau la moindre chanson. [...] La première surprise de ce disque, c'est que le texte y soit tellement bâclé alors que Ferland fignolait ses chansons précédentes. La deuxième surprise, c'est la faible qualité de la musique. [...] Après l'audition du nouveau 33 tours de Ferland, on est convaincu que ce ne peut pas être la même personne qui a fait JAUNE et LES VIERGES DU QUÉBEC. »

Deux programmes de spectacles de Jean-Pierre, à la sortie de l'album LES VIERGES DU QUÉBEC.

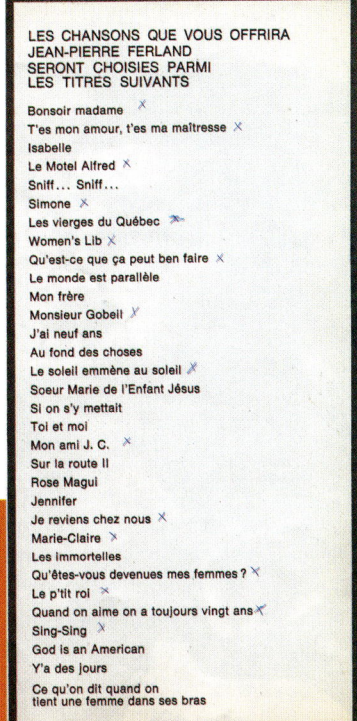

SI TU VOYAIS LE MONDE
AU FOND LÀ-BAS

Jean-Pierre est très fier d'être né un 24 juin, jour de la fête nationale des Québécois.

Je ne sais pas si c'est parce qu'il est né le 24 juin, mais Jean-Pierre a le don de nous faire vivre des Saint-Jean-Baptiste mémorables. Notamment, celle de 1976 avec le *Show des cinq grands*, pour sa portée politique, mais d'abord celle de 1975, sur le mont Royal, pour la performance inoubliable de Ginette Reno.

Lise Payette, la présidente des fêtes de la Saint-Jean, organise cinq jours de festivités en plein cœur de la ville, sur le mont Royal. Jean Bissonnette réalise son émission *Appelez-moi Lise*, et elle lui demande d'être responsable de la programmation des spectacles. Il lui faudra négocier directement avec le maire de Montréal, Jean Drapeau, pour avoir le droit d'utiliser le mont Royal.

En 1975, c'est l'année internationale de la femme. Pas question de la passer sous silence. Pour le spectacle de clôture, on réunit dix chanteuses autour de Ferland, qui n'en demandait pas tant et qui n'en croit ni ses yeux ni ses oreilles. Dix femmes autour de notre *crooner* national, voilà un concept qui n'est pas pour lui déplaire. Le spectacle s'intitule *Que sont devenues les femmes?*, et cet hommage à Ferland est présenté sur la Grande Scène. Jean-Pierre donne le ton en lançant: «Pour moi, l'année de la femme, ça n'a absolument rien changé. Ça l'a toujours été!» Sur scène, il est entouré de dix chanteuses, légèrement vêtues, qui chacune présenteront deux chansons en plus de faire les chœurs pour leurs consœurs. Dès le début, le public réclame à grands cris: «Ginette! Ginette!» Ce soir-là, Jean-Pierre a droit à des performances de Ghislaine Paradis (qui chante *Sainte-Adèle PQ* et *Marie et Joseph*), France Castel (*Les femmes de 30 ans* et *Une peine d'amour*), Shirley Théroux (*Je reviens chez nous* et *Mon frère*), Emmanuelle (*Swingez votre compagnie* et *Mon ami J.C.*), Lucille Dumont (*Les immortelles* et *Ton visage*), Renée Claude (*Le soleil emmène au soleil* et *Qu'est-ce que ça peut bien faire?*), Véronique Béliveau (*Le petit roi* et *Le pap-pi-douz*), Andrée Boucher (*Simone* et *Les journalistes*) et Christine Chartrand (*Les enfants que j'aurai* et *Ça fait longtemps déjà*). Jean-Pierre, charmant dans son petit veston noir à paillettes, entonne: *Qu'êtes-vous devenues mes femmes?*, *Marie-Claire*, *Woman's lib* et, en duo avec Ginette Reno, *T'es mon amour, t'es ma maîtresse*. On a aujourd'hui oublié qui étaient les neuf autres interprètes, lors de la Saint-Jean-Baptiste 1975, parce qu'elles ont été éclipsées par celle que Jean-Pierre présente ainsi: «Je voudrais vous parler du plus profond de mon cœur. Je voudrais vous parler de quelqu'un qui est bien rare et qui est aussi exceptionnel et qui est aussi adorable, ma belle Ginette Reno.»

La chanteuse prodige met toute son âme et se tord le cœur à chanter *Un peu plus loin*. Quand elle chante « je ne peux plus te tenir la main », ils sont 250 000 à retenir leur souffle. Quand elle lance le cri du cœur: «Je voudrais te tendre les bras, mais je suis trop haut, tu es trop bas», ils sont 250 000 à y croire. Et à lui offrir une des plus formidables ovations de sa carrière. Cinq bonnes minutes d'applaudissements et de bravos. Elle est aussi émue que les spectateurs et fond en larmes en leur disant: «C'est ça le Québec, ça fait du bien. Merci.» Impressionné par cet accueil triomphal, Jean-Pierre lance au public: «Vous allez la tuer, cette petite fille-là, vous autres.»

C'est beau, C'est beau

Guy Latraverse, qui a produit le spectacle, en a encore des frissons dans le dos. «Quand Ginette a fait *Un peu plus loin*, c'était à mourir. Elle allait tout gagner. On avait devant nous 250 000 personnes qui allaient mourir de voir Ginette chanter. Ça a été merveilleux. Ginette savait très bien ce qui arriverait, elle savait qu'il y aurait cette chimie.» Une chimie parfaite entre l'interprète et cette chanson déchirante, poignante, qui vous met le cœur en mille miettes. Jean Bissonnette, qui assure la mise en scène, se souvient d'avoir suivi le spectacle en coulisses avec Lise Payette. «On avait des frissons, on s'est pris dans nos bras. Cette chanson-là a pris une dimension que même Jean-Pierre n'avait pas prévue. C'était le *showstopper*.»

> «Quand Ginette a fait Un peu plus loin, c'était à mourir. [...] On avait devant nous 250 000 personnes qui allaient mourir de voir Ginette chanter.»
> – Guy Latraverse

Le 31 décembre 1983, Jean-Pierre reçoit Ginette Reno à l'émission Station-Soleil *du temps des fêtes, à Radio-Québec.*

Mais il s'en est fallu de peu pour que ce ne soit pas Ginette qui chante *Un peu plus loin* ce soir-là. *Flashback*. Depuis ses débuts en chanson, l'interprète Renée Claude a inscrit à son répertoire des chansons de Jean-Pierre Ferland, avant même que Luc Plamondon et Stéphane Venne ne lui écrivent des textes sur mesure. Dans presque tous ses spectacles, elle offre une chanson gagnante, un hymne à la démesure qui, chaque fois, à coup sûr, fait craquer le public : *Un peu plus loin*. Alors, tout naturellement, quand on lui demande quelle chanson elle souhaite interpréter sur la montagne, elle choisit celle-là, dont elle connaît parfaitement le potentiel électrisant. Mais les organisateurs la rappellent quelques jours plus tard avec une très mauvaise nouvelle : Ginette Reno, qu'on n'avait pas vue au Québec depuis deux ans, revient de Los Angeles après avoir étudié à l'École d'art dramatique de Lee Strasberg. Pour son retour, qu'elle veut triomphal, elle a choisi de chanter *Un peu plus loin*. Rien à faire, l'offre est non négociable. Renée Claude devra se rabattre sur *Le soleil emmène au soleil*. Une jolie chanson, au refrain accrocheur, d'accord, mais qui est loin d'avoir la force dramatique et le climax d'*Un peu plus loin*. Pour Renée Claude, c'est un rendez-vous manqué avec l'histoire. S'est-elle sentie flouée ? Absolument ! « J'étais très frustrée. On ne savait pas ce que ça deviendrait. Ginette était consciente du fait qu'elle était une vedette. C'est devenu le succès de Ginette Reno. Toutes celles qui la chantent la reprennent comme elle. Je regrette de ne jamais l'avoir "endisquée". Si je l'avais fait, on me l'aurait laissée. » Et Renée Claude ne l'a plus jamais rechantée.

Pour le producteur Guy Latraverse, la prestation de Ginette sur la montagne a été bien plus qu'une performance vocale époustouflante. « On a changé l'industrie ce soir-là, parce qu'on a fait le lien entre le monde de la chanson « auteur-compositeur-interprète » (Ferland) et le monde de la chanson populaire (Reno). La communion a donné un seul métier et non pas deux, comme c'était le cas auparavant. »

Un peu plus loin devient l'hymne personnel de Jean-Pierre, sa marque de commerce. Pourtant, cette chanson qu'il chante seul sur son album de 1969 est à peu près passée inaperçue avant 1975, avant la montagne, avant Ginette Reno. « Je l'ai composée à Paris chez madame Béchot de la Fonta, se rappelle Jean-Pierre. On l'a enregistrée en France avec une orchestration très française. Quand je l'ai écoutée, j'ai pleuré de déception. Ils ne m'ont pas donné la chanson que je voulais. »

Et que pense-t-il de l'interprétation de Ginette ? « Les gens l'aimaient. Cette chanson a pris une dimension de courage, alors que je l'avais écrite comme chanson de "quittage". Quand Ginette l'a interprétée, elle en a fait un succès, et le public lui a donné un autre sens. La chanson a pris un autre sens. »

Pourquoi une chanson de « quittage », monsieur Ferland ? « Tout le monde se demande ce que ça veut dire "Un peu plus haut, un peu plus loin". C'est une chanson d'adieu que j'écrivais pour ma deuxième femme (NDA : Lise, qu'il a quittée pour Constance). J'écrivais ça pour elle, parce que j'étais trop gêné de lui dire : "Je t'aime moins que je t'aimais" – je ne veux pas dire : "Je ne t'aime plus." Moi, je me tuerais si on me le disait. Je voulais aller plus loin, là-haut. "Laisse-moi donc aller voir." Au lieu de dire : "Je te quitte", je disais : "Laisse-moi donc aller." »

LE SHOW
DES CINQ GRANDS

De gauche à droite, les cinq grands : Claude Léveillée, Yvon Deschamps, Jean-Pierre Ferland, Gilles Vigneault et Robert Charlebois sur le mont Royal, le 23 juin 1976.

Au fil des ans, Jean-Pierre a chanté autant à la Saint-Jean qu'à la fête du Canada ; on l'a accusé d'opportunisme, on l'a traité de fédéraliste, mais il a chanté aux funérailles du fondateur du Rassemblement pour l'indépendance nationale (RIN), Pierre Bourgault, en 2003. « Politiquement, on ne sait pas si c'est du lard ou du cochon », de conclure son ami Gilles Vigneault. Pourtant, Jean-Pierre fut au cœur d'un des spectacles qui a galvanisé la mouvance indépendantiste des années 1970.

1976, c'est l'arrivée au pouvoir du Parti québécois, l'année des Jeux olympiques de Montréal et l'année du *Show des cinq grands*.

En pleine montée du nationalisme, cinq mois avant que René Lévesque ne devienne premier ministre le 15 novembre, les Québécois ont droit à une fête de la Saint-Jean grandiose : les cinq plus grands artistes de l'heure réunis sur une même scène. Cette année-là, Jacques Normand est président des fêtes nationales. « C'était le spectacle de chacun et de tous en même temps », affirme Gilles Vigneault.

Jean-Pierre Ferland est entouré de Claude Léveillée (son ancien compagnon des Bozos), Robert Charlebois (l'ancien compétiteur) et les amis Gilles Vigneault et Yvon Deschamps. Deschamps a été le batteur de Léveillée, a fait *L'Osstidcho* avec Charlebois et a participé à un spectacle de la Saint-Jean, intitulé *Happy Birthday,* avec Louise Forestier et Gilles Vigneault. Charlebois, Léveillée et Deschamps font partie de l'écurie Latraverse. Bref, tout le monde se connaît à peu près et a déjà travaillé ensemble.

Heureusement, parce qu'ils auront très peu de temps pour répéter. Deux mois avant seulement, Guy Latraverse a reçu un coup de fil du ministère des Affaires culturelles du gouvernement Bourassa pour organiser le spectacle.

Jean Bissonnette conçoit et met en scène le *Show des cinq grands* qui sera présenté deux fois. D'abord, le 21 juin à Québec (au parc du Bois-de-Coulonge) lors de la semaine du patrimoine. Puis, le 23 juin à Montréal sur le mont Royal, devant 300 000 personnes et une mer de milliers de fleurdelisés. « C'est là que j'ai eu, pour la première fois de ma vie, la sensation d'avoir réussi, assure Jean-Pierre. En chantant devant des milliers de personnes. Là, j'ai eu le vrai *kick*. »

C'est l'époque des slogans rassembleurs : « On est 6 millions, faut se parler. » Et des spectacles rassembleurs. Déjà, le 13 août 1974, Guy Latraverse avait produit *J'ai vu le loup, le renard, le lion* avec Félix Leclerc, Gilles Vigneault et Robert Charlebois sur les plaines d'Abraham, à Québec pour la Superfrancofête.

Ferland s'est toujours défendu d'avoir fait du spectacle sur la montagne un événement politique. Il se voit comme un amoureux du Québec qui a suivi un poète : René Lévesque. Les cinq ne parlaient pas de politique entre eux, même si Vigneault, entre autres, était fortement associé à la cause nationaliste. Il a enregistré quatre ans auparavant une charge à fond de train contre le premier ministre Robert Bourassa : *Lettre de Ti-Cul Lachance*. « Dès qu'on fait un spectacle en français en Amérique, c'est politique, me dit Gilles Vigneault. On n'a pas fait élire le Parti québécois ce soir-là, mais ça n'a pas nui. »

« C'est le peuple qui fait de la politique, explique Guy Latraverse. Dès qu'on prononce le mot "pays", le mot "nation", les gens se mettent à crier. Quand Vigneault dit *Les gens de mon pays*, quand Ferland chante *Je reviens chez nous*, le peuple les identifie tous comme étant politiquement près du Parti québécois. »

« Le spectacle avait été monté à la demande du ministère des Affaires culturelles des libéraux. C'était un show gratuit et ce sont eux qui ont payé la facture, rappelle Latraverse. Les libéraux voulaient peut-être prouver quelque chose, mais ça s'est retourné contre eux. Le spectacle n'était pas politique, mais le public, lui, l'était », conclut Guy Latraverse.

Pour la chanson *Chacun dit je t'aime,* chacun des artistes écrit un couplet. Jean-Pierre compose le sien chez lui avec Yvon Deschamps. Au magazine *Sur scène,* Jean-Pierre confie ses impressions sur les quatre autres grands. « Yvon Deschamps, c'est le gentleman du groupe. [...] Gilles Vigneault, c'est la pureté même de la poésie. Robert Charlebois, c'est le rocker du groupe. [...] Il a de la misère à accepter ses 33 ans, comme s'il allait se faire crucifier comme l'autre. » Et, bien sûr, une petite pointe pour Claude Léveillée : « Claude Léveillée, c'est un grand cachottier. Tout est sérieux avec lui : son sens de l'humour est remplacé par son sérieux. »

« C'est là que j'ai eu, pour la première fois de ma vie, la sensation d'avoir réussi. En chantant devant des milliers de personnes. Là, j'ai eu le vrai kick. »

« On était cinq bibittes, cinq ego égaux. Nous avions tous l'intention d'aller chercher le maximum, le maximum pour tous. Personne n'a tiré la couverture. Il y avait des gens dans l'entourage de chacun qui nous disaient : "Laisse-toi pas damer le pion." Mais nous sommes tous allés à la dame. Les gens ne voulaient plus partir », me raconte Gilles Vigneault.

Un album double est enregistré à partir des deux spectacles. Gilles Vigneault trouve le titre parfait pour cette réunion au sommet : 1 FOIS 5. Le disque remporte le Grand Prix du disque de l'Académie Charles-Cros en 1977. Une petite note à ce sujet. Quand, en 2004, Richard Desjardins a, lui aussi, remporté ce prix prestigieux pour son album *Kanasuta*, les journalistes ont fait la liste des Québécois s'étant mérité ce prix. Jean-Pierre fut déçu qu'on ait oublié de mentionner qu'il l'avait eu deux fois, pour 1 FOIS 5 et en 1968. Mais il oublie de mentionner (ou il oublie tout court) une chose : quand il l'a reçu à Paris en 1968, les journalistes disaient qu'il était le premier récipiendaire canadien. Alors que Félix l'avait eu pour la chanson *Moi mes souliers* en 1951 et pour son album FÉLIX LECLERC ET SES CHANSONS, en 1958. Morale de cette histoire : les journalistes ont vraiment la mémoire courte.

Jean-Pierre chante, pendant que Charlebois fait une pause.

De gauche à droite, chacun devant sa boîte de son : Claude Léveillée, Yvon Deschamps, Jean-Pierre Ferland, Gilles Vigneault et Robert Charlebois.

J'ÉPOUSSETTE MA GUITARE
LE *COMEBACK* ACOUSTIQUE

Jean-Pierre a le don de ne jamais être là où on l'attend. En 1970, on ne pouvait pas prévoir qu'après avoir fait *Les immortelles*, il nous éclabousserait de JAUNE. De la même façon, en 1995, on ne s'attend pas à ce que le chanteur qui vient de pondre trois ans plus tôt un BLEU BLANC BLUES « boosté » aux synthétiseurs sorte de son chapeau un ÉCOUTE PAS ÇA acoustique. Puis un L'AMOUR, C'EST DE L'OUVRAGE émouvant. Il ferait un dangereux joueur de poker, Jean-Pierre. Il pourrait tous nous bluffer.

ÉCOUTE PAS ÇA, c'est le regard lucide d'un homme qui a vu neiger, qui a vécu sa vie et qui ne met plus de gants blancs pour dire ce qu'il pense. Comme Brel l'a fait avec son album bleu (LES MARQUISES), Jean-Pierre Ferland reprend les thèmes qui ont été les siens pendant sa carrière, mais il frappe plus fort, va plus loin. Il règle ses comptes avec l'amour dans *Écoute pas ça*; avec son métier, dans *La musique*; et avec ses angoisses, ses cauchemars de la rue Chambord dans *Je ne veux pas dormir ce soir*.

Au dos de la pochette d'ÉCOUTE PAS ÇA, on aperçoit la cabane à sucre de Jean-Pierre où l'album a été enregistré.

ÉCOUTE PAS ÇA est un album simple, vrai, où les choses sont dites avec une économie de moyens bouleversante. Avec les années, il va de plus en plus à l'essentiel. Allège. Épure. Comme le cinéaste Ingmar Bergman, qui préconisait : « *Kill your darlings* », il coupe tout ce qui est trop facile, trop prévisible, trop « cute ». Il va droit au but.

ÉCOUTE PAS ÇA, ce sont des textes sans gêne, sans pudeur, sans retenue, dans lesquels Ferland se montre tel qu'il est. Vulnérable.

ÉCOUTE PAS ÇA, c'est l'album d'un homme qui n'a rien à cacher.

Robert Vinet se souvient de la première fois que Jean-Pierre lui a parlé de son projet. « BLEU BLANC BLUES, il trouvait ça trop commercial, il sentait que ce n'était pas lui, pas ses tripes. Il m'a dit qu'il voulait faire un album dans sa cabane à sucre, sans aucun impératif commercial. Moi, je me disais simplement qu'il allait être heureux. »

« Jean-Pierre nous a donné deux consignes : il ne voulait pas que ça passe à la radio ni que ça se vende, me raconte Alain Leblanc. Ça nous donnait toute la latitude voulue pour la durée des chansons. Quand il aimait ça, ça se voyait, il jubilait. »

À l'origine, Jean-Pierre voulait faire un disque d'inspiration africaine. Mais Paul Simon l'a devancé en se rendant en Afrique du Sud pour son album-concept GRACELAND !

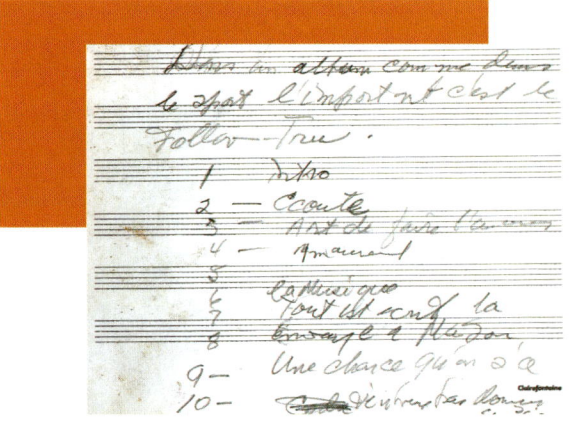

Quelques notes de Jean-Pierre sur l'ordre des chansons pour l'album ÉCOUTE PAS ÇA.

Jusque-là, quand Jean-Pierre faisait des albums avec d'autres, comme avec André Perry, il disait à ses collaborateurs : « Emmenez-moi quelque part, je suis prêt à y aller. » Avec ÉCOUTE PAS ÇA, il dit à ses musiciens : « Emmenez-moi vers moi. » « C'est mon album le plus sincère, me dit-il. Tout ce que je voulais faire, c'était, pour une fois, m'ouvrir. »

Il fera donc ÉCOUTE PAS ÇA tel que prévu à Saint-Norbert, tout au long de l'été 1994, dans sa cabane à sucre, en formation réduite avec deux excellents guitaristes, Alain Leblanc et Bob Cohen, avec qui il travaille depuis plus de vingt ans, et le preneur de son Richard Bélanger, le frère de Renée Claude. « L'idée, c'était de se " blower " (de s'impressionner) les uns les autres, relate Alain Leblanc. On composait pendant la journée, on partait et on laissait la cassette. Il écrivait pendant la nuit. Le lendemain matin, c'est lui qui nous " blowait " quand on lisait ses textes. » On est à des années-lumière de BLEU BLANC BLUES. Pas l'ombre d'un synthétiseur à l'horizon. ÉCOUTE PAS ÇA sera acoustique. Pourtant, François Cousineau considère avec raison que l'un n'aurait pas pu se faire sans l'autre : « ÉCOUTE PAS ÇA était son meilleur cru depuis longtemps. BLEU BLANC BLUES était un des plus beaux disques que j'avais faits dans ma vie. Ça l'avait "remis sur la carte". Mais il a atteint son sommet avec ÉCOUTE PAS ÇA. Depuis vingt-cinq ans, Jean-Pierre rêvait d'avoir seulement deux guitares. » Le principal intéressé confirme : « Moi, je viens de la guitare, mais je suis avec des pianistes depuis vingt ans. J'ai toujours eu des pianistes chefs d'orchestre et j'ai décidé, après François Cousineau (BLEU BLANC BLUES), de retourner à la guitare. C'est l'harmonie que j'ai redécouvert avec la guitare, la richesse harmonique. » Paul Baillargeon, le compositeur de SOLEIL, renchérit : « Jean-Pierre, dans le fond, c'est un *folk singer*. Il a essayé plein de choses, il a fait le tour, puis il est revenu à ses premières amours. »

« ÉCOUTE PAS ÇA, c'est quatre gars au bon endroit, au bon moment. Une osmose parfaite, explique Alain Leblanc. Pendant 90 jours, il n'a pas plu une seule fois. Une journée, on n'a pu enregistrer aucune chanson, car il y avait trop de criquets. Alors, à la place, on les a enregistrés, eux, et on les entend sur la chanson *Je ne veux pas dormir ce soir* ! On entend même le train de 4 heures. Et la note que le train donne, c'est un "fit" parfait avec la chanson ! »

Jean-Pierre au lancement de son album ÉCOUTE PAS ÇA.

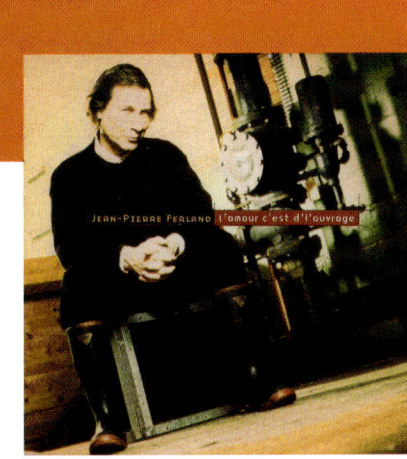

Sur la pochette de L'AMOUR, C'EST DE L'OUVRAGE, Jean-Pierre pose fièrement avec ses fameuses bottes de caoutchouc de gentleman-farmer.

Je ne peux pas m'empêcher de demander à Jean-Pierre, par curiosité, quel est son album préféré : ÉCOUTE PAS ÇA ou JAUNE ? Il n'hésite pas une seule seconde. « ÉCOUTE PAS ÇA. Parce que j'ai inspiré mon groupe et non l'inverse. Parce que je l'ai fait chez nous. Les gars m'ont dit : "Qu'est-ce que tu veux faire ?" Et je leur ai répondu : "J'veux que ce soit juste pour moi." C'est le disque que j'écoutais tout le temps avant qu'il sorte, alors que je n'ai pas écouté JAUNE, ni aucun autre, d'ailleurs. Je l'écoutais dix fois par jour, j'avais hâte qu'il sorte. J'aimais ça. En plus, quand tu te laisses aller, quand tu n'es pas contraint, cela change tout. Tu n'es pas vraiment toi-même, mais tu es quelqu'un que tu voudrais être. Il y a là-dedans des choses que je n'avais jamais dites avant. »

Sylvain Cormier, critique musical pour *Le Devoir*, n'écoute pas Jean-Pierre qui dit : « Écoute pas ça. » Il a accès à la maquette et va en parler en primeur. À l'instar de son ex-collègue du quotidien montréalais – Robert Lévesque avec *Gala* –, il publie son texte avant le temps, avant les autres. Mais, contrairement à Lévesque, il ne détruit par Ferland, il l'encense. Sans retenue. Et ose même avancer le mot « chef-d'œuvre » qu'il n'utilise que pour les plus grands, les Beatles ou Brian Wilson. « JAUNE a été un sommet, mais là, on était dans les mêmes sphères, m'explique-t-il aujourd'hui. C'était l'impossible qui arrivait : il nous faisait un autre chef-d'œuvre alors qu'on ne l'attendait plus. » La remarque est d'autant plus intéressante que la première fois que Sylvain Cormier a écrit sur Ferland, il a descendu en flammes un spectacle de sa période BLEU BLANC BLUES, l'époque où Jean-Pierre travaillait avec François Cousineau. « Je pense que mon texte avait fait partie des éléments déclencheurs qui l'ont décidé à changer de "gang" et à se remettre à la guitare », estime Cormier.

À l'image de SOLEIL qui, en 1971, avait suivi de peu JAUNE, L'AMOUR, C'EST DE L'OUVRAGE arrivera dans la foulée d'ÉCOUTE PAS ÇA en février 1999, quatre ans plus tard. Les deux sont dans la même mouvance, avec la même équipe et le même son acoustique. Mais avec des variations : comme dirait Verlaine, ni tout à fait le même, ni tout à fait un autre.

Alors que ÉCOUTE PAS ÇA a été fait l'été à la cabane à sucre de Jean-Pierre à Saint-Norbert, L'AMOUR, C'EST DE L'OUVRAGE est enregistré l'hiver aux studios Piccolo à Montréal. Changement de décor, changement d'atmosphère. « Jean-Pierre est le plus avant-gardiste de tous les artistes du Québec, conclut Alain Leblanc. C'est le premier à nous pousser à aller plus loin dans nos musiques. Jean-Pierre est très généreux, il a beaucoup de respect pour les musiciens. C'est un deuxième père qui s'est transformé en un frère pour moi. »

Les trois complices : Bob Cohen, Jean-Pierre Ferland et Alain Leblanc.

LA MUSIQUE

Paroles et musique : Jean-Pierre Ferland

Quand elle est arrivée
Je n'en menais pas large
Je m'enfargeais dans les nuages¹
Je me brûlais au fer de forge
J'astiquais mon revolver
Quasiment mort de rire
De rôtir en enfer
Mort à proprement dire
De vivre ma vie sur la terre
J'étais un chien fini

Quand elle est arrivée
Je n'voyais pas
J'étais dans un piteux état
C'est probablement mon fantôme
Qui l'a touchée tout d'abord
À moins que ce soit Sodome et Gomorrhe
Qui me brûlaient les yeux
Toujours est-il qu'entre 28 plaies vives
Et 82 bosses la voilà qui arrive
J'étais fait à l'os

La musique²... mon amour de musique
Est-ce que tu m'aimes encore ?³

La musique... mon trésor
Est-ce que tu m'aimes encore ?

Quand elle est arrivée
Elle m'a embrassé dans l'oreille
Jusque sur la peau de l'âme
Dieu merci la reine abeille
Avait du violoncelle sur le dard
La muse Euterpe m'a tiré sa flèche
Là où l'amour crèche
Au creux de l'harmonie
Elle m'a sauvé la vie

Quand elle est arrivée
J'étais tout croche
J'avais **les yeux en dessous des poches**⁴
Je me saignais pour des danseuses
Je me traînais pour dix dollars
Entre deux cuites⁵ et deux plumards
La voilà qui arrive entre 28 plaies vives
Et 82 bosses
Et j'ai quitté mon **boss**⁶

La musique... mon amour de musique
Est-ce que tu m'aimes encore ?⁷

La musique... mon trésor
Est-ce que tu m'aimes encore ?

Quand j'en ai plus que marre
Que la pluie pleure à verse
Quand la folie m'agresse
Lorsque j'en viens aux coups
Parce que la politique
Parce que la mer est sale
La route électronique
Et le papier journal
Au lieu de tomber dans l'analgésique
Avant de péter la gueule aux connards
J'époussette ma guitare⁸

Je la prends par la taille
Et c'est sur mes genoux
Que la douleur se taille
Que les enfants s'endorment
Je ne sais pas de drame
Quand je joue
Je ne suis plus aux femmes
Je suis aux oiseaux
Entre 28 plaies vives et 82 bosses
Je suis fait à l'os

La musique... mon amour de musique
Est-ce que tu m'aimes encore ?⁹

La musique... mon trésor
Est-ce que tu m'aimes encore ?

C'est gênant de te demander ça
C'est pour ça que je te le demande tout bas
Après mes slows, mes blues, les drums et
Les ordinateurs
As-tu toujours une fleur d'amour
Un fond d'émotion, une graine de douceur
Pour ton compositeur ?

La musique... mon amour de musique
Est-ce que tu m'aimes encore ?

La musique
Est-ce que tu m'aimes encore ?

Mon trésor

1. **Je m'enfargeais dans les nuages** « Je me suis toujours demandé comment j'avais écrit ça, avoue Jean-Pierre. C'est tellement beau, ça coule tellement de source. Je n'en reviens pas. Des fois, on me demande quelle est ta chanson favorite et je réponds La musique. Il me semble que ce n'est pas moi qui l'ai écrite tellement elle est belle. C'est mon imposteur qui a écrit cette chanson-là. »

2. **La musique** Sur l'album hommage LE PETIT ROI, Michel Rivard a choisi d'interpréter La musique qu'il qualifie de chanson « sans armure ». « Pendant une semaine, je l'ai chantée seul dans mon studio, à raison de quatre ou cinq fois par jour, relate Michel Rivard. Je ne faisais que ça. Je me suis investi très fort dans la simplicité. Je voulais l'enregistrer telle quelle, sans toucher à rien, guitare et voix. J'ai eu l'impression de connecter avec la chanson et avec Jean-Pierre. Après avoir passé une semaine à la chanter, je n'en revenais pas à quel point elle était bien écrite. »

3. **Est-ce que tu m'aimes encore ?** « Ça faisait des années que je n'avais pas écrit. Et puis un soir, j'ai pris ma guitare, je n'y avais pas touché depuis un an ou deux. J'avais les ongles longs, je me les suis coupés et j'ai commencé à jouer. J'ai fait cette chanson sur deux accords : fa, sol. Et je demandais à ma guitare : "M'aimes-tu encore ?" Maudit, j'ai peur à mort ! »

4. **les yeux en dessous des poches** Michel Rivard est intrigué par cette chanson : « Il y a un phrasé très libre, parce que les vers sont irréguliers. C'est sûrement un premier jet, parce qu'on y voit une grande part d'automatisme. » Ce que me confirme Jean-Pierre : « J'ai laissé aller ma plume. Avec l'écriture automatique, ce n'est pas toi qui écris, c'est toute ta vie passée. »

Pendant des années, Jean-Pierre a vécu dans un univers de piano...

5. **Entre deux cuites** « J'ai écrit cette chanson-là tout seul dans ma cabane à sucre, un soir, parce que je voulais recommencer à chanter et à écrire. Pourquoi on recommence à écrire ? Parce qu'on est sensible. Toute sa vie, on cherche à aiguiser sa sensibilité et à force de faire ça, on développe des tares épouvantables : on pleure à rien, on est touché par tout. C'est mon métier, d'aller chercher quelque chose d'extrêmement sensible, mais tous les défauts viennent avec : l'alcool, etc. Tout d'un coup, un matin ou un après-midi ou un soir, tu te dis : "Oh, je fais face à la musique encore une fois. Oh, my god !" »

6. **Boss** Une évocation, entre les lignes, de son départ du service des annonceurs de Radio-Canada, séduit par les sirènes de la musique et du show-business.

7. **Est-ce que tu m'aimes encore ?** Lors de sa tournée d'adieu, certains soirs, quand il chante cette chanson et qu'il pose cette question, le public lui répond : « Oui, on t'aime, Jean-Pierre. »

8. **J'époussette ma guitare** Pour Michel Rivard, La musique, c'est « une "toune" de gars tout seul chez lui qui déprime. Il n'y a qu'une seule chose à faire dans ces cas-là : tu prends ta guitare. »

9. **Est-ce que tu m'aimes encore ?** Se pose-t-il vraiment la question ? Neuf chansons de Jean-Pierre sont considérées comme des classiques de la SOCAN, puisqu'elles ont été diffusées plus de 25 000 fois à la radio au Québec. On a ainsi intronisé : en 1993, Je reviens chez nous ; en 1994, Quand on aime, on a toujours 20 ans et T'es mon amour, t'es ma maîtresse ; en 1995, Le petit roi ; en 1998, Marie-Claire et Un peu plus haut, un peu plus loin ; en 2003, Qu'est-ce que ça peut bien faire et, en 2004, Ma chambre et Y'a pas deux chansons pareilles.

... mais avec l'album ÉCOUTE PAS ÇA, il revient à ses premières amours : la guitare.

VIVRE DE SON ART

« VITE, TAXI ! » JE PARS AU BUREAU DE ROBERT VINET OÙ DYANE LESSARD A ENVOYÉ
À MON ATTENTION, DE SAINT-NORBERT, DEUX GROSSES BOÎTES D'ARCHIVES.
JE LES OUVRE COMME UNE BOÎTE À SURPRISES...

...Je n'ai aucune idée de ce que je vais y trouver, et, les larmes aux yeux, je tombe sur des documents uniques : les esquisses d'une chanson qui ressemble étrangement à ce qui, quelques années plus tard, sera sans doute *Une chance qu'on s'a*, et, dans un grand cahier Clairefontaine, les ébauches de *Envoye à maison*. Dans un autre, la première mouture de *Swingez votre compagnie* dans laquelle Jean-Pierre se permet de faire rimer « index » avec « Playtex ». Et dans un troisième, les balbutiements avec moult ratures de la chanson *Le showbusiness*. Bref, j'ai la nette impression de pénétrer dans la caverne d'Ali Baba. D'avoir gagné le gros lot. Pour une fan de Ferland, c'est l'équivalent d'un enfant laissé en liberté dans un magasin de bonbons. Je me sens comme Howard Carter, le premier homme à mettre les pieds dans le tombeau de Toutankhamon depuis 4 000 ans. Et j'exagère à peine.

Je découvre avec délectation les différentes versions de plusieurs de ses chansons. Les subtiles variations, les changements de mots, de rythmes, d'ambiance. Je remarque que Jean-Pierre a appliqué à la lettre la maxime : « Cent fois sur le métier remettez votre ouvrage. »

Il faut remercier le ciel que Dyane Lessard existe : Jean-Pierre ne garde rien, il n'est pas attaché aux objets et ne possède même pas un exemplaire de ses propres disques dans sa maison. Il ne tient pas à être un archiviste de son œuvre. Régulièrement, Dyane récupère dans les poubelles des brouillons de chanson que Jean-Pierre ne trouve pas assez bonnes, mais qui, peut-être, connaîtront une deuxième vie, sous une autre forme.

Quelques jours plus tard, après avoir reçu mon coffre aux trésors, je rencontre Jean-Pierre avec, sous mon bras, mes précieuses archives. Et c'est l'occasion de parler ensemble métier, écriture, musique, composition. À chaque chanson que je sors de mon sac, Jean-Pierre cherche à retrouver l'état d'esprit dans lequel il l'a créée. Avec gourmandise, il me demande si j'en ai encore beaucoup dans mon sac à surprises. Et il pleure, à deux ou trois reprises, devant tant de douleur étalée au fil des mots. « J'étais tellement meurtri ! » Je pense qu'en voyant ainsi devant lui des bribes de son œuvre, il assemble des morceaux du casse-tête de sa vie, et que son portrait lui apparaît assez sombre. « C'est très émouvant, très touchant. C'est "écœurant" que t'aies trouvé ça, que tu comprennes ce qui se passe là-dedans », dit-il en pointant sa tête du doigt. En relisant ses textes, il s'exclame « Que je souffre, mon Dieu, que je souffre. Il y a le mot "chagrin" partout. » Il remarque : « On dirait que j'ai écrit une affaire dans ma vie. Que j'ai juste trois mots, dans ma vie : "amour, peine, amour". Je ne pensais pas que j'avais écrit tant que ça. C'est douloureusement émouvant, ça réveille toutes sortes d'affaires. »

Il finit la séance, on se donne rendez-vous dans un mois, et, avant de s'en aller, Jean-Pierre se tourne vers moi : « La perception de mes propres douleurs... personne ne m'a amené là dans ma vie. Jamais. »

S.D.

Y'A PAS DEUX CHANSONS PAREILLES...

« Finir une chanson, c'est une sensation fantastique. On tremble ! C'est plus excitant encore que d'avoir un enfant. »
Télé-Radiomonde, 7 août 1965

« J'écris toujours tard le soir, je ne me relis pas, et le lendemain matin, je corrige mes fautes d'orthographe et la syntaxe. Mais quand j'ai une idée, il faut que j'écrive vite vite vite. »

« J'ai eu toutes les idées de mes chansons au cours de ma vie durant la période hypnopompique, le matin, entre le sommeil et le réveil. Ce mot si laid est un moment si fantastique dans ma vie. »

Parlez-en aux arbres[1]

« C'est une chanson que j'ai faite pour Pierre Bertrand. On était au restaurant, j'ai commencé à écrire, à griffonner sur la nappe en papier et je lui ai donnée. Je ne comprends pas pourquoi elle n'a jamais marché. »

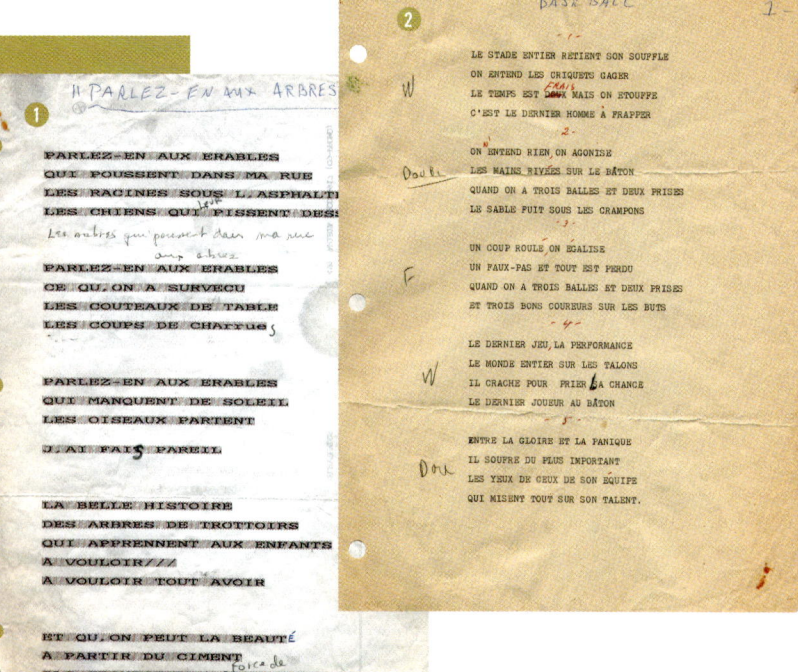

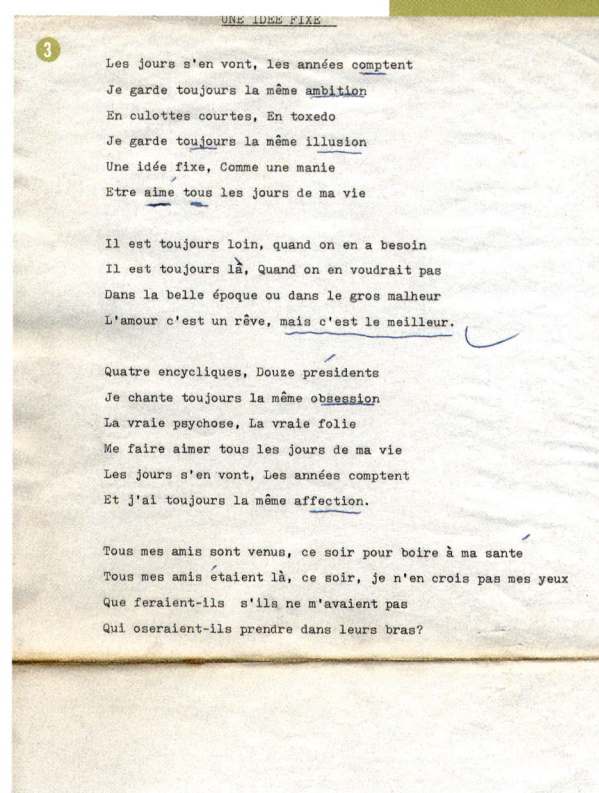

Baseball[2]

« On m'avait demandé d'écrire une chanson, parce que le baseball arrivait à Montréal. J'étais incapable d'écrire une chanson comme *Bring me out to the ball game*. Alors je l'ai faite un peu poétique. C'est ridicule, de la poésie sur le baseball ! »

Une idée fixe (inédite)[3]

« C'est bien beau ! J'étais souffrant dans ce temps-là, c'est toute ma douleur qui est là. J'ai souffert d'amour toute ma vie, je n'écrivais que là-dessus, c'est quelque chose. Oui, je veux que tout le monde m'aime. »

« À force d'aiguiser sa sensibilité, on finit par se tuer, par se meurtrir, par développer toutes sortes de tares, de problèmes. C'est un métier extraordinaire... quand ça marche. Aux yeux des autres, c'est merveilleux. Mais dans ton salon, le matin, quand tu te lèves... »

Jean-Pierre peut écrire n'importe où, n'importe quand. L'hiver dans son bureau...

À intervalles réguliers, Jean-Pierre et moi nous sommes donné rendez-vous au restaurant Chez Lévêque, rue Laurier, à Montréal. Jean-Pierre y a sa table attitrée.

Montréal est une femme[4]

« J'ai jamais compris que quelqu'un puisse ne pas aimer cette chanson-là. Quand on l'écoute, c'est très beau. Je serai toujours blessé et meurtri de ça. »

« C'est difficile de faire plaisir à une femme de quinze cents places. »
Magazine sur scène, février 1974

« Je suis un petit gars de la rue Chambord, je n'ai pas de parents musiciens, j'ai été comme un imposteur dans ce milieu. Qu'est-ce que je fais là-dedans, moi ? D'où je viens ? De rien. Je ne sais pas comment j'en suis arrivé là. Tous les jours de ma vie, je me suis demandé si j'avais du talent ou pas. »

...ou l'automne devant sa maison, à la ferme, à Saint-Norbert.

LES PRINCIPES DE JEAN-PIERRE

UN : « Si je fais de l'argent, tout le monde en fait. »

DEUX : « Toujours inclure une chanson "tape-la-galette" par album (*Swingez votre compagnie, Envoye à maison, Fleur de macadam*). Parce que j'aime ça et parce que je viens de là. »

TROIS : « Si ma chanson n'est pas terminée le soir, je ne me couche pas tant qu'elle n'est pas finie. J'ai appris avec le temps que quand tu dis : "Je suis fatigué ce soir, je vais la recommencer demain", le lendemain, tu ne retrouves plus la petite essence extraordinaire que tu avais la veille. Alors je préfère me coucher à six heures du matin, mais elle sera finie. Le lendemain, je décide si je vais la faire ou pas. Si je ne la garde pas au complet, j'en conserve des bribes quelque part dans ma tête, et ça resurgit parfois des années plus tard. »

QUATRE : « Quand tu as fait deux phrases très profondes et sérieuses, il faut que tu allèges, tu n'as pas le choix. Un Américain m'a déjà dit : "Une chanson triste, c'est fait pour vendre de la bière ; une chanson joyeuse, c'est fait pour vendre des disques." Quand tu as dit deux ou trois phrases trop sérieuses, trop "songées", tu dois arriver avec quelque chose de léger. C'est comme la musique : quand tu as été très abstrait pendant six ou huit barres, pour que les gens retombent sur leurs pieds, tu reviens au *fa* ou au *do* ou au *sol* dans un accord que tout le monde connaît. Sinon, tu les perds. C'est la même chose en chanson : tu dois les amener au paroxysme et, en même temps, les ramener sur terre. »

VIVRE DE SON ART

...LES PLUS BELLES
SONT LES MOINS CONNUES

Aujourd'hui en 2012 (inédite)[1]

« C'est tout à fait dans la lignée de *Woman's Lib* (sur l'album SOLEIL, 1974). Ça aurait pu en faire partie parce que je parle de 2012 et dans *Women's Lib*, de 1919. Mais je n'ai aucune idée de quand je l'ai écrite. L'expression "crouzent", on retrouve ça dans *Montréal est une femme*. »

Il faut bien vivre quelque part (inédite)[2]

« Je n'ai jamais "endisqué" ça. Pourtant, c'est *cute*. Je l'ai chantée une fois à la télé pour une émission, avec des enfants. Je me souviens même de la musique de Daniel Mercure (et il se met à me la fredonner). Dyane aimait beaucoup cette chanson-là. Moi, je ne ferai plus de disques, mais je pourrais bien la donner à quelqu'un. »

« J'écris toujours le début, et ensuite la fin. J'écrivais beaucoup de chansons uniquement pour mes émissions de télévision que je n'"endisquais" jamais. Je créais la nuit et, le matin, boum!, Daniel Mercure composait la musique, et je la chantais l'après-midi même. Dans ce temps-là, je ne faisais pas de disque, ma carrière était terminée. »

Jet Set (inédite)[3]

Une chanson écrite pour Eddie Barclay.

Le cowboy d'Outremont (inédite)[4]

« Je participais à une émission de télévision avec Stephen Faulkner. On était en studio, un après-midi, et pendant une pause, Faulkner me dit qu'il faudrait bien que je lui fasse une chanson. Je lui ai répondu : "Donne-moi un crayon." Et j'ai écrit ça d'un seul jet. » Faulkner ne l'a jamais endisquée. Mais ils feront ensemble *Le diable est aux vaches* sur l'album CABOOSE.

Le printemps (inédite)[5]

« C'est ma saison favorite. Quand le printemps arrive, j'ai l'impression de rajeunir d'un hiver. J'étais assez jeune quand j'ai écrit cette chanson-là. C'est touchant. Quelques années plus tard, j'en ferai *Je m'entends craquer* qui reprend quelques vers du premier texte (sur le plus mauvais disque de ma vie, ANDROGYNE). C'est dommage que je l'aie "endisquée", celle-là ! (Rires.) Mais je ne l'ai jamais faite sur scène. » Je lui souligne qu'il a créé un très beau néologisme : « Je vais débâcler. » « J'ai fait ça souvent. Pour ma troisième chanson, j'ai inventé le mot "j'amoure". Je me disais toujours que les Anglais avaient *I like* et *I love*, c'est pratique. Mais nous, on a un seul verbe pour dire aimer une cloche et aimer une femme. "On amoure", je m'en suis servi dans la chanson *Les immortelles* et dans *J'amoure*. *Une chance qu'on s'a* aussi, c'est une invention. J'ai aimé inventer des mots. »

« Un peintre espagnol disait : "Il faut choisir son sujet dans la vie". Il faut toujours faire la même chose... mais jamais de la même façon. Il faut toujours suivre sa pensée. Moi, c'est l'amour. »

Swingez votre compagnie[6]

« C'était du gros travail parce que ça devait aller avec la musique, alors j'ai composé la musique en même temps que les paroles. Je l'ai toujours trouvée comique, c'est ma chanson la plus drôle. Ce sont des notes de travail... *playgirl*, c'est même pas dans la chanson ! »

Le showbusiness[7]

« Ça, c'est l'origine de ma chanson et ça représente exactement ma vision du show-business. *Quelques bancs en or*, je l'ai écrite pour Charlebois : il rêvait du succès à mort à ce moment-là, et il en avait plus que moi ! »

« J'ai peur de tout, de là ma sensibilité. Et quand tu veux entrer en toi et exploiter ta sensibilité, l'affûter, tu finis par avoir de la peine. »

« Il y a toujours une grosse différence entre un mélodiste et un harmoniste. Je suis un bon mélodiste, et c'est ce qui manque le plus au monde. Les jeunes aujourd'hui ne veulent pas entendre de mélodie, ni vraiment chanter : ils veulent juste être dans le *beat*. "Fais-moi subir une chanson." Je l'ai compris il y a dix ans, et là, j'ai arrêté d'être mélodiste. Ça a été l'objet de grandes discussions avec François Cousineau. »

Ma musique (inédite)[8]

« Je retrouve ma chanson *La musique* là-dedans et j'ai des frissons. Tu vois pourquoi elle est belle, *La musique*? Elle vient de loin. Mais je me suis toujours demandé où est-ce que j'ai puisé ces mots, tellement je l'ai écrite rapidement. » « Parce qu'un chien qui jappe appelle ses amis », c'est le début de *La belle mélancolie* (sur l'album BLEU BLANC BLUES).

« J'aime mieux mes chansons que moi. »
Chansons, juin 1993

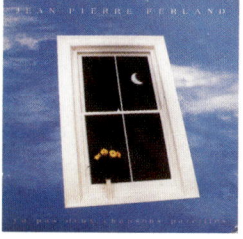
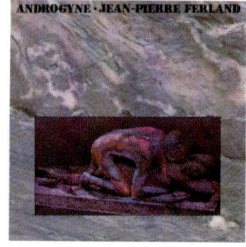

Trois pochettes d'album :
LE SHOWBUSINESS (1975, ci-dessus à gauche), Y'A PAS DEUX CHANSONS PAREILLES (1981, ci-dessus) et ANDROGYNE (1984, ci-contre).

3

LE JET SET
LE PORNO
LE WHISKY
LES BATEAUX
J'AI TOUT VU
J'AI COURU DE VERSAILLES À SOHO

LA ROULETTE
LES BATEAUX
LES ORGIES
LES CHEVAUX
J'AI TOUT VU
LES BANQUISENT ET LES MORTS DE TAUREAUX

Y'A RIEN D'MIEUX QU'UN BON BAISER
FORT ET TENDREMENT MOUILLÉ
SI DOUX SOUS LE ROUGE À LÈVRES
SI DOUX
SI DOUX
SI DOUX

SANS VIR
CENT VIRÉES
QUATRE CENTS COUPS
LES PRAIRIES
LE PERCO
SANS NOMMER
LES COURONNES QUE J'AI PU TUTOYER

2

IL FAUT BIEN VIVRE QUELQUE PART

DEUX EMISPHÈRES
TROIS OCÉANS
QUATRE POINTS DE REPÈRES
CINQ CONTINENTS

LES BELLES GAZELLES
LES KANGOUROUS
LES BEAUX CANARDS
IL FAUT BIEN VIVRE
BIEN VIVRE
BIEN VIVRE QUELQUE PART

LA TERRE EN VERT
LA NEIGE EN FEU
LE SABLE EN OR
IL FAUT BIEN VIVRE
BIEN VIVRE
BIEN VIVRE QUELQUE PART

EN EUROPE - Y'A PAS D'KETCHUP
EN ASIE - Y'A PAS D'PEPSI
EN AFRIQUE - Y'A PAS D'BICYCLE
EN AUSTRALIE - LES AUTRALIENS ONT PAS D'PATINS

UNE CACHE EN PEAU
UNE CASE EN BOIS
UNE CAGE EN VERRE
IL FAUT BIEN VIVRE
BIEN VIVRE
BIEN VIVRE QUELQUE PART

4

...aura jamais un palace
...aura jamais un condo
... pourra prendre la place
...mon shack au bord de l'eau

...aura jamais de limousine
...aura jamais de ~~baron~~ D'AVION
...remplacer la waguine
...ée par deux étalons

oh oh
...chèvre est tapie sous l'abreuvoir
oh oh
...rs ton parapluie il va pleuvoir

...aura jamais une terrasse
...aura jamais un disco
...pourra prendre la place
...un pré derrière les bouleaux

...aura jamais d'Angleterre
...aura jamais d'Australie
...ur remplacer la lumière
...i traverse l'écurie

1

Aujourd'hui en 2012
Les femmes draguent
et les Hommes croulent
C'est plus ouvert à notre ère
qu'en 92

Aujourd'hui en 2010
Les fourmis $\neq$ 33
et les flaumans plus
et font des gâteaux sous les bancs de parcs
du dos ~~jaune~~ et bronzé par les pluies
violettes

Aujourd'hui en 2011 ... ...qu'on aime ... comme en 9...
~~Dans ~~
On aime ... ...
mais on ... vivement ... ...
2010 Dans deux ans les hommes ne...
Les femmes cherchent à plaire

7

Dans l'autobus du Mons...
Y a ~~des~~ ~~bancs~~ en or un
peau matin le conducteur du...
tout l'monde change de bord
Et ça quand ça vient
C'est l'plus beau moment de la rée
Quand c'est à ton tour t'as plus d'idée
Quand t'es ~~Hitter~~ ... des ~~nouveaux~~
Et quand tu t'hareille
~~En~~ ~~les~~ musicien
Qui ~~peu~~ ~~entre~~ dans un cœur
Qui l'demande arrive
On est à Val d'Or demain
chante

5

Le Printemps

C'est une goutte d'eau
Gelée depuis janvier
C'est un chagrin d'automne
Qui vient dégoutter
L'hiver a fondu
2) Les ruisseaux savonnent (1) d'hiver a fou du 3) je ne
1) Je n'ai plus de neige pour me protéger. ~~m'essuffler~~
Le plus petit tourment
devient un suicidé
La glace est une écorce
Quatre mois par année   1) c'est une goutte d'eau
2) Et je m'entends craquer
3) Et le courant m'amorce
4) Le soleil me plombe je vais débâcler.
Par dessus la cascade
Au plus fort de l'hiver
J'ai pris des camarades
Pour ne pas trop mourir
On ne peut pas mentir quand on crie au secours
J'ai traversé l'hiver je t'aimerai toujours.

Viens mon papillon
~~Viens~~ mon cerf volant
Le dernier glaçon fond dans ~~mes vieux~~ gants
Viens mon papillon
~~Viens~~ mon cerf volant
Je retiens le pont
Je tiens le torrent.

8

MA MUSIQUE   3-

Et joue
Tout l'monde joue
~~Des ~~ ~~et des ~~
tout l'monde chante à sa manière
Des ... et des rivières
Les ... dans le ...

Je joue
Tout l'monde joue comme un fou
Des ... et des banquets
Je joue mal mais je joue vrai
...
...

...
... je suis musicien
... d'une ... un chien
... qui me un chien
... qui ... qui jappe
appelle des amis
... quand je crie
Je joue

6

Nouveaux
"Bonjour"

1. M'as dit : "Mademoiselle" !
2. ELLE N'A PAS DIT "BONJOUR MONSIEUR"
3. AI DIS VIENS-TU ELLE M'A DIT VIENS DONS DU S...
4. ~~J'ai dis~~ ON S'EST RETROUVÉS ~~sous~~
5. PARLEZ-MOI PAS DE LA MISÈRE
6. PARLEZ-~~MOI~~ PAS DES MALHEUREUX
7. J'ÉTAIS ~~DÉJÀ~~ ~~PLUS ~~ QUAND ~~J'AVAIS~~ J'AVA...
8. Y'AVAIT ELLE Y'AVAIT MOI
9. Y'AVAIT SON ENVIE D'ENFANCE
10. QUI MANQUAIT PAS D'ÉLÉGANCE
11. MAIS QU'ÉTAIT BIEN MOINS JOLIE
12. QUE GERMAINE LA COUSINE
13. QUI REGARDAIT PAR LA CUISINE
14. PENDANT QUE SA SŒUR LUCETTE
15. "PLAY GIRL" "PLAY BOY"
16. ~~Jessie~~ ~~des Monts~~...

LA TOURNÉE
DES ADIEUX

C'était en février 2005 : comme les autres journalistes, les amis et les membres de la famille de Jean-Pierre Ferland, j'ai reçu une invitation pour la première de *3 fois Ferland – Ton visage – Jaune – Écoute pas ça* au casino de Montréal. Sur le carton d'invitation, une photo du chanteur, cheveux au vent. À l'intérieur, ce mot qui m'a mise K.O. :

> **Je ne veux pas vous dire adieu, mais je vous avoue que je suis sur mon départ. J'ai creusé une merveilleuse carrière dans la roche dure. Avec le temps, l'eau de pluie l'a comblée : j'irai m'y baigner très souvent, avec ma femme, mes enfants et mes petits-enfants en me rappelant de vous. Je vous remercie beaucoup de m'avoir connu.**

Jean-Pierre et ses musiciens sur la scène du casino de Montréal, pour sa dernière première, le 10 février 2005. Ci-dessus, avec sa choriste Lynn Jodoin.

Alors voilà, pour l'autobus du show-business, c'est le dernier arrêt ? Terminus, tout le monde descend ? Je vais luncher avec Jean-Pierre pour qu'il m'explique. Ce mot d'adieu, il l'a écrit un mois auparavant, en vacances avec sa femme Dyane et sa fille Julie dans une villa de la République dominicaine. C'est là que Jean-Pierre a décidé que cette tournée de 200 spectacles serait la der des ders. Ce *3 fois Ferland* qu'il a monté raconte l'histoire de sa vie. Le résumé de sa carrière, de *Je reviens chez nous* à *Une chance qu'on s'a*. Il a fait le tour du jardin. Que pourrait-il bien raconter de plus dans un nouveau spectacle ?

Jean-Pierre veut passer plus de temps chez lui, à Saint-Norbert. « Ici, c'est comme mon parc Laurier rien qu'à moi. »

D'autres arguments ont trotté dans la tête de Jean-Pierre et pesé lourd dans la balance. Il vient d'avoir 70 ans, il a déjà fêté ses 40 ans de carrière (en décembre 1999) et, pour tout dire, il est fatigué. À la fin de sa tournée, il aura atteint l'âge respectable de 72 ans et il ne souhaite pas particulièrement qu'on le voie vieux ou même malade sur scène. « Quand je regarde la salle, derrière le rideau de scène, je me rends compte que mon public est plus vieux. Les artistes, à la fin de leur carrière, aperçoivent dans la salle une femme de 70 ans, ils pensent qu'elle a 40 ans et ils se disent qu'ils vont la séduire. C'est pour ça que je lâche. » Lire ici entre les lignes qu'il ne veut pas se couvrir de ridicule.

C'est dans cette carte d'invitation, envoyée aux journalistes et amis, que Jean-Pierre a écrit son texte d'adieu à la scène.

Jean-Pierre et Gilles Vigneault avaient une entente tacite. Vigneault devait partir le premier. Jean-Pierre l'a devancé. Les deux n'ont pas du tout la même philosophie de départ : Vigneault a toujours dit qu'un jour, à la fin d'un spectacle, il saluerait le public en lui disant : "Voilà, c'est fini, c'était ma dernière fois." Ferland, lui, préfère annoncer ses couleurs et clamer bien fort : "C'est ma dernière tournée, si vous ne venez pas me voir maintenant, vous ne me verrez jamais." Chacun son style.

Quand il apprend à son attachée de presse, Francine Chaloult, qu'il a décidé de quitter la scène, elle lui lance amicalement : « Ne fais pas ton George Guétary ! » Non, Jean-Pierre ne fera pas comme Guétary. Ni comme Charles Aznavour, qui annonce qu'il ne fera plus de tournées mais qui continue à faire des spectacles. Et surtout pas comme Serge Reggiani qui disait souhaiter mourir sur scène. Il ne faut pas oublier que Jean-Pierre a vu les adieux de Brel à l'Olympia. Et qu'il veut, lui aussi, finir en beauté. Il donnera donc six spectacles par semaine, fera en tout 200 représentations et après, c'est fini, fini-ni-ni, il ne remontera plus sur scène.

Le 10 février 2005, c'est la dernière première de Jean-Pierre. Francine Chaloult, France Castel, Dyane Lessard, Kevin Parent, des membres de sa famille sont là pour *3 fois Ferland* au casino. Jean-Pierre est en forme, mais très nerveux. Pour son ultime tour de piste, il a fait les choses en grand : sa choriste Lynn Jodoin et dix musiciens (avec amplement de cuivres et de cordes) sous la direction d'Alain Leblanc.

Jean-Pierre lui-même est très fier du résultat et, quand je le vois quelques jours plus tard, il « se pète les bretelles » : « Il n'y a pas un chanteur de ma génération à faire autant de shows que moi, des shows aussi intéressants. Je ne me fatigue pas, j'arrive à la fin en me disant : "Ça ne fait pas déjà deux heures ?" »

J'écoute Jean-Pierre parler et je l'imagine un soir de 2006, après plus de 200 spectacles de sa tournée d'adieu, monter sur scène pour LA dernière fois. Ce sera peut-être à la salle Wilfrid-Pelletier de la Place-des-Arts. Peut-être sera-t-il en robe de chambre comme Jacques Brel. Peut-être aura-t-il composé une chanson pour remercier son public, comme Barbara l'a fait avec *Ma plus belle histoire d'amour*. Je ne sais pas.

Mais je sais que je serai dans la salle. Et je sais que je n'en reviendrai pas que Ferland quitte la scène. J'irai le voir dans sa loge après son dernier rappel et je lui glisserai à l'oreille, pour être bien sûre que personne ne m'entende : « Hey Jean-Pierre, s'rais-tu dev'nu un homme ? »

LE QUESTIONNAIRE DE PROUST (1886) OU FERLAND VU PAR... JEAN-PIERRE

JEAN-PIERRE A RÉPONDU SPONTANÉMENT À TOUTES LES QUESTIONS, SANS UNE SEULE SECONDE D'HÉSITATION.

MA VERTU PRÉFÉRÉE : **l'espérance.**
LE PRINCIPAL TRAIT DE MON CARACTÈRE : **l'insécurité.**
LA QUALITÉ QUE JE PRÉFÈRE CHEZ LES HOMMES : **la fidélité.**
LA QUALITÉ QUE JE PRÉFÈRE CHEZ LES FEMMES : **la féminité.**
MON PRINCIPAL DÉFAUT : **la jalousie.**
MA PRINCIPALE QUALITÉ : **la générosité.**
CE QUE J'APPRÉCIE LE PLUS CHEZ MES AMIS : **leur admiration.**
MON OCCUPATION PRÉFÉRÉE : **le jardinage.**
MON RÊVE DE BONHEUR : **la mort.**
QUEL SERAIT MON PLUS GRAND MALHEUR ? **la pauvreté.**
À PART MOI-MÊME, QUI VOUDRAIS-JE ÊTRE ? **personne.**
OÙ AIMERAIS-JE VIVRE ? **chez moi.**
LA COULEUR QUE JE PRÉFÈRE : **le jaune !**
LA FLEUR QUE J'AIME : **la calla.**
L'OISEAU QUE JE PRÉFÈRE : **le merle bleu.**
MES AUTEURS FAVORIS EN PROSE : **Henry Miller.**
MES POÈTES PRÉFÉRÉS : **Verlaine.**
MES HÉROS DANS LA FICTION : **personne, je n'ai pas de fiction.**
MES HÉROÏNES FAVORITES DANS LA FICTION : **je n'en ai pas.**
MES COMPOSITEURS PRÉFÉRÉS : **Chopin et Liszt.**
MES PEINTRES PRÉFÉRÉS : **Dalí.**
MES HÉROS DANS LA VIE RÉELLE : **Félix Leclerc.**
MES HÉROÏNES DANS LA VIE RÉELLE : **Macha Grenon.**

1- Jean-Pierre, le photographe photographié !
2- Lors du spectacle Du gramophone au laser
3- Avec Jacques Duval
4- Avec un imperméable de sa couleur préférée
5- À quatre pattes dans ses plates-bandes
6- Avec Yvon Deschamps
7- Le texte inédit d'une chanson dédiée à Jean Bissonnette
8- Avec Yvon Deschamps, Jean Comtois, François Cousineau et Judi Richards à sa cabane à sucre
9- Dans son jardin

MES HÉROS DANS L'HISTOIRE : **le général de Gaulle.**
MA NOURRITURE ET MA BOISSON PRÉFÉRÉES : **le chou farci avec de la sauce tomate et le gin tonic.**
CE QUE JE DÉTESTE PAR-DESSUS TOUT : **le fanatisme.**
LE PERSONNAGE HISTORIQUE QUE JE N'AIME PAS : **Vercingétorix.**
LES FAITS HISTORIQUES QUE JE MÉPRISE LE PLUS : **la guerre de Sécession.**
LE FAIT MILITAIRE QUE J'ESTIME LE PLUS : **la résistance des soldats américains prisonniers de guerre, tel que raconté dans le film *Stalag 17*.**
LA RÉFORME QUE J'ESTIME LE PLUS : **la limite de vitesse à 50 km/h dans les villages.**
LE DON DE LA NATURE QUE JE VOUDRAIS AVOIR : **la dormance.**
COMMENT J'AIMERAIS MOURIR : **tranquillement.**
L'ÉTAT PRÉSENT DE MON ESPRIT : **puissant.**
LA FAUTE QUI M'INSPIRE LE PLUS D'INDULGENCE : **la paresse.**
MA DEVISE : **« Quand on vient au monde moche, on ne peut que s'embellir en vieillissant » et « La langue a été donnée à l'homme pour cacher son impuissance. »**

REMERCIEMENTS

Merci à Richard Martineau, mon premier lecteur, qui a eu la gentillesse de m'encourager à toutes les étapes de l'écriture de ce livre. T'es mon petit roi.

Merci à Yves Bergeron, mon deuxième lecteur, pour ses précieux conseils, à Sylvain Ménard, spécialiste *ès* chansons, pour son regard de lynx, à Dyane Lessard pour la coordination des archives de Jean-Pierre, à Jean Dumont, historien de la chanson pour ses nombreux documents sur Jean-Pierre et à Marie-Josée Michaud pour l'affiche de Chez Bozo.

Pour leurs regards sur Jean-Pierre, leur temps et leur générosité, merci à Paul Baillargeon, Denise Bissonnette, Jean Bissonnette, Lise Bissonnette, Francine Chaloult, Renée Claude, Sylvain Cormier, François Cousineau, Yvon Deschamps, Clémence DesRochers (merci aussi pour les photos), Céline Dion, Stéphane Fentok, Anne-Marie Ferland (merci aussi pour l'accès au cahier noir d'Anna), Antoine Ferland, Bruno Ferland, Jacques Ferland, Julie Ferland, Monique Ferland (merci aussi pour les photos), Paul-Émile Ferland, Robert Ferland, Richard Garneau, René Homier-Roy, Marc Labrèche, Guy Latraverse, Marc Laurendeau, Alain Leblanc, Dyane Lessard, André Ménard, Daniel Mercure, Pierre Monette, Pierre Nadeau, Pierre Paquette, Michel Rivard, Michel Robidoux, Gilles Vigneault, Robert Vinet.

Merci à la designer graphique Mathilde Fortier pour sa touche magique et l'explosion de couleurs dans les pages du livre; à Philippe Lamarre de Toxa pour son imagination et sa gentillesse; à Guillaume Binns, pour sa patience et son précieux jugement; à mon éditeur André Bastien pour son idée de biographie illustrée, ses judicieux conseils et ses (nombreuses) notes au crayon rouge; merci à Jean Baril et Francine Chaloult pour les opérations de communication; enfin merci à Johanne Guay, de Libre Expression, pour la confiance qu'elle m'a témoignée en me proposant cet ambitieux projet.

Merci à Danielle Jasmin et au personnel des archives de TVA pour leur précieuse aide lors de la recherche iconographique.

Et merci à Pascale Bilodeau pour son rapport sur les liens de Ferland avec la télé, préparé pour l'émission *La grande aventure de la télévision 2000-2002* (Radio-Canada).

SOURCE DES ILLUSTRATIONS :

Lorsque la source de la photographie ou du document n'est pas mentionnée, c'est qu'elle provient des archives de la famille Ferland. Nous indiquons entre parenthèses son emplacement sur la page : à gauche (g), au centre (c), à droite (d), en haut (h), en bas (b) et au milieu (m) ou son numéro quand il est signalé sur la photographie.

André Le Coz : 42 (b)
André Panneton : 85 (h)
André Perry : 74, 113, 148-149
Archives TVA : 5, 30 (g), 33 (g), 36, 37 (g et d), 38 (h et b), 40-41, 42 (g), 43, 50, 51, 53 (g), 61 (h et bd), 62 (d), 64, 65 (sauf bg), 67, 68 (g), 72 (b), 73 (b), 75 (m), 78, 82 (d), 83, 84 (m), 85 (b), 86 (g et b), 87, 92 (g et b), 93, 94 (sauf texte), 95 (sauf article), 96 (h), 99, 104, 108 (g), 109, 111, 117, 122-123, 124, 136-137, 142, 143, 145 (hg et b), 147 (b), 154 (b), 157 (1 et 9)
Barclay : 44, 47, 49 (h et d), 96 (b), 98 (h), 110, 115, 116, 120, 121 (b), 152 (*Le Showbusiness*)
Bernard Hollywood : 58 (g), 59 (g)
Bernard M. Lauzé : 36 (d)
C. Richer : 79 (b)
Daniel Auclair : rabat de la couverture, 92 (d), 103, 150 (b), 157 (4)
Denis Bigué : 90-91
Dominique Bellemare : 154 (h)
Éric Myre : 100 (h)
François Pouliot : 89 (b)
Frédéric Auclair : 66
Gauthier James : 97 (h), 133
Gilles Talbot : 139 (b)
GSI Musique : 145 (h), 155
Guy Provost : 112, 116 (d)
Hydro-Québec : 84 (b)
Jean-Pierre Leclerc : couverture, 28-29
La Presse : quatrième de couverture (m), 30 (d), 42 (h), 54-55, 75 (b), 80-81, 157 (3)
Laurence Labat : 66 (d), 125 (h)
Le Journal de Montréal : 130
Le Journal de Québec : 131 (g)
Le Soleil : 129
Lumicap : 46
Magnum Photos : 134 (g)
Mathieu Rivard : quatrième de couverture, 13, 151 (d)
Michel Gagné : 62 (d)
Michel Robidas : 126, 127 (d)
Normand Pichette : 49 (g)
O. Allard : 31 (d)
Office national du film : 89 (h)
Paul Baillargeon : 131 (d)
Pierre Longnus : 95 (hd), 151 (b)

Pro-Culture : 152 (*Y'a pas deux chansons pareilles*)
Productions Challenge : 128
Productions Jaune : 144 (g), 152 (*Androgyne*)
Radio-Canada : 82 (b), 84 (h), 86 (h)
Robert Etcheverry : rabat de la quatrième de couverture
Robert Vinet : 73 (h), 139 (h)
Ronald Labelle : 106-107
Télé-Québec : 141, 84 (d),

BIBLIOGRAPHIE

BOUCHER, Jacqueline. *Jean-Pierre Ferland, Jaune ou...*, éditions Le Carrefour, Ottawa, 1971.

THERIEN, Robert, et Isabelle D'AMOURS, *Dictionnaire de la musique populaire au Québec, 1955-1992*, Presses universitaires de Laval, Québec, 1992.

Toutes les citations de Jean-Pierre Ferland et des autres témoins de l'époque sont tirées d'entrevues exclusives avec l'auteure, à moins de précisions contraires.

Les citations d'articles sont tirées de : *7 Jours, Dernière Heure, Écho-Vedettes, France-Soir, L'Actualité, L'Aurore, L'Information, La Patrie, La Presse, La Revue populaire, Le Devoir, Le Figaro, Le Journal de Montréal, Le Journal de Québec, Le Journal des Vedettes, Le Petit Journal, Le Soleil, Montréal-Matin, Nous, Nouvelles Illustrées, Perspectives, Photo-Journal, Photo-Vedettes, Télé Radio Monde, TV Hebdo*, des années 1960 à aujourd'hui.

> L'Histoire de ma vie
> se résume en peu de choses
> Quelques mots
> Quelques vertus
> Peu de femmes
> Et peu d'amis
> Ma passion
> La folie
> Et quelque part

Note trouvée dans les papiers personnels de Jean-Pierre Ferland.

Cet ouvrage a été composé en Trade Gothic Condensed No. 18, 9/12
et achevé d'imprimer au Canada en octobre 2005 sur les presses
de Quebecor World L'Éclaireur Beauceville.